Der Park-Planer für das Walt Disney World® Resort bei Orlando, Florida

Park-Planer

Reiseführer seit 2001

"Ich hatte das Gefühl, dass etwas gebaut werden müsste,
wo Eltern zusammen mit ihren Kindern Spaß haben können."
(Walt Disney über Disneyland)

"To all who come to this happy place: Welcome."
(Walt Disney bei der Disneyland Eröffnung)

"Glaubt mir, dies ist die aufregendste und herausforderndste Aufgabe,
die wir je mit Walt Disney Productions angepackt haben."
(Walt Disney über sein neues Ostküsten Disneyland)

"Hier in Florida haben wir etwas Besonderes, was wir nie in Disneyland hatten:
Unglaublich viel Platz.
Hier ist genug Land für alle Ideen und Pläne, die wir uns jemals ausdenken können."
(Walt Disney)

"Walt Disney World ist ein Tribut an die Philosophie und das Leben von Walter Elias Disney - und an die Talente, die Hingabe und die Treue der gesamten Disney-Organisation, die Walt Disneys Traum zur Wirklichkeit hat werden lassen. Möge Walt Disney World all denen, die an diesen fröhlichen Ort kommen, Freude, Inspiration und neue Erkenntnisse bringen. Dies ist ein magisches Königreich, wo diejenigen, die im Herzen jung geblieben sind, unabhängig von ihrem Alter zusammen spielen und lernen können."
Roy O. Disney, Magic Kingdom Einweihung, 25. Oktober 1971

"Aber der aufregendste und mit Abstand wichtigste Teil unseres Florida Projekts - eigentlich das Herz von all dem was wir in Disney World tun werden - wird unsere experimentelle Prototyp-Gemeinschaft der Zukunft sein. Wir nennen sie EPCOT."
(Walt Disney in seinem Werbefilm für "Disney World")

"Ich hoffe, dass wir eine Sache nie aus den Augen verlieren
- dies alles begann mit einer Maus."
(Walt Disney)

Der

Park-Planer

für das

Walt Disney World®

Resort bei Orlando, Florida

- 4. Edition -

Der Insider-Reiseführer durch
die weltgrößte Freizeitparkanlage
von
Martin Kölln

UPDATE

In der Park-Planer Reiseführer-Reihe bereits erschienen:

Der Park-Planer für das Disneyland® Resort und andere Themenparks in Südkalifornien
von Martin Kölln

Der Park-Planer für das Disneyland® Resort Paris
von Martin Kölln

Bibliografische Information der Deutschen Nationalbibliothek
Die Deutsche Nationalbibliothek verzeichnet diese Publikation in der Deutschen Nationalbibliografie; detaillierte bibliografische Daten sind im Internet über http://dnb.d-nb.de abrufbar.

Der Park-Planer für das Walt Disney World® Resort bei Orlando, Florida

- 4. Edition -
ISBN 978-3-8391-4166-3
Hamburg, 2010

Vielen Dank an meine Eltern (mit denen ich am 18. Juli 1993 zum ersten Mal in Epcot war), Stefanie (für zahlreiche weitere Besuche bei der Maus - *bzMuz*) sowie besondere Grüße an Carsten (und Myra, Emily, Iven, Merle), Thimo (...StD) und Mirco (und Nan: Alles Gute!).
Dieses Buch entstand - wie alle Park-Planer Reiseführer - direkt in den Parks; beim Erleben der Attraktionen, beim Genießen der Atmosphäre, beim Erholen vom Alltag.

Cover-Bilder: *Vorderseite*: Sorcerer's Hat in Disney's Hollywood Studios. *Rückseite*: Cinderella Castle im Magic Kingdom. (Fotos: © Disney)

Texte und Grafik:	Martin Kölln
Park-Pläne:	Stefanie Kölln
Herstellung und Verlag:	Books on Demand GmbH, Norderstedt

Ihre Meinung: Ich würde mich freuen, von Ihren Erlebnissen in den Disney-Parks und Ihre Meinung zum Park-Planer zu erfahren. Über Verbesserungsvorschläge und Aktualisierungen freue ich mich ebenso, wie über Lob und Erfahrungsberichte.
Kontaktieren Sie mich einfach über das Internet und benutzen Sie gerne auch das Park-Planer-Forum:

Die Park-Planer Internetseite:	www.Park-Planer.de
EMail-Adresse:	Post@Park-Planer.de

Vorwort

Walt Disney sagte einmal, dass sein Disneyland niemals fertig gestellt sein würde. Er war immer auf der Suche nach Möglichkeiten, den Park zu verbessern. Dieser Gedanke wird auch über fünfzig Jahre nach der Eröffnung Disneylands und mehr als fünfunddreißig Jahre nach der Eröffnung von Walt Disney World verfolgt.
Walt Disney World ist seit jeher ein Ort der Phantasie, der Magie und ein Ort voller Veränderungen. Viele davon geschehen über Nacht, einige wenige brauchen Jahre.
Auch seit der dritten Ausgabe dieses Park-Planer Reiseführers wurden Attraktionen, Shows und Restaurants geschlossen, umgebaut, neu eröffnet oder sind noch als Baustelle hinter Holzzäunen zu erahnen.
Mit der dritten Ausgabe des Park-Planers in der Hand durch das Walt Disney World Resort streifend und auf der Suche nach Veränderungen entstand so die vierte Ausgabe dieses Buches.
Vier Themenparks, zwei Wasserparks, eine High-Tech-Spielhalle, eine Shopping-Meile, dutzende von Hotels und das alles auf einer Fläche so groß wie Paris - das Walt Disney World Resort klingt schon in diesen wenigen Zahlen gigantisch. Viele andere Urlaubsziele erlauben es, morgens auszuschlafen und dann den Tag mit den Worten "*Und, was machen wir heute?*" zu beginnen. Wer planlos durch Walt Disney World läuft, der verschenkt nicht nur wertvolle Urlaubszeit, sondern wahrscheinlich entgeht ihm auch ein Teil des Disney-Zaubers.
Seit meinem allerersten Besuch im Jahr 1993 hat sich viel getan. Einige Tipps sind seit jeher unverändert, andere Dinge entdecke ich immer wieder neu oder stelle Veränderungen fest. Auch dieses Buch entstand wieder mitten in dem Getümmel der Parks. Ich habe jede Attraktion mitgemacht (von Schneewittchen bis hin zur Expedition Everest), jeden Film gesehen, hier und da etwas gegessen, eingekauft… und das Beste daran: Ich hatte Spaß dabei!
Was Sie davon haben, dass ich Spaß hatte? Nun, Sie bekommen von mir eine ausführliche Beschreibung aller Attraktionen, viele Tipps direkt aus den Parks und einige Informationen für echte Disney-Park-Fans.

Liebe Leserin, lieber Leser, ich wünsche Ihnen auch dieses Mal wieder viel Spaß - zunächst beim Lesen dieses Reiseführers, bei der Urlaubsplanung, beim Kofferpacken,… und später dann beim Erleben der fantastischen Welt von Walt Disney!

Martin Kölln

Inhaltsverzeichnis

Es geht los!

Die vier Themenparks des Walt Disney World Resorts

Magic Kingdom

Epcot

Was ist eigentlich Walt Disney World?

"Ist das Walt Disney World Resort wirklich sooo groß??" - "Nein, größer!!"

Für viele, die noch nicht da waren, ist "Disney World" ein Freizeitpark mit einem großen Neuschwanstein-Schloss mittendrin. Daher ist es auch nicht verwunderlich, wenn Sie mit großen Augen angesehen werden, nachdem Sie erzählt haben: "Ich fahre für mehrere Tage (Wochen) nach Orlando, um Disney World zu besuchen."

In der Vorstellung wird Walt Disney World häufig mit dem Magic Kingdom gleichgesetzt. Dies ist der Park, mit dem es in Florida anfing, gebaut nach dem Vorbild des ersten echten Themenparks: Disneyland in Kalifornien. Doch Walt Disney World ist eben eine ganze Welt. Da gibt es zunächst einmal die vier großen Themenparks: **Magic Kingdom**, **Epcot**, **Disney's Hollywood Studios** und **Disney's Animal Kingdom**. Für jeden einzelnen brauchen Besucher schon einmal ein bis zwei Tage, um alles zu sehen und dann bleiben noch die "kleineren" Attraktionen der "Welt".

Das **Magic Kingdom** ist nach dem Vorbild Disneylands gebaut, allerdings wesentlich weitläufiger als der Urvater. In mehreren Themenländern, die sich unter anderem mit dem Wilden Westen, der Zukunft und der Märchenwelt Disneys beschäftigen, gibt es zahlreiche Attraktionen und Shows.

Epcot präsentiert in mehreren Pavillons auf unterhaltsame und technisch perfekte Art eine Mischung aus Geschichte, Wissenschaft und Technik. Die Geschichte der Kommunikation, die Welt der Meere und ein Flug zum Mars sind nur einige der präsentierten Themen. Hier sind in den letzten Jahren aber auch immer mehr echte Thrillrides entstanden. Und dies war erst die eine Hälfte von Epcot! In der anderen Hälfte befinden sich elf Länderpavillons, die es zu erkunden gilt. Von Mexiko über Deutschland bis nach Kanada führt Sie Ihre kleine Weltreise, die kulinarisch, kulturell, unterhaltend und ein wenig kitschig sein wird.

Wer Los Angeles sagt, meint Hollywood und wer Hollywood sagt, meint die Welt des Films. In **Disney's Hollywood Studios** sind Sie mittendrin. Sie schlendern den Sunset Boulevard entlang, sehen lebensechte Filmstars im berühmten Grauman's Chinese Theater und erleben Ihre Lieblingsfilme auf völlig neue Art. Ein Flug ins Star Wars Universum, ein Abenteuer mit Indiana Jones und eine Limousinenfahrt mit der Rockgruppe Aerosmith sind nur einige der Sehenswürdigkeiten.

Disney's Animal Kingdom legt großen Wert darauf, dass es genau eines ist, nämlich kein Zoo. Tatsächlich bietet der Tier-Themenpark viel mehr als ein gewöhnlicher Zoobesuch. Wo erleben Sie schon eine echte Afrika-Safari - außer natürlich in Afrika? Hier sehen Sie echte Tiere, mal abgesehen von den Dinosauriern, denen Sie während einer aufregenden Zeitreise begegnen können.

Wer genug von den Themenparks hat, der kann sich in den Wasserparks **Typhoon Lagoon** und **Blizzard Beach** erholen oder auch hier noch mehr Action erleben. Neben einer einmalig detaillierten Gestaltung bieten beide Parks große Wellenpools und viele spannende Wasserrutschen für ganz Mutige, aber auch welche für die ganze Familie. Für die Einkaufswütigen, die in den Parks noch nicht genug Souvenirs gefunden haben, gibt es **Downtown Disney** mit dem weltgrößten Disney Store und zahlreichen anderen Läden. Sie finden hier und auf **Pleasure Island** außerdem viele Restaurants. Und selbst für die Videospiele-Generation gibt es etwas: **DisneyQuest** ist ein mehrstöckiger Komplex mit Spielhallenklassikern und Disney-Spielen.

So, das ist also Walt Disney World. Nein. Immer noch nicht. Vergessen wir nicht die zahlreichen **Disney-Hotels**, die Golf- und Minigolfplätze, die Sportarena **Wide World Of Sports**, das große Naturschutzareal und, und, und, und...

Das alles ist Disney World. Genauer, das **Walt Disney World Resort**, denn so heißt die gesamte Anlage offiziell. Doch selbst die Schilder an der Interstate weisen den Weg nach "Disney World", so wie es Walt Disney sich erdacht hatte.

Ein Buch für einen Freizeitpark?

Über die Park-Planer Philosophie (Noch ein Vorwort?!)

Ich hoffe, die Beschreibungen "dort drüben", auf der gegenüberliegenden Seite haben Sie von der Größe und der Großartigkeit des Walt Disney World Resorts überzeugt. Die gesamte Anlage ist tatsächlich doppelt so groß wie die Insel Manhattan beziehungsweise so groß wie das Pariser Stadtgebiet. Die Themenparks ziehen jedes Jahr mehr Besucher an, als irgendein anderer Ort der Welt.

Orlando ist das Mekka der Freizeitpark-Fangemeinde. Nirgendwo auf der Welt liegen so viele Themenparks so dicht gedrängt nebeneinander. Doch wer nun auf den Gedanken kommt, Orlando sei nur etwas für Freaks, der irrt gewaltig. "Family Entertainment" wird hier ganz GROSS geschrieben - und tatsächlich bieten hier alle Themenparks ein unvergessliches Erlebnis für jung und alt. Doch bei dieser unglaublichen Größe geht schnell der Überblick verloren. Wer morgens einen der Disney-Parks betritt und noch keinerlei Vorstellung davon hat, was ihn erwartet, der wird an diesem Tag nicht genug erleben. Sicher, er wird hier und da gewesen sein und auch mit der einen oder anderen Attraktion gefahren sein - genauso wird er aber auch sicher viele für ihn interessante Sachen nicht mitgemacht haben.

Urlaubszeit ist kostbar! Viel zu kostbar, um sie nicht optimal zu nutzen. Walt Disney World braucht etwas, was viele andere Urlaubsziele nicht unbedingt brauchen: Vorherige Planung jedes Tages.

Dies alles mag nun nach einem minutiösen Zeitplan klingen:

<u>Magic Kingdom Tagesplan</u>
8:20 Ankunft auf dem Parkplatz
8:25 Benutzung der Tram
8:30 Anstehen bei der Monorail
8:40 Ankunft beim Park
8:50 Eröffnungszeremonie
9:05 Space Mountain im Tomorrowland

...vergessen Sie es!!! Erstens haben Sie Urlaub und zweitens gerät der Plan spätestens dann ins Wanken, wenn hinter irgendeiner Ecke plötzlich Mickey Maus auftaucht und Ihrem Kind (oder Ihren Mitreisenden - oder Ihnen?!) auf einmal der Rest der "Welt" völlig egal ist.

Daher sollte Ihr Tagesplan nur die wichtigsten Punkte beinhalten und Ihnen viel Freiraum für spontane Entscheidungen lassen.

Die Park-Planer Philosophie

Ich schreibe genau die Reiseführer, die ich selber gerne gelesen hätte - "damals".

Damals war zum Beispiel 1993, als ich zum ersten Mal im Magic Kingdom und in Epcot war. Ich hatte vorher versucht, alle möglichen Informationen zusammenzutragen - doch 1993, das war die Zeit vor dem Internet (zumindest so, wie wir es heute kennen) und Reiseführer zum Thema waren so gut wie nicht erhältlich. Zumeist fand man in den Florida-Reiseführern einige Hinweise und kurze Beschreibungen - aber diese konnten nicht gut genug auf das kommende Abenteuer vorbereiten.

Auf den ersten Walt Disney World Besuch folgte der zweite, der dritte und viele mehr - und jedes Mal wurde mir bewusster, welches die besten Tipps und Tricks sind, um Disneys Welt mit sehr viel Spaß und minimaler Warterei zu erleben.

Damit Sie schon bei Ihrem ersten Besuch die Chance auf ein optimales Urlaubserlebnis haben, habe ich 2001 den ersten Park-Planer veröffentlicht: Ein Buch von einem Fan für andere Fans und für solche Menschen, die kurz davor sind Fans zu werden. Ja, ich war wirklich in allen bewerteten Attraktionen, weil für mich das Disney-Erlebnis ein ganz besonderes ist.

Daher denke ich, dass ich Ihnen ausführliche Attraktionsbeschreibungen schuldig bin! Nur so können Sie sich ein Bild davon machen, ob Sie eine Attraktion mögen werden. Aber keine Angst! Vorher gelesen zu haben, was Sie erwartet, verdirbt garantiert nicht den Spaß, denn Disneys "Wirklichkeit" ist viel faszinierender als jede Beschreibung!!

So, das war jetzt aber auch genug der Vorrede!

Wir fahren nach Disney World!!!

Wie komme ich nach Disney World?

Die drei Zielgruppen und deren spezielle Ansprüche

Es gibt drei typische Urlaubsarten, die europäische Besucher nach Orlando und damit hoffentlich auch nach Walt Disney World bringen. Da wären zunächst einmal die **Busrundreisen**. Seien es nun reine Florida-Rundreisen, Touren entlang der Ostküste oder Reisen durch den tiefen Süden der USA; alle diese Reisen planen aus guten Gründen einen, zwei oder manchmal auch zweieinhalb Tage in Orlando ein. Der Vorteil einer Busrundreise ist für Sie als Reisende klar: Sie haben vor Ort wenig Stress mit der Planung, müssen sich nicht ums Fahren und Parkplatzsuchen kümmern und kommen auch mit wenig Englischkenntnissen zurecht. Die Einschränkung ist, dass Sie nicht frei über Ihre Zeit verfügen können - und dies kann besonders in Walt Disney World zu einem Problem werden.

Meistens bieten die Reiseveranstalter zwei Tage in den Disney-Parks an, den ersten im Magic Kingdom, den zweiten in Epcot. An dieser Auswahl ist grundsätzlich nichts auszusetzen, doch was machen Sie, wenn Sie eigentlich lieber in einen der anderen Parks möchten, weil Sie zum Beispiel als Filmfan gerne einmal Disney's Hollywood Studios sehen möchten?

Es gibt grundsätzlich die Möglichkeit, von jedem Disney-Park zu jedem anderen zu gelangen. Sie fahren dann mit Bussen, Booten und der Monorail. Jedoch dauert dieser Transfer einige Zeit. Daher sollten Sie sich für diese Möglichkeit nur entscheiden, wenn Sie wirklich unbedingt (!) in einen bestimmten Park möchten. Offiziell dürfen Sie mit Ihrem Eintagesticket übrigens nicht die Disney-Transportmittel benutzen, allerdings wird dies nie kontrolliert.

Wesentlich störender ist es meistens, dass Ihr Tourbus Sie zwar recht früh am Morgen am Park absetzt, allerdings auch ebenso früh am Abend wieder abholt. Acht Stunden für einen Freizeitpark Zeit zu haben klingt viel, allerdings vergeht diese Zeit bei Disney wie im Fluge. Außerdem finden am Abend die Feuerwerke und nächtlichen Spektakel statt, die absolute Highlights jedes Parktages sind. Diese sollten Sie keinesfalls verpassen. Sprechen Sie daher frühzeitig mit Ihrer Reiseleitung. Diese wird Ihnen sicherlich gerne dabei behilflich sein, einen hoteleigenen Shuttlebus zu organisieren. Vielleicht könnte sich auch ein Taxi lohnen, falls Sie nicht zu weit vom Park entfernt wohnen und eventuell mit anderen Disney-Begeisterten eine Fahrgemeinschaft im Großraumtaxi gründen.

Falls Sie zu der Gruppe der Busrundreisenden gehören, soll dieses Buch Ihnen dabei helfen, Ihre sehr kurze Zeit in den Parks effektiv zu planen. Vielleicht wird Ihnen Ihr Reiseleiter anbieten, am Anfang mit der ganzen Gruppe eine Tour durch den Park zu unternehmen. Dies können Sie (wenn Sie möchten) dankend ablehnen. Sie alleine wissen, was Sie gerne sehen wollen. Daher machen Sie sich unbedingt Ihr eigenes Programm für den Tag!

Die zweite Möglichkeit: Sie haben eine **Mietwagenrundreise** gebucht. Damit haben Sie zwar auch eine festgelegte Anzahl von Tagen in Orlando, können aber Ihren Tagesablauf selbst planen. Außerdem gibt es für Sie keine "vorgeschriebenen" Parks. Daher soll Ihnen dieser Reiseführer in erster Linie dabei helfen, die für Sie besten Parks herauszusuchen und Ihren Aufenthalt erfolgreich zu planen.

Die letzte Gruppe Reisender plant einen ganz **individuellen Urlaub** in den USA. Ihnen stehen also alle Möglichkeiten offen. Daher gilt es zunächst zu klären, wie viele Tage in Orlando überhaupt optimal sind, wann Sie welchen Park besuchen, welche Eintrittskarte sinnvoll ist und was es sonst noch so in Walt Disney World zu entdecken gibt.

Eine Warnung vorweg: Zwei ganze Tage (also drei Übernachtungen) sind wirklich absolutes Minimum, um einfach einmal ein ganz klein wenig in Disneys Welt hinein zu schnuppern. Mehr als einen ersten Eindruck erhalten Sie so aber nicht. Für ein "Disney pur" Erlebnis brauchen Sie schon 4 bis 5 ganze Tage. Nach oben hin sind keine Grenzen gesetzt! Sie können drei Wochen Orlando ohne Langeweile problemlos überstehen - aber dann sollten Sie auch wirklich wissen, worauf Sie sich einlassen.

Es ist egal, zu welcher dieser Gruppen Sie sich in Ihrem nächsten Urlaub zählen. Ob Sie nun Busrundreisender mit einem Tag in Disney World oder Disney-Fan mit einer ganzen Woche Aufenthalt sind, Sie werden in diesem Buch auf jeden Fall alles Wichtige über die Parks und deren Attraktionen erfahren.

Den USA-Urlaub planen

Es spielt keine Rolle, ob Sie sich nun für Bus- oder Mietwagenrundreise oder eine ganz individuelle Reiseplanung entschieden haben, in jedem Fall heißt es den Urlaub vorher gründlich zu planen. Dafür besorgen Sie sich am besten einen großen Haufen Urlaubskataloge, zum Beispiel von ADAC-Reisen, Dertour, Meier's Weltreisen, Neckermann, Thomas Cook, TUI...

Um einen Eindruck von den angebotenen Reisen zu bekommen, suchen Sie sich die heraus, die Sie spontan ansprechen (am besten mit Klebezetteln markieren).

Erstellen Sie sich eine Liste, welche Orte Sie gerne sehen möchten (vergessen Sie Orlando nicht!) und wie lange Sie in den jeweiligen Orten gerne bleiben würden. Kompromisse müssen Sie bei den Pauschalangeboten immer eingehen, aber dafür wird Ihnen die Planung abgenommen. Und dann heißt es nur noch Preise und Routen vergleichen, ins Reisebüro gehen und buchen!

Wenn Sie lieber Ihren Reiseplan individuell zusammenstellen möchten, dann haben Sie zwar ein wenig mehr "Arbeit" (man kann es auch "Vorfreude" nennen), bekommen aber genau das, was Sie wollen. Billiger als die Komplettangebote wird es so aber meistens nicht.

Erstellen Sie sich einen Reiseplan mit den Städten und den jeweiligen Sehenswürdigkeiten, die Sie besuchen möchten. Daraus ergibt sich die Anzahl der Tage, die Sie benötigen. Und dann müssen Sie auch hier Preise vergleichen! Egal, ob es Mietwagen, Hotels oder Eintrittskarten sind, die Preise variieren häufig zwischen den Anbietern. Da Sie nicht alle Leistungen aus einem Katalog buchen müssen, stellen Sie sich alle Bausteine einzeln zusammen und gehen dann mit Ihrer Liste ins Reisebüro. Oder Sie buchen gleich Ihre Reise im Internet.

Planen Sie für Ihren Ankunftstag keinesfalls eine längere Tour ein. Es sollte direkt vom Flughafen zu einem (relativ) nahen Hotel gehen. Ein Langstreckenflug wirkt sich nicht unbedingt positiv auf die Fahrtüchtigkeit aus - außerdem müssen Sie immer damit rechnen, dass Ihr Flieger Verspätung hat.

Denken Sie auf alle Fälle an ein Versicherungspaket, vor allem an eine Reiserücktrittsversicherung. Eine Reisekrankenversicherung ist auch unbedingt zu empfehlen! Informieren Sie sich bei Ihrer Krankenkasse, inwiefern Versicherungsschutz besteht.

Beispiel einer Orlando-Woche für (Disney-) Park-Fans

Tag 1	Orlando	Ankunft in Orlando (MCO)
Tag 2 *	Orlando	Magic Kingdom
Tag 3	Orlando	Epcot
Tag 4	Orlando	Wasserpark, Downtown Disney, Outlet Shopping
Tag 5	Orlando	Disney's Hollywood Studios
Tag 6	Orlando	Disney's Animal Kingdom
Tag 7	Orlando	Tagesausflug ins Kennedy Space Center
Tag 8	Orlando	Der zweite Tag in Ihrem Lieblingspark
Tag 9	Weiterfahrt nach...	...?

* Sie sollten die Parkbesuche eigentlich besser als Highlight ans Ende des Urlaubs legen! Die Reihenfolge der Parkbesuche ist individuell verschieden (je nach Öffnungszeiten).

Money makes the World go `round

Wie viele "Disney Dollar" kostet mich der Spaß eigentlich?

Es gibt eine Frage, die immer wieder in dem Internetforum auf www.Park-Planer.de gestellt und diskutiert wird: Wie viel Geld muss ich eigentlich einplanen?

Einige Kosten sind schon vor der Reise gut kalkulierbar: Flug, Mietwagen, Hotel und Eintrittskarten können schon von der Heimat aus gebucht werden.

Der "typische" **Flug** kostet zwischen 500 und 900 Euro und hat für die meisten Reisenden eine Zwischenlandung in Europa (z.B. Frankfurt, London, Paris oder Amsterdam) und zusätzlich noch eine in den USA (z.B. Atlanta, New York, Washington) auf dem Flugplan. Verkehrt machen kann man hier nichts und kann daher auch bei Schnäppchen zugreifen. Achten Sie aber auf die Abflug- und Umsteigezeiten. Letztere sollten beim Umsteigen in den USA mindestens anderthalb Stunden betragen.

Beim **Mietwagen** entscheidet Gruppengröße, Portemonnaie und persönliche Präferenz darüber, wie teuer der fahrbare Untersatz wird. Innerhalb der USA hat Florida die günstigsten Mietwagenpreise. Rechnen Sie mit circa 180 Euro pro Woche für einen Wagen der Klasse "Full Size". Zu zweit und nur für Orlando mit Tagesausflügen reicht auch "Compact" aus.

Wenige Faktoren sind so variabel, wie der Preis für die **Unterbringung**. Günstige (und trotzdem "ordentliche") Hotels am International Drive oder in Kissimmee starten bei circa 25 Euro, bei Disney starten die günstigsten Hotels bei mehr als dem doppelten Preis. Nach oben hin gibt es weder außerhalb noch in der "Welt" eine Grenze.

Über die **Eintrittskarten** erfahren Sie später noch etwas - je länger sie bleiben, desto günstiger wird der Preis pro Tag.

Vor Ort sind die Kosten weniger absehbar, aber trotzdem kalkulierbar. Als Faustregel gilt: Sie brauchen immer mehr, als Sie denken! Ihr "Taschengeld" geben Sie wahrscheinlich für Essen, Trinken und Souvenirs in den Parks aus.

Beginnen wir mit dem leiblichen Wohl:

Ein **Frühstück** im Hotelzimmer startet bei wenigen Dollar für Cornflakes und Co. von Wal-Mart, Publix oder einem anderen Supermarkt (achten Sie darauf, ein Zimmer mit Kühlschrank zu buchen!), geht weiter bei ca. 5 Dollar für ein Frühstück bei Burger King oder McDonalds, dann folgt das Frühstück im (Nicht-Disney) Hotel für 10$ bis hin zum Disney-Character-Breakfast für über 20$ pro Person.

Bei **Mittag- und Abendessen** sieht es ähnlich aus: Fast Food "draußen" kostet 5$, Fast Food in den Parks um die 10$. Für die 10$ bekommt man in einer Steakhouse-Kette (z.B. Sizzler) dann aber auch schon etwas "Richtiges". Restaurants mit Tischbedienung in den Parks beginnen bei ungefähr 20$, für Character-Mahlzeiten muss man etwas mehr bezahlen.

Die Snacks zwischendurch liegen bei ca. 2,50 bis 4,00 Dollar für Wasser, Cola, Eis, Popcorn etc.

Und die Erinnerungsstücke, die **Souvenirs**, die Mitbringsel - nun, die sind ja eh unbezahlbar... also von unschätzbarem Wert. Wie viel Sie dafür ausgeben möchten, das wissen nur Sie selbst. Man kann leicht ein kleines Vermögen für Stofftiere, Becher, Pins, Bilder, Bücher, CDs, T-Shirts, Caps, DVDs, Süßigkeiten... ausgeben. Seien Sie sich gewiss, dass Sie am Ende mehr Geld für Ihre Einkäufe ausgeben werden, als Sie vorher einplanen.

Noch ein Tipp zur Kreditkarte:

Diese hat einen monatlichen Verfügungsrahmen (z.B. von 2500€). Wenn Sie nun auch Ihre Reise über die Kreditkarte bezahlen und im gleichen Monat in die USA starten, dann ist von diesem Verfügungsrahmen vielleicht so wenig übrig, dass es zu unschönen Situationen beim Bezahlen kommt. Fragen Sie daher schon vorher bei Ihrem Kreditkartenunternehmen, ob man das Limit erhöhen kann oder planen Sie beim Zahlen der Reise dementsprechend.

Florida

Der Sunshine State

Entfernungen von Orlando

Walt Disney hat schon bei der Suche des Standorts für sein neues "Disneyland" auf eine zentrale Lage geachtet. Hier finden Sie einige Entfernungsangaben zu größeren Städten und Attraktionen:

Atlanta (Georgia)	700 km
Daytona Beach über I4	90 km
Fort Lauderdale über I95	330 km
Fort Myers	250 km
Kennedy Space Center	100 km
Key West	650 km
Miami	380 km
St. Augustine	170 km
St. Petersburg	170 km
Tallahassee	410 km
Tampa / Busch Gardens	140 km
West Palm Beach	270 km

Denken Sie bei Ihrer Streckenplanung daran, dass Sie in den USA nur mit ungefähr 65 Meilen (= 105 km) pro Stunde vorankommen.

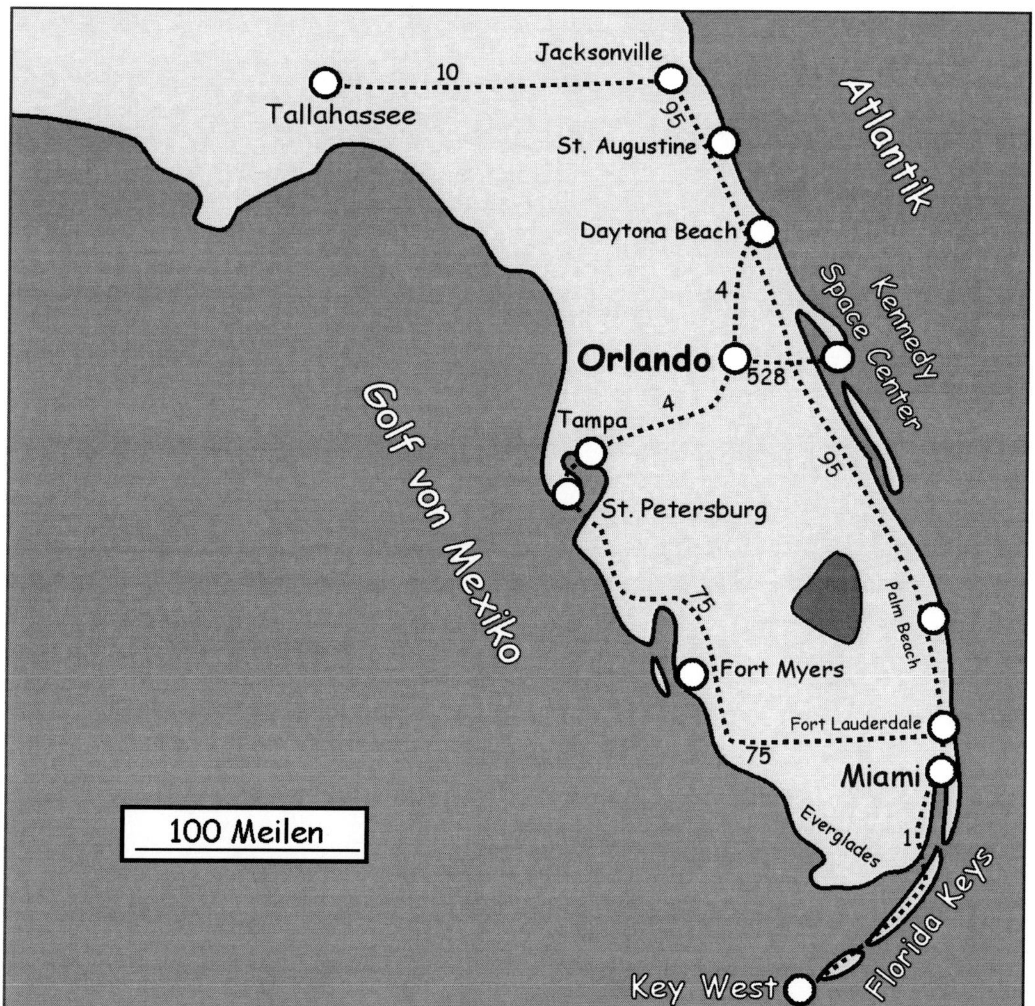

Angegeben sind die jeweiligen Nummern der Interstates, Highways und State Roads.

Orlando und Walt Disney World

So kommen Sie ans Ziel

Die Hauptverkehrsader, die Orlando mit dem Walt Disney World Resort verbindet, ist die **Interstate 4**, kurz I-4. Diese Straße, die Florida von Ost nach West durchquert, verläuft im Gebiet von Orlando in Nord-Süd-Richtung, was zu einigen Verwirrungen führen kann, denn auf den Schildern steht als Richtung entweder East oder West.

Überlegen Sie sich daher immer vor der Fahrt, in welche Richtung Sie möchten und nicht erst kurz vor der "Ramp", der Interstate-Auffahrt.

Wenn Sie nach **Norden** fahren möchten, müssen Sie die I-4 Richtung Osten nehmen. Möchten Sie nach **Süden**, so fahren Sie die I-4 nach Westen.

Eine Vergrößerung des Walt Disney World Resorts finden Sie auf der gegenüberliegenden Seite. Hier finden Sie auch die passenden Abfahrten für die Themenparks und die Information, in der Nähe welches Parks die kleineren Attraktionen und Hotels liegen.

Interstate 4 Richtung "East"

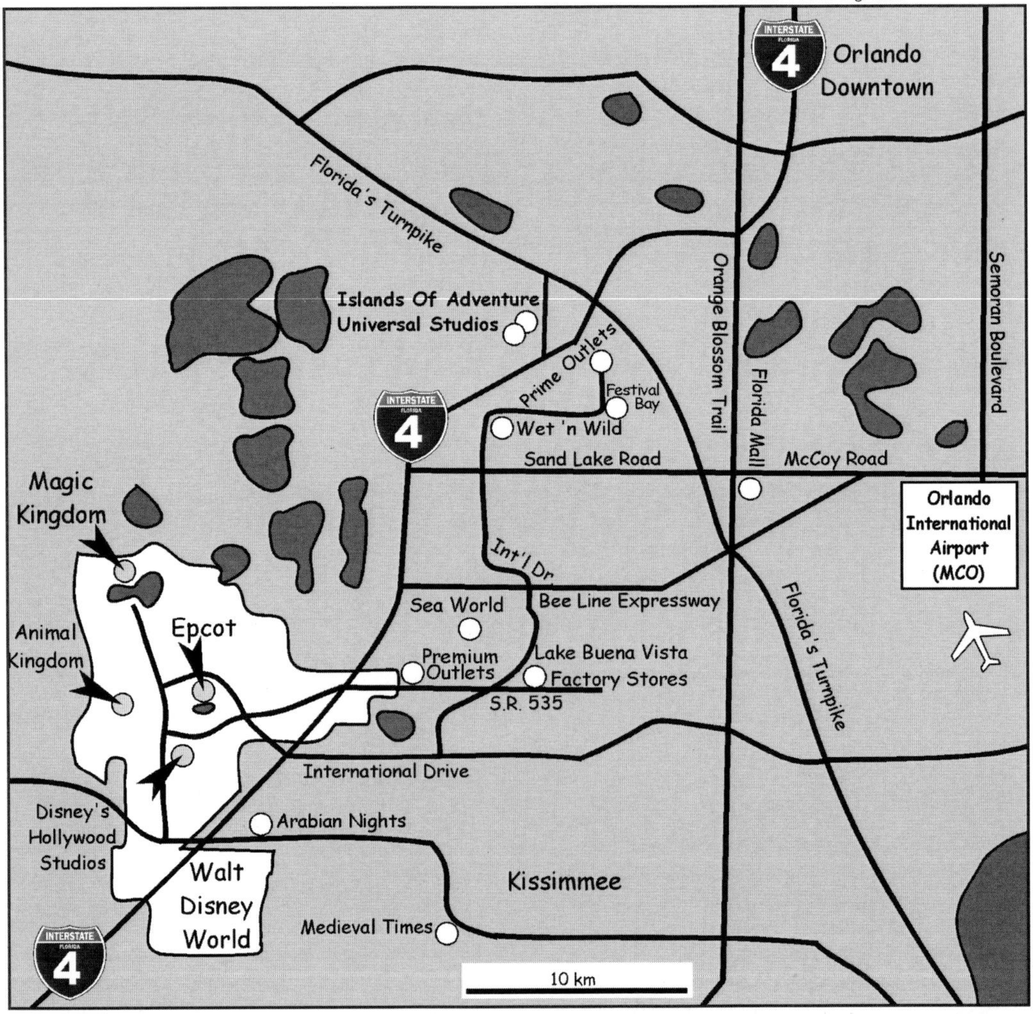

Interstate 4 Richtung "West" - Tampa

Das Walt Disney World Resort

Wo liegen die Themenparks, Hotels und die anderen Attraktionen?

MAGIC KINGDOM RESORT AREA
- Grand Floridian Resort (Monorail-Station)
- Contemporary Resort (Monorail-Station)
- Polynesian Resort (Monorail-Station)
- Shades Of Green
- Fort Wilderness & Wilderness Lodge

EPCOT RESORT AREA
- Caribbean Beach Resort
- Yacht And Beach Club Resort
- Boardwalk mit Boardwalk Inn und Villas
- Fantasia Gardens Mini Golf
- Swan And Dolphin Resort

DISNEY'S ANIMAL KINGDOM AREA
- Blizzard Beach (BB)
- Coronado Springs Resort
- Music All-Star Resorts
- Sports All-Star Resorts
- Movies All-Star Resorts

DOWNTOWN DISNEY RESORT AREA
- Typhoon Lagoon (TL)
- Port Orleans Resort
- Dixie Landings Resort
- Old Key West Resort
- Downtown Disney Hotel Plaza

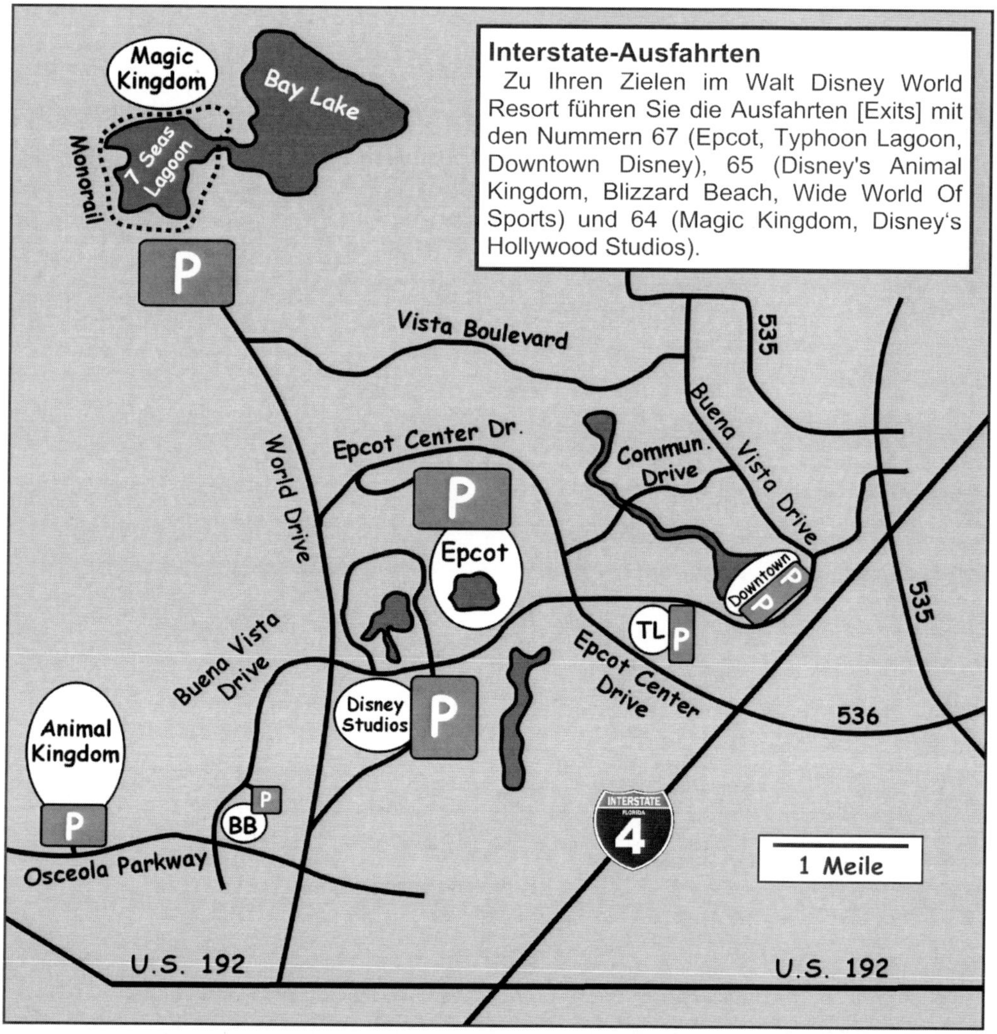

Interstate-Ausfahrten

Zu Ihren Zielen im Walt Disney World Resort führen Sie die Ausfahrten [Exits] mit den Nummern 67 (Epcot, Typhoon Lagoon, Downtown Disney), 65 (Disney's Animal Kingdom, Blizzard Beach, Wide World Of Sports) und 64 (Magic Kingdom, Disney's Hollywood Studios).

Die Walt Disney (World) Story

Etwas "Distory" - Disney History

Der "Vater der Maus", Walter Elias Disney, wurde am 5. Dezember 1901 als viertes von fünf Kindern in Chicago geboren. 1906 zog die Familie Disney, darunter auch Walts älterer Bruder Roy, nach Marceline, einer Kleinstadt in Missouri, um. Auf einer Farm verbrachte Walt seine Kindheit und entdeckte sein Zeichentalent. 1910 musste Walts Vater Elias Disney die Obstfarm verkaufen und die Familie zog nach Kansas City, wo Walt die nächsten sechs Jahre nebenbei Zeitungen für seinen Vater austrug. Im Sommer 1916 arbeitete er als Süßigkeitenverkäufer im Santa Fe Express und zog im Herbst wieder nach Chicago, wo er die Kunstakademie besuchte.

Nachdem sein Bruder Roy gegen Ende des Ersten Weltkrieges nach Europa aufgebrochen war, meldete sich der erst 17jährige Walt beim Roten Kreuz, konnte aber wegen einer Grippe nicht nach Europa und musste in Chicago bleiben. Nach Kriegsende wurde er dann 1918/19 doch noch als Fahrer nach Frankreich geschickt.

Zurück in Kansas City traf Walt auf Ub Iwerks, mit dem er zunächst ein Zeichenstudio und wenig später ein Zeichentrickfilmstudio gründete. Das Studio ging pleite und Walt erkannte, dass er in Kansas City mit seinen Filmen keinen Erfolg haben würde. So reiste er 1922 in die Metropole des Films: nach Hollywood. Er wohnte bei seinem Onkel und arbeitete in dessen Garage weiter an seinen Trickfilmen.

Eine Filmverleihfirma aus New York kaufte den Film "Alice's Wonderland" und gab weitere Filme bei Walt in Auftrag. Da Roy das Projekt mitfinanziert hatte, unterzeichneten beide am 16. Oktober 1923 den Vertrag - die Disney Company war gegründet.

1925 heiratete Walt seine Angestellte Lillian Boards. Die Firma lief so gut, dass das Studio ein Jahr später expandierte und in die Hyperion Avenue umzog. 1928 kam es zu einem Streit zwischen Disney und seiner Filmverleihfirma in New York, die die Rechte an seiner Figur "Oswald" hatte. Nachdem Walt Disney zu Verhandlungen nach New York gefahren war, endete der Streit mit der Auflösung des Vertrags.

Legenden berichten, dass auf der Bahnfahrt von New York zurück nach Los Angeles eine neue Zeichentrickfigur zum Leben erweckt wurde. Ihr Name sollte "Mortimer the Mouse" sein. Glücklicherweise überzeugte Walt Disneys Frau Lillian ihn davon, dass "Mickey Mouse" viel besser passen würde.

Der erste Mickey Maus Cartoon hieß "Plane Crazy". Allerdings wurde dieser nicht als erstes veröffentlicht. Am 18. November 1928 hatte "Steamboat Willie" Premiere. Dies war nicht nur der erste Mickey

Walt Disney - ein kurzer Lebenslauf

05.12.1901	Walter Elias Disney wird in Chicago geboren
1906	Familie Disney zieht nach Marceline, Missouri
1910	Umzug nach Kansas City, Walt ist Zeitungsjunge
1916	Umzug nach Chicago
1918	Walt Disney ist mit dem Roten Kreuz in Europa
1920	Walt Disney und Ub Iwerks gründen ein Studio
1921	"Alice's Wonderland" (Real– und Zeichentrickfilm)
16.10.1923	Gründung der Disney Company
25.07.1925	Walt Disney heiratet Lillian Boards
1926	Neues Disney Studio in der Hyperion Avenue
1927	"Oswald The Lucky Rabbit"
18.11.1928	Mickey Mouse Premiere in "Steamboat Willie"
22.08.1929	Silly Symphony beginnt mit "Skeleton Dance"
30.07.1932	"Flowers And Trees" (in Farbe, Oscar-Gewinner)
21.12.1937	Premiere von "Snow White And The 7 Dwarfs"
27.10.1954	"Disneyland" kommt als Show ins Fernsehen
17.07.1955	Der Disneyland-Park eröffnet in Anaheim
15.11.1965	Ankündigung des Walt Disney World Resort
15.12.1966	Walt Disney stirbt in Burbank, Kalifornien

Cartoon, sondern auch der erste vertonte Zeichentrickfilm überhaupt. Mickeys Stimme stammte von da an (bis 1946) von Walt Disney selbst. Alleine in den 30er Jahren entstanden 90 Mickey Filme, darunter auch 1935 der erste Mickey Maus Film in Farbe namens "The Band Concert".

Für den 1932 in Farbe produzierten Film "Flowers and Trees" bekam Disney seinen ersten Oscar. In den folgenden Jahren kamen noch zahlreiche hinzu.

In den Jahren 1934 bis 1937 arbeiteten die Disney Studios an einem völlig neuen Projekt, dem allerersten abendfüllenden Zeichentrickfilm. Statt den üblichen wenigen Minuten der Vorfilme sollte "Schneewittchen und die sieben Zwerge" die volle Spielfilmlänge haben. Der Film wurde zu einem der größten Disney Erfolge.

Schon seit den dreißiger Jahren geisterte in Walt Disneys Kopf das Bild eines eigenen Vergnügungsparks herum. Eigentlich wollte er diese Idee auch schon früh in die Tat umsetzen und neben dem neuen Studio in Burbank ein kleines Disneyland bauen, doch sein Bruder Roy, der für die Finanzen zuständig war, sagte nein.
Erst 1952 nahmen Walt Disneys Pläne für einen "Mickey Mouse Park" konkrete Formen an, allerdings waren diese Pläne im Laufe der Jahre auf Dimensionen angewachsen, die das kleine Stückchen Land in Burbank nicht mehr aufnehmen konnte.

In Anaheim, im Süden von Los Angeles, kaufte Disney ein großes Stück Land und ließ hier sein Disneyland entstehen. Für die Konstruktion der Attraktionen gründete er die Firma WED Enterprises und suchte hierfür seine talentiertesten Künstler aus, um seinen Traum zu verwirklichen. Mitte der Achtziger wurde diese Firma in "Walt Disney Imagineering" umbenannt.

Am 17. Juli 1955 eröffnete Disneyland und gab den Besuchern den Weg frei in die Themenländer Main Street U.S.A., Adventureland, Frontierland, Fantasyland und Tomorrowland mit insgesamt 20 Attraktionen. Der Park war auf Anhieb ein unglaublicher Erfolg. Im folgenden Jahr öffneten 12 weitere Attraktionen und Jahr für Jahr kamen weitere hinzu.

In den ersten Jahrzehnten waren die Attraktionen in verschiedene Kategorien eingeteilt. Es gab Coupon-Hefte, in denen die Eintrittskarten für die verschiedenen Attraktionsgruppen vorhanden waren.
Die "A-Ticket-Rides" waren die weniger aufregenden Fahrten, während die "D-Tickets" (ab 1956) für die aufwendigeren Attraktionen waren. 1959 wurde zum ersten Mal das "E-Ticket" für ganz besondere Attraktionen wie die Jungle Cruise benutzt. Eine andere Attraktion, die in diesem Jahr zum ersten Mal ihre Runden drehte, war Amerikas erste täglich fahrende Monorail.

Für die Weltausstellung in den Jahren 1964 und 1965 in New York konstruierte Disney mehrere Attraktionen. Für den UNICEF-Pavillon entwarf er eine Attraktion, die nun weltweit in den Disney Parks steht: "It's A Small World". Für das "Progressland" von General Electric baute er das "Carousel Of Progress", das Sie jetzt im Magic Kingdom besuchen können. Der Staat Illinois präsentierte sich mit der Show "Great Moments With Mr. Lincoln", in der ein audio-animatronischer Lincoln Ausschnitte aus seinen Reden vortrug - ein Vorläufer der Hall Of Presidents im Magic Kingdom. Die vierte Attraktion war "Ford's Magic Skyway", in der Besucher in Ford-Autos durch eine Dinosaurierlandschaft fahren konnten.

Schon seit dem Beginn der sechziger Jahre dachte Disney über ein zweites Disneyland im Osten der USA nach. Hier wollte er die Fehler seines ersten Parks nicht wiederholen - und der größte Fehler war der Ankauf von zu wenig Land. Mehrere Orte waren in der engeren Auswahl, darunter auch Washington D.C. und St. Louis. Doch am Ende machte Orlando das Rennen, wo unter großer Geheimhaltung von mehreren Agenten Land aufgekauft wurde, das der doppelten Größe der Insel Manhattan entspricht.

Am 15. November 1965 wurde zum ersten Mal das neue Disney-Projekt auf einer Pressekonferenz vorgestellt. Neben einem Park nach dem Vorbild Disneylands sollte hier auch EPCOT (Experimental Prototype Community Of Tomorrow) entstehen, eine

Stadt der Zukunft.

Am 15. Dezember 1966 starb Walt Disney an den Folgen von Lungenkrebs. Sein Bruder Roy übernahm die Führung des Konzerns und seine Mitarbeiter arbeiteten weiter an den Plänen für den neuen Park, so dass im April 1969 nach groß angelegten Landgestaltungsmaßnahmen mit der Konstruktion des Magic Kingdoms begonnen werden konnte.

Am 1. Oktober 1971 öffnete Walt Disney World zum ersten Mal seine Tore für die Öffentlichkeit. Neben dem Magic Kingdom gab es Golfplätze, Sportmöglichkeiten sowie das Contemporary und das Polynesian Resort Hotel.

In den folgenden Jahren wurde das Magic Kingdom immer wieder durch neue Attraktionen erweitert. 1973 öffneten die Pirates Of The Caribbean, 1975 flogen die ersten Gäste durch Space Mountain und 1977 zog zum ersten Mal die Main Street Electrical Parade über die Main Street.

Walt Disneys Pläne für EPCOT wurden Mitte der 1970er Jahre wieder aufgenommen, doch anstelle einer Stadt der Zukunft sollte dies nun ein zweiter Themenpark werden. Die Konstruktion hierfür begann 1979. Drei Jahre später, am 1. Oktober 1982, wurde das EPCOT Center mit den beiden Teilen Future World und World Showcase eröffnet.

In Disneyland Anaheim wurden 1982 die A- bis E-Tickets durch eine einzige Eintrittskarte, wie man sie heute kennt, ersetzt. Im folgenden Jahr öffnete am 15. April das Tokyo Disneyland, das eng an das amerikanische Vorbild angelehnt wurde.

1987 bekamen die Disney Parks ihre eigene Währung mit dem Disney Dollar. Mickey, der auf dem Ein-Dollar Schein abgebildet war, feierte ein Jahr später seinen sechzigsten Geburtstag. Das Magic Kingdom feierte in Mickey's Birthdayland kräftig mit. In Epcot begann eine Tradition: Das Feuerwerk "IllumiNations" erhellte zum ersten Mal den Himmel über der World Showcase Lagoon.

Am 1. Mai 1989 eröffneten die Disney-MGM Studios - ein Jahr bevor der Konkurrent Universal seinen Filmpark eröffnete. Die Studios hatten einen überragenden Erfolg, so dass zunächst einmal der Parkplatz und ein Jahr später der gesamte Park erweitert wurde. Als zweiter Wasserpark nach River Country (1976) eröffnete Typhoon Lagoon und die Party begann auf Pleasure Island.

In den folgenden Jahren wurden die drei Themenparks um immer mehr Attraktionen erweitert, einige Attraktionen wurden renoviert, andere verschwanden für immer. Neue Hotelanlagen wurden gebaut, Wasserparks und Sportanlagen eröffneten. Sogar Walt Disneys ursprünglicher Traum von EPCOT, als Stadt der Zukunft, wurde mit der kleinen Stadt "Celebration" zumindest teilweise erfüllt.

Der neueste Walt Disney World Park öffnete dann am 22. April 1998 seine Tore: Disney's Animal Kingdom, ein Tierpark nach Disney-Art. Dieser wurde schon im folgenden Jahr durch das Themenland Asia mit der Floßfahrt Kali River Rapids erweitert.

Weitere Erweiterungen in der ganzen Welt folgten und werden noch folgen. Zwei völlig neue Parks öffneten: "Disney's California Adventure" (8.2.2001) in Anaheim und "Tokyo DisneySea" (4.9.2001) in Japan. Auch Disneyland Paris (Eröffnung 12.4.1992) wurde um den Filmpark "Walt Disney Studios" (nach Vorbild der "Disney-MGM Studios", 16.03.2002) erweitert. Und auch China hat mit Hong Kong Disneyland seit dem 12. September 2005 seinen eigenen Disney Themenpark. 2008 folgte schließlich noch die Umbenennung der Disney MGM-Studios in "Disney's Hollywood Studios".

Die Welt, die Walt Disney schuf, hat sich ständig verändert und wird sich fortwährend ändern. Walt Disneys Ideen werden auch in den kommenden Jahrzehnten für weitere Attraktionen und weitere Parks auf der ganzen Welt sorgen. Aber eines sollten wir nie vergessen:

Dies alles begann mit einer Maus.
...und einem Mann mit einem Traum.

Allgemeine "Disney Day" Tipps

Die wichtigsten Hinweise für alle Disney-Parks

Planen Sie den Tag

Morgens in den Park kommen und dann erst einmal gemütlich darüber diskutieren, was als erstes gemacht werden soll? Nein, bloß nicht! Sie sollten (nicht zuletzt dank dieses Buches) schon vor Ihrem Besuch wissen, was auf Ihrem Programm steht. Nutzen Sie für Ihre Planung auch Ihren persönlichen Park-Planer, den Sie am Ende dieses Reiseführers finden.

Nutzen Sie den Vormittag

Wer gleich nach der Parköffnung in die Attraktionen kann, der hat einen gewaltigen Vorsprung vor den Langschläfern, die erst im Laufe des Vormittags den Park betreten. Nutzen Sie daher die ersten Stunden für die absoluten Top-Attraktionen und Ihre persönlichen Favoriten!

Shoppen Sie am frühen Abend oder nutzen Sie "Package Pickup"

Sie haben wahrscheinlich keine Lust, den ganzen Tag Einkaufstüten mit sich herumzutragen und wollen diese auch ganz sicher nicht in der Achterbahn krampfhaft festhalten müssen. Daher sollten Sie sich dem Shoppingvergnügen lieber am späten Nachmittag widmen, nachdem Sie schon alle wilden Attraktionen abgehakt haben. Jetzt haben Sie genügend Zeit, um die toll gestalteten Geschäfte zu genießen und entgehen gleichzeitig dem unglaublichen Gewühl kurz vor Parkschließung. Das Shopping ist übrigens ein essentieller Bestandteil des Park-Besuches. Sie werden am Abend kaum jemanden ohne bunte Tüten aus den Parks gehen sehen.

Wenn Sie in einem Disney Hotel wohnen, können Sie sich Ihre Einkäufe in den dortigen Laden liefern lassen - eine bequeme Sache! Und selbst die "normalen" Gäste können den "Package Pickup Service" nutzen und sich die Souvenirs zu dem Laden am jeweiligen Parkeingang schicken lassen. Dies dauert allerdings bis zu drei Stunden und Sie stehen unter Umständen in einer langen Schlange von Gästen, die ihre Sachen abholen möchten!

Bleiben Sie bis zum Ende

Nachdem Sie ja schon früh da waren, heißt es nun auch bis zum Ende durchzuhalten. Sie sollten sich lieber eine längere erholsame Mittagspause gönnen, aber auf jeden Fall bis zum Ende im Park bleiben. Gegen Ende des Tages leeren sich die Attraktionen wieder. Außerdem finden am Abend noch einmal absolute Highlights in den Parks statt. Die Lichterparade mit anschließendem Feuerwerk im Magic Kingdom, das Spektakel auf der Epcot Lagune oder die Fantasmic-Show in den Filmstudios gehören ins Pflichtprogramm jedes Besuchers.

Öffnungszeiten

Die Parks haben gewisse Kernöffnungszeiten (diese sind hier bei den jeweiligen Parks angegeben). Je nach Saison können die realen Zeiten aber erheblich davon abweichen. Falls Sie sich nicht von den Parköffnungszeiten überraschen lassen möchten, so informieren Sie sich am besten vorher auf der Disney-Seite im Internet. Hier finden Sie neben den Öffnungszeiten auch schon die Paradenzeiten. Es kann sein, dass ein Park sogar innerhalb einer Woche täglich wechselnde Öffnungszeiten hat - dies kann unter Umständen Einfluss darauf haben, wann Sie welchen Park besuchen möchten. Alle Öffnungszeiten finden Sie spätestens in den offiziellen Parkplänen vor Ort abgedruckt.

Timing Tips

Disney hat die Einlassprozedur in den letzten Jahren öfter geändert. Während man früher noch häufig eine Chance hatte, vor der offiziell angegebenen Öffnungszeit in die Attraktionen zu gelangen, werden nun die Besucher kurz hinter dem Eingang aufgehalten. Im Magic Kingdom stehen Sie zunächst vor dem Bahnhof und werden mit einer Eröffnungszeremonie begrüßt. In Epcot warten Sie auf dem Platz zwischen den Innoventions-Gebäuden. In Disney's Hollywood Studios stehen Sie auf dem Hollywood Boulevard und im Animal

Kingdom vor dem Tree Of Life. Sie sollten daher etwa eine Viertelstunde vor der Öffnungszeit am Parkeingang sein.

Denken Sie im Magic Kingdom daran, dass der Parkplatz weit vom Park entfernt ist und planen Sie hier mehr Zeit für die Anfahrt ein! Vom Parken bis zum Park vergehen leicht 20 Minuten!

Wie schon gesagt: Gleich am Morgen sollten Sie die Top-Attraktionen besuchen, wenn möglich die, die weiter vom Eingang entfernt liegen.

Versuchen Sie möglichst nicht zu den Hauptzeiten zu essen. Zwischen 12 und 14 Uhr, sowie zwischen 18 und 20 Uhr sind in allen Restaurants lange Schlangen vorprogrammiert.

Falls Sie sich nicht für die Paraden interessieren (oder diese bereits gesehen haben), so nutzen Sie diese Zeit für Attraktionen.

Alle Programmpunkte, die nur zu bestimmten Zeiten laufen (dazu gehören vor allem Paraden und Shows) verbrauchen verhältnismäßig mehr Zeit, als kontinuierlich laufende Attraktionen. Sie sollten diese daher eher sparsam einplanen.

Nutzen Sie den Fastpass! Dies ist der beste Weg, um Zeit zu sparen und Spaß zu haben. Später mehr zum Fastpass im Abschnitt "Sprechen Sie Disney?".

Extra Magic Hour

Die Idee ist einfach: Die Gäste der Disney-Hotels werden damit belohnt, dass sie jeden Tag eine Stunde früher in einen bestimmten Park dürfen bzw. am Abend noch exklusiv die Attraktionen eines anderen Parks mehrere Stunden (oft drei Stunden) länger benutzen dürfen. Das Konzept hieß zunächst "Early Entry Days", dann "Surprise Mornings" und für die Dauer eines Jahres hatte sich Disney dazu entschlossen, dieses Extra ganz zu streichen. Diese Einsparung fand natürlich keinen großen Anklang bei den Gästen der Disney-Hotels.

Für die Disney-Hotelgäste (und nur diese) gibt es jetzt die Möglichkeit, vor der breiten Masse in die Parks zu gehen und die beliebtesten Attraktionen mit minimaler Wartezeit zu genießen. Dies ist natürlich eine tolle Sache für alle Disney-Hotelgäste.

Wenn Sie nun als "normaler" Besucher an diesen Tagen in den Park gelassen werden, dann stehen schon Schlangen vor den Attraktionen. Daher meiden Sie die Tage mit der Extra Magic Hour am Morgen.

Sie benötigen für die Extra Magic Hour am Morgen für den Einlass in den Park und am Abend zum Betreten der Attraktionen ihre Zimmerschlüsselkarte (auch "Key To The World" genannt).

Was brauche ich?

Sie stehen am Morgen in Ihrem Hotelzimmer und fragen sich, was Sie an dem vor Ihnen liegenden Disney-Tag benötigen werden? Fangen wir mit dem Nötigsten an: Eintrittskarten oder Gutscheine, soweit Sie diese schon haben. Geld und Kreditkarte. So. Das reicht. Na, nicht ganz. Am wichtigsten sind bequeme Schuhe, denn Sie werden sicherlich einige Kilometer zurücklegen. Durchschnittliche Tagesstrecken sind 12 km im Magic Kingdom, 9 km in Epcot, 8 km in Disney‘s Hollywood Studios und 10 km in Disney's Animal Kingdom. Allein ein Rundgang durch Epcots World Showcase ist schon mehr als zwei Kilometer lang.

Ein Schutz gegen Floridas herrlichen Sonnenschein ist in jedem Fall angesagt. Da heißt es morgens gut eincremen, eine Kopfbedeckung dabei haben und vielleicht sogar eine kleine Tube Sonnencreme ins "Handgepäck" packen. Dieses sollte aber ansonsten so klein wie möglich gehalten werden, Sie müssen jedes Gramm tragen. Trotzdem darf der Fotoapparat nicht fehlen, dazu noch die Videokamera. Auf jeden Fall für beide ausreichend Filme (bzw. Speicherkarten) und volle Akkus mitnehmen. Es gibt zwar überall im Park Filme zu kaufen, aber diese sind teurer als "draußen" (und in den USA allgemein teurer als zu Hause). Digitale Speichermedien sind (außerhalb der Parks) ungefähr genauso teuer wie in Europa.

Im Sommer sind kleinere Regengüsse am Nachmittag vorprogrammiert. Gut bewährt haben sich Ponchos, die Sie beim ersten Regenguss in einem der Parkläden kaufen können (ca. 8 US$). Darunter sind nicht nur Sie, sondern auch Ihre Habseligkeiten (Kamera) gut geschützt. Dünne Ponchos für 1$ gibt es zum Beispiel auch bei Wal-Mart.

Die Abende können außerhalb des

Sommers recht kühl sein und manch einer friert auch in den klimatisierten Restaurants und Attraktionen. Falls Ihnen leicht kalt wird, sollte auch noch ein dünner Pullover mitkommen.

Alles, was Sie in der Hand halten müssen, stört. Das gilt für Ihre Einkäufe genauso, wie für die Dinge, die Sie in den Park mitbringen. Wirklich bewährt haben sich Gürteltaschen, in die man das Nötigste hineinstopfen kann und die bei allen Fahrten in Disney World umgeschnallt bleiben können.

Falls Sie doch mehr mitnehmen möchten, als Sie tragen können, so können Sie sich an jedem der Parkeingänge ein Schließfach mieten, z.B. für die Regenausrüstung oder die Pullover.

Essen und Getränke dürfen Sie mit in die Wasserparks bringen (keine Glasgefäße!), in den Themenparks ist dies nicht erwünscht.

Wie komme ich hin?

Einen Disney-Park zu finden ist wirklich kein Problem. Wenn Sie im Großraum Orlando unterwegs sind, dann begegnen Ihnen genügend Hinweisschilder, die Sie in die richtige Richtung führen. Trotzdem kann ein vorheriger Blick auf eine Straßenkarte ja nicht schaden. Fragen Sie auf jeden Fall bei der Übernahme des Mietwagens nach einer kostenlosen Karte. Falls Sie lieber eine detaillierte Straßenkarte haben möchten, können Sie sich diese auch schon in Deutschland kaufen (z.B. von Rand McNally oder Berndtson).

Sobald Sie auf dem Walt Disney World Gelände sind, ändert sich das Aussehen der Straßenschilder (sie sind nun lila statt grün) und die Werbetafeln am Straßenrand verschwinden (bis auf die von Disney selbst). Folgen Sie den Schildern zu Ihrem Themenpark und schon sind Sie da! Um die Schilder übersichtlicher zu gestalten, sind die kleineren Attraktionen (Wasserparks, Minigolfanlagen) und die Hotels zu "Areas" [Gebieten] zusammengefasst (zum Beispiel "Epcot Area"). Sehen Sie also am besten vor der Abfahrt nach, bei welchem der vier Themenparks die Attraktion liegt, zu der Sie möchten.

Als Gast eines Disney-Hotels können Sie kostenlos mit Bussen, Booten oder der Monorail anreisen. Aber auch als Autofahrer haben Disneys Hotelgäste einen klaren Vorteil: Sie sparen die 12 US$ Parkgebühr, die alle anderen am Eingang zum Parkplatz bezahlen müssen. Ihren genauen Parkplatz bekommen Sie von einem Disney-Mitarbeiter zugewiesen.

Vom Parkplatz zum Park

An dieser Stelle (genauso wie später noch bei den jeweiligen Parks) sei Ihnen ein Tipp mit auf den Weg gegeben, der Ihnen viel Stress ersparen kann: Schreiben Sie sich Ihre Parkreihe auf! Die Parkplätze sind riesig und jedes zehnte Auto sieht so aus wie Ihr Mietwagen. Und "aufschreiben" bedeutet wirklich aufschreiben, denn nach einem aufregenden Mickey-Maus-Tag weiß kein Familienmitglied mehr so genau, ob das Auto nun im Parkbereich Minnie, Dopey oder Sleepy steht, geschweige denn in welcher Reihe.

Falls Sie trotzdem am Ende des Tages hilflos auf dem Parkplatz stehen: Keine Panik! Suchen Sie sich einen Parkangestellten, indem Sie sich vor irgendein Auto stellen und winken, nach kurzer Zeit kommt ein Security Fahrzeug, um Ihnen zu helfen. Der Disney-Angestellte weiß aufgrund Ihrer Ankunftszeit, wo Sie ungefähr Ihr Auto "verloren" haben. Auch bei anderen Problemen mit Ihrem Fahrzeug helfen die Disney-Mitarbeiter.

Meistens parken Sie auch schon am Morgen relativ weit vom Parkeingang entfernt. Daher gibt es auf allen Parkplätzen eine kleine kostenlose Bahn [tram], die Sie von Ihrer Parkreihe aus zum Parkeingang bringt. Im Magic Kingdom müssen Sie sogar noch mit einer Fähre oder der Monorail [Einschienenbahn] die Seven Seas Lagoon überqueren, beziehungsweise umrunden.

Durch den Eingang und los!

Da stehen Sie nun: Die Eintrittskarte in der Hand, den Fotoapparat schussbereit und los geht's!

Gleich hinter dem Eingang schnappen Sie sich einen der kostenlosen Parkpläne, am besten für jedes Familienmitglied einen (das erspart das Hin- und Hergereiche) und vielleicht später noch einen Plan als Souvenir, den Sie dann nicht in irgendeine Hosentasche knautschen. Ansonsten finden Sie in den Geschäften auch welche.

Allgemeine "Disney Day" Tipps

Falls Sie gerne einen Plan in deutscher Sprache haben möchten, so steuern Sie direkt auf Guest Relations zu. Hier gibt es auch Pläne in vielen anderen Sprachen.

Egal ob Sie mit oder ohne Kind unterwegs sind, machen Sie einen Treffpunkt aus, falls jemand verloren geht, was in dem unglaublichen Park-Gewühl passieren kann. Sprechen Sie den Treffpunkt möglichst genau ab, denn die Parks sind groß.

Tipps für Treffpunkte:
Für verlorene Kinder, Eltern und andere Gruppenmitglieder bietet sich in allen Parks als feste Abmachung an, sich im "Notfall" vor Guest Relations (jeweils am Parkeingang) zu treffen (und keinesfalls den Park zu verlassen!). Vorschläge für andere Treffpunkte, die so gewählt sind, dass sie zentral und nicht an Paradenrouten liegen, sind folgende:

Magic Kingdom: Unter dem Eingangsschild zum Tomorrowland.
Epcot: Vor dem Eingang zum Club Cool (auf dem Platz vor Innoventions).
Disney‘s Hollywood Studios: Auf den Stufen vor dem Eingang zu Indiana Jones.
Animal Kingdom: Auf der Brücke zum Dinoland U.S.A.

Ihren Kindern sollten Sie ein Namensschild mit auf den Weg geben, vielleicht mit dem Hinweis darauf, dass er oder sie kein Englisch spricht. Und wenn wir schon bei kleinen Kindern sind: Denken Sie über eine Kinderkarre [stroller] nach; auch wenn die Kinder schon etwas größer sind. Gerade die Wege in Epcot sind lang und jeder Disney-Park-Tag ist lang. "Stroller" gibt es an den Parkeingängen zu mieten, sie kosten 15$ pro Tag, "Zweisitzer" kosten 31$. Vor allen Attraktionen gibt es Parkplätze [stroller parking]. Hier werden auch achtlos irgendwohin gestellte Karren von den Cast Members ordentlich aufgereiht. Wertsachen sollten Sie hier natürlich nicht aufbewahren.

Genießen Sie den Tag!!!

Sie haben Urlaub – denken Sie daran! Auch wenn Sie vielleicht einmal ein wenig länger in einer Schlange stehen müssen, lassen Sie sich davon den Tag nicht verderben.

Setzen Sie sich keinesfalls einen zu engen Zeitplan! Sie können nicht alle Attraktionen an einem Tag schaffen. Daher wählen Sie im Voraus eine Handvoll spannender Fahrten und Shows aus, die Sie wirklich unbedingt sehen möchten. Umso mehr freuen Sie sich später, wenn noch Zeit übrig ist.

Seien Sie spontan und nutzen Sie auch einfach einmal eine kurze Warteschlange, an der Sie zufällig vorbeikommen.

Insider Infos: Disney's PhotoPass

In allen Themenparks, in den Wasserparks und in einigen Hotels stehen die Disney PhotoPass Fotografen. Alles was Sie benötigen ist ein scheckkartengroßer PhotoPass, den Sie erhalten, wenn Sie sich das erste Mal fotografieren lassen. Mit dieser Karte gehen Sie einfach zu einem Fotografen hin und dieser macht meist zwei, drei normale Fotos, oft ein Action-Foto (vor dem Tower Of Terror soll man also zum Beispiel erschrocken tun) und manchmal auch noch ein Trick-Foto. Am Ende scannt der Fotograf den Strichcode auf Ihrem PhotoPass.

Sie können sich nun entweder in den Fotoläden der Parks diese Fotos ansehen und Abzüge bestellen oder über den Code auf der Karte auf www.disneyphotopass.com die Fotos betrachten. Hier können Sie dann auch Disney-Fotorahmen oder Disney-Figuren in die Fotos hinein kopieren oder Ausschnitte wählen. Von zu Hause aus können Sie Abzüge ordern, einzelne Bilder downloaden oder sich eine CD-Rom mit allen Fotos bestellen. Dies alles ist nicht wirklich günstig, aber im Falle der CD ist der Preis unabhängig von der Anzahl der Fotos, die sich darauf befinden. Wenn Sie also den PhotoPass-Service intensiv in den Parks genutzt haben, haben Sie am Ende einen super günstigen Preis pro Foto.

Besonders sehenswert werden die Trick-Fotos, bei denen plötzlich Mickey neben Ihnen auf der Parkbank erscheint, Sie ein Löwenbaby im Arm halten oder Stitch aus dem Erdboden auftaucht.

Tipps: Oft bietet Disney an, dass man die CD-Rom vorbestellen kann (auf der PhotoPass-Internetseite) und Sie bekommen sie so günstiger. / Machen Sie ein Foto von Ihrer PhotoPass-Nummer oder schreiben Sie sich diese ab (falls Sie ihn verlieren). / Sie können für Ihre Bestellung mehrere PhotoPässe kombinieren (in den Wasserparks bekommen Sie sowieso immer einen neuen PhotoPass fürs Handgelenk). / Die PhotoPass Fotografen machen auch zusätzlich mit Ihrer Kamera eine Aufnahme (natürlich kostenlos). / Nicht alle Fotos werden gut - gehen Sie also zu mehreren Fotografen.

Sprechen Sie Disney?

Ein kleines Wörterbuch für Walt Disney World

Nein, keine Angst! Zwar gibt es eine eigene Währung, den Disney Dollar, aber keine eigene Sprache. Trotzdem gibt es einige Begriffe, die typisch für die Disney-Parks sind:

Audio-animatronische Figuren - Audio-Animatronics

Ohne audio-animatronische Figuren wären die Disney-Parks sicherlich nie so erfolgreich geworden, wie sie es jetzt sind, denn Sie treffen die Audio-Animatronics praktisch in jeder Attraktion an.

Dabei ist ein Audio-Animatronic einfach gesagt eine ferngesteuerte Puppe, die durch Motoren angetriebene Bewegungen ausführen kann. Dies können ganz einfache Bewegungen sein, wie ein Öffnen und Schließen des Mundes (die Tiki Götter im Enchanted Tiki Room), bis hin zu hoch komplizierten Bewegungsabläufen (Stitch im Tomorrowland).

Zum ersten Mal benutzte Walt Disney audio-animatronische Puppen bei der Weltausstellung 1964/65 in New York. Für die Attraktion "Great Moments With Mr. Lincoln" wurde eine realistisch aussehende Lincoln-Puppe geschaffen, die das Publikum begeisterte.

Die erste audio-animatronische Show in einem Disney-Park war "The Enchanted Tiki Room", die in einer etwas moderneren Fassung noch immer läuft.

Zu Beginn wurden die Steuerbefehle für die Puppen zusammen mit den Tönen, Stimmen und der Musik auf Tonbändern aufgezeichnet. Daher auch der Name "Audio-Animatronic". Mittlerweile haben hier natürlich Computer Einzug gehalten und sorgen für perfekt abgestimmte Bewegungen.

Cast Members

Alle Disney-Park Angestellten sind "Cast Members", was soviel bedeutet, wie Mitglieder des Ensembles beziehungsweise Mitglieder der Schauspieltruppe. Walt Disney setzte seine Parks genauso wie seine Filme in Szene, daher hat jeder Mitarbeiter eine Rolle, an die er sich halten muss. Dabei gibt es zwei Bereiche im Arbeitsalltag eines Cast Members: Den Backstage-Bereich hinter den Park-Kulissen bekommen Besucher normalerweise nie zu sehen. Sobald ein Cast Member in einen Bereich kommt, wo ihn ein Besucher (bei Disney heißen die Parkbesucher "Gäste") sehen kann, ist er "on stage" und muss sich dementsprechend verhalten. Dazu gehört unter anderem das allgegenwärtige Disney-Lächeln.

Eine andere Besonderheit bei Disney: Alle Mitarbeiter sprechen sich mit dem Vornamen an - vom Straßenkehrer bis hin zum Manager. Schauen Sie sich einmal die Namensschilder an, die die Cast Members tragen. Unter dem Vornamen steht häufig auch die Heimatstadt des Angestellten – Sie werden sich wundern, aus wie vielen verschiedenen Ländern die Disney-Mitarbeiter kommen. Die kleinen Flaggen geben die Sprachen (außer englisch) an, die die Cast Members sprechen. Einige haben noch andere Pins am Namensschild, die sie für langjährige Mitarbeit erhalten.

Character

Ein Character ist eine Disney-Figur, die in voller Lebensgröße durch den Park läuft. Diese Figur kann eine menschliche Figur sein (wie Schneewitchen oder Cinderella), aber größtenteils treffen Sie die Disney-Zeichentrickfiguren als Characters im Park. Disney-Mitarbeiter stecken in diesem Fall in den Kostümen und haben besonders im Sommer kein leichtes Leben.

Es gibt in den Parks einige feste Plätze, an denen den ganzen Tag hindurch einige Characters zu treffen sind. Wo diese Orte genau sind, finden Sie am Anfang der Parkbeschreibungen. Auch im offiziellen Parkplan stehen Zeiten, zu denen die Characters auftauchen. Manchmal erscheinen aber auch völlig unverhofft Characters – falls Sie also zur richtigen Zeit am richtigen Ort sind, haben Sie Glück.

Die Characters geben Autogramme, wenn Sie einen Stift (möglichst dick) und einen Zettel oder ein Autogrammalbum (gibt es im Park zu kaufen) dabei haben. Außerdem lassen Sie sich gerne mit Ihnen fotografieren oder schütteln Ihnen die Hand. Sprechen dürfen die meisten Characters allerdings nicht, da die nicht originalgetreuen Stimmen die Illusion zerstören würden.

Guest Relations

Um alle Ihre Fragen kümmert man sich genau hier, bei Guest Relations. Ob Sie Parkpläne brauchen, einen Tisch reservieren möchten oder irgendein anderes Problem haben, man kann Ihnen hier sicherlich helfen. Im Magic Kingdom gehen Sie in die Town Hall. Wenn Sie die Main Street betreten, finden Sie diese gleich auf der linken Seite. In Epcot hilft Ihnen Guest Relations direkt bei Spaceship Earth. In Disney‘s Hollywood Studios finden Sie Hilfe gleich hinter dem Eingang auf der rechten Seite, und falls Sie in Disney's Animal Kingdom ein Problem haben, so wird Ihnen hier auf der linken Seite hinter dem Eingang gerne geholfen.

Hidden Mickey

Sie sind überall, aber nirgendwo zu sehen. Die Rede ist von den Hidden Mickeys, die in allen Parks zu finden sind. Die Imagineers machen sich schon seit Jahrzehnten einen Spaß daraus und verstecken in den Attraktionen und Parkanlagen Mickey Maus Silhouetten. Der klassische Hidden Mickey besteht aus einem großen Kreis für Mickeys Gesicht und zwei kleineren als Ohren. Diese einfachen Formen können sich praktisch überall verstecken, sei es nun ganz offensichtlich auf Kassenbons und Servietten oder aber sehr trickreich in Attraktionen versteckt, sodass man schon genau wissen muss, wonach man sucht. Halten Sie also die Augen offen! Um Ihnen den Start zu erleichtern, finden Sie hier schon einmal einige wenige:

Magic Kingdom: Schauen Sie im Haunted Mansion in der Festszene auf die Teller auf dem Tisch; sehen Sie sich in Mickey's Star Traders das Sternbild "Steamboat Willie" an.

Epcot: Wenn Sie in der Schlange von Maelstrom in Norwegen stehen, schauen Sie sich die Wikinger links im Boot genau an und der Laden zur Attraktion "Mission: Space" ist voll mit Hidden Mickeys, die gut zu erkennen sind (zum Beispiel an den Wänden am Ausgang und an der Decke).

Disney‘s Hollywood Studios: Das Bild an der Seitenwand des Rock 'n' Roller Coaster Gebäudes hat gleich drei Hidden Mickeys.

Disney's Animal Kingdom: Auf der Safari sollten Sie sich die Insel im Flamingo-Pool genauer ansehen.

Kid Switch / Baby Switch

Bei vielen Attraktionen mit Größenbeschränkung gibt es die Möglichkeit, dass z.B. Papa mit dem Kind wartet, bis Mama gefahren ist, das Kind dann "übergeben" wird und Papa anschließend ohne Wartezeit fahren kann. Fragen Sie den Cast Member am Attraktionseingang einfach danach!

Imagineers

Dies ist eine Disney-eigene Wortschöpfung aus den beiden Begriffen "Imagine" [sich etwas vorstellen] und "Engineer" [Ingenieur]. Die Imagineers stehen am Anfang jedes Disney-Projekts. Dabei spielt es keine Rolle, ob es sich nur um einen Eisstand, eine neue Attraktion oder einen ganzen Park handelt. Die Imagineers sind in erster Linie Künstler, die ihrer Fantasie freien Lauf lassen und sich erst später über die praktische Umsetzung der Ideen Gedanken machen – ganz im Sinne Disneys.

PhotoPass

Die Disney-Fotografen fotografieren Sie auf Wunsch in allen Parks vor den besten Motiven. Diese Bilder werden mit dem PhotoPass (eine Karte, die Sie von den Fotografen erhalten) unter einer Nummer gespeichert. Sie können sich die Fotos mit dieser Nummer im Internet (als Abzüge oder auf CD-Rom) bestellen. Mehr Informationen finden Sie bei "Allgemeine 'Disney Day' Tipps" weitere vorne im Buch.

Preshow & Wartebereich

Eine Disney-Attraktion beginnt noch bevor sie richtig beginnt, denn schon die Gestaltung der Warteschlange ist oft sehenswert. Manchmal ärgert man sich sogar (aber nur ein ganz klein wenig), wenn man mal irgendwo nicht Schlangestehen muss und einfach so durch die aufwendig gestalteten Gänge hindurchmarschieren kann. Der Trick im Warteschlangendesign besteht darin, dass Sie zu keiner Zeit die Schlange wirklich überblicken können, so dass immer die Hoffnung besteht, dass es hinter der nächsten Ecke schon losgeht.

Bei den größeren Attraktionen erleben Sie, bevor es wirklich losgeht, eine Preshow. Diese Show vor der Show ist meistens ein kleiner Film, der Sie auf das Kommende einstimmt und Ihnen die Wartezeit verkürzt. Manchmal sind die Preshows aber auch schon so sehenswert, dass man nicht sagen kann, wo die Preshow aufhört und die Show beginnt.

Insider Infos: Disney's Fastpass

Sie würden gerne einmal Space Mountain betreten und an der Schlange Wartender einfach vorbeigehen? Statt den ausgewiesenen 45 Minuten nur 5 Minuten Schlangestehen? Und das alles ohne Vorzudrängeln (was in Amerika sowieso absolut tabu ist!)? Gar kein Problem, dank des Fastpasses.

Wie funktioniert der Fastpass?

Sie gehen zu einer Attraktion, für die es Fastpässe gibt (diese sind im offiziellen Parkplan und hier im Park-Planer in der Attraktionsbeschreibung markiert). Falls Ihnen die am Attraktionseingang ausgewiesene Wartezeit zu lang ist, gehen Sie zu den Fastpass Automaten, die in der Nähe aufgestellt sind. Sie müssen Ihre Eintrittskarte in den Automaten schieben und erhalten daraufhin Ihre Eintrittskarte und einen Fastpass zurück.

Auf dem Fastpass steht nun eine Zeitspanne, zum Beispiel "1:10 PM to 2:10 PM" (AM = Vormittag, PM = Nachmittag). Jetzt können Sie sich bei einer anderen Attraktion anstellen oder etwas Anderes unternehmen.

Zwischen den beiden angegebenen Zeitpunkten gehen Sie zurück zu der Attraktion und gehen jetzt nicht durch den "Standby Entrance" (denn das wäre die normale Warteschlange), sondern durch den "Fastpass Entrance", vorbei an den wartenden Massen!

Denken Sie daran: Jedes Familienmitglied braucht einen eigenen Fastpass, den Sie nur mit der entsprechenden Eintrittskarte bekommen. Außerdem können Sie (meistens) nur einen Fastpass zur Zeit haben. Wenn Sie mit Ihrer Eintrittskarte einen Fastpass gezogen haben, können Sie den nächsten erst bekommen, wenn die Zeit auf Ihrem Fastpass erreicht ist, in unserem Beispiel also 13.10 Uhr. Falls Sie mehr als zwei Stunden warten müssen, bis Sie den Fastpass benutzen können, dann bekommen Sie den nächsten Pass schon nach 2 Stunden, obwohl Sie den anderen noch nicht benutzt haben. Klingt kompliziert? Ist es aber nicht!

TIMING TIP

Nutzen Sie auf jeden Fall den Fastpass, es gibt keinen besseren Weg, um Zeit zu sparen! Und falls Sie eine Fahrt auf alle Fälle zweimal machen möchten, so holen Sie sich einen Fastpass und stellen sich in die normale Schlange. Wenn Sie mit der Fahrt fertig sind, ist wahrscheinlich schon die Zeit für Ihren Fastpass gekommen. Der Fastpass lohnt sich generell mehr für Fahrattraktionen als für Shows!

Der Fastpass wurde zunächst im Juli 1999 in den Top-Attraktionen von Disney's Animal Kingdom eingeführt. Als sich das System als erfolgreich herausstellte, wurden nach und nach auch die anderen Disney-Themenparks ausgestattet. Indiana Jones in Disneyland Paris folgte im Oktober und Disneyland Kalifornien im November des gleichen Jahres.

Park-Planer Attraktion

FASTPASS®
Return Anytime Between
01:10 PM
AND
02:10 PM
Another FASTPASS® ticket
will be available
after 01:10 pm

Beispiel für ein Fastpass-Ticket

Welcher Disney-Park ist der richtige?

Vier Themenparks und nur zwei Tage Zeit... die Qual der Wahl

Sie haben die freie Auswahl! Neben den beiden Wasserparks, den Golf- und Minigolfplätzen, Pleasure Island und DisneyQuest bietet Walt Disney World vor allem vier der weltbesten Themenparks: Magic Kingdom, Epcot, Disney‘s Hollywood Studios und Disney's Animal Kingdom.

Jeder Park für sich wäre schon eine eigene Reise wert, hier finden Sie sogar alle vier geballt auf einem Fleck. Jeder Park bietet für jung und alt gleichermaßen gut geeignete Attraktionen, Filme und Shows. Wenn Sie sich den vollen Disney-Luxus gönnen wollen, so brauchen Sie alleine für die Themenparks sechs bis acht Tage Zeit. Haben Sie nicht die Zeit oder Lust, so viel Urlaubszeit in den Parks zu verbringen, heißt es eine Auswahl zu treffen. Den besten Überblick bekommen Sie natürlich, wenn Sie dieses Buch einmal komplett durchlesen und sich die Favoriten unter den Attraktionen notieren. Um den Überblick zu behalten, finden Sie im hinteren Teil des Buches Ihren persönlichen Park-Planer zum Ankreuzen.

Für eine erste Vorauswahl finden Sie hier die Zielgruppen der vier Themenparks:

Das **Magic Kingdom** ist dem Disneyland-Park bei Los Angeles nachempfunden. Dank der sieben verschiedenen Themenländer findet hier wirklich jeder Besucher die passende Attraktion. Dies macht das Magic Kingdom eigentlich zu einem absoluten Muss für jeden Florida-Besucher. Für die Kleinen bieten das Fantasyland und Mickey's Toontown Fair viele Attraktionen mit den Figuren aus den Disney-Filmen. Wer ruhige Attraktionen ohne wildes Herumgewirbel mag, der besucht den Liberty Square oder das Adventureland. Und auch für Achterbahn-Freunde hat der Park, zum Beispiel im Tomorrowland und Frontierland, das Richtige im Angebot.

Epcot teilt sich in zwei Hälften. In der einen präsentieren sich elf Nationen in landestypischer Umgebung, in der anderen geht es um verschiedene Aspekte der Technik in Vergangenheit und Zukunft. In Epcot kann man auf seichte Disney-Art tatsächlich etwas lernen, wobei das Hauptaugenmerk natürlich auf der Unterhaltung liegt. Ältere Kinder haben viel Spaß in den Pavillons in Future World. Für Erwachsene bietet der Park viele interessante Attraktionen und abwechslungsreiche kulinarische Genüsse in beiden Teilen des Parks. In den letzten Jahren hat sich das vorher von vielen eher als langweilig angesehene Epcot aber auch zu einem absoluten Tipp für Geschwindigkeitsfanatiker entwickelt - Test Track, Mission: Space und Soarin‘ sind absolute Top-Attraktionen in ganz Orlando.

Disney‘s Hollywood Studios richten sich vor allem an die großen und kleinen Filmfans unter den Disney-Besuchern. Neben Star Wars und Indiana Jones für die Größeren gibt es auch die Muppets und Arielle für alle Altersgruppen. Viele Shows und Filme machen den Park auch für Nicht-Achterbahnfahrer interessant. Adrenalinjunkies finden hier andererseits zwei weitere absolute Top-Attraktionen, den Tower Of Terror und den Rock 'n' Roller Coaster.

Disney's Animal Kingdom ist nicht wirklich mit den drei anderen Disney-Parks zu vergleichen, denn hier steht das Erleben und Beobachten von Tieren weitestgehend im Vordergrund. Wie die Disney Company auch immer selbst betont, ist das Animal Kingdom tatsächlich kein normaler Zoo. Die Tiergehege sind riesig, Gitter und Zäune sind vor den Blicken der Besucher versteckt und man hat in diesem Park am ehesten das Gefühl, sich auch einmal Zeit lassen zu können. Für große und kleine Tierfreunde ist dies der beste Disney-Park, denn hier sind die Tiere endlich einmal echt. Neben den Tieren gibt es aber auch in diesem Park Attraktionen für jeden Geschmack. Lustige Filme, tolle Shows und aufregende "Rides" warten auf Sie.

Es ist wirklich schwierig, sich bei diesem Angebot entscheiden zu müssen. Jeder der vier Parks bietet sehr spezielle und einmalige Eindrücke mit einer bunten Palette an Attraktionen. Vielleicht haben Sie ja jetzt schon einen geheimen Favoriten?

Lesen Sie einfach weiter und sehen Sie, was Ihnen welcher Park für einmalige

Urlaubserlebnisse bieten kann.

Einen Tipp noch für bereiste Disney-Fans: Wenn Sie bereits das Disneyland Paris kennen und sehr wenig Zeit in Orlando haben, dann ist das Magic Kingdom (schweren Herzens!!) verzichtbar. Disney's Hollywood Studios sind hingegen mit dem europäischen Walt Disney Studios Park nicht wirklich vergleichbar. Der amerikanische Park ist wesentlich größer und bietet viel mehr Attraktionen.

Die schnelle Entscheidung für Ihren Park

Für eine ganz schnelle Entscheidung finden Sie in der nebenstehenden Tabelle einige Themen-Schwerpunkte und die Disney-Parks, die dazu am besten passen. Neben den Themenparks sind hier auch die anderen Disney-Attraktionen vertreten.

Interesse	Disney-Park
Baden:	Typhoon Lagoon
Einkaufen:	Downtown Disney
Film & Fernsehen:	Disney Studios
Für Kinder:	Magic Kingdom
Länder erkunden:	Epcot
Shows:	Disney Studios
Technik:	Epcot
Thrill-Rides:	Disney Studios
Tiere:	Animal Kingdom
Videospiele:	DisneyQuest
Wasserrutschen:	Blizzard Beach

Und wenn es regnet?

Nachmittagsschauer sind im Sommer vorprogrammiert, aber dauern meist nicht lange. Wenn jedoch am Morgen schon Regen aufzieht, dann meiden Sie in jedem Fall das Animal Kingdom, denn hier ist alles draußen. Auch das Magic Kingdom macht dann wenig Freude. Besuchen Sie stattdessen Disney's Hollywood Studios oder auch Epcots Future World. Vor allem in den Studios übersteht man einen nassen Tag recht gut ohne zu viel zu verpassen.

Welche Reisezeit ist ideal?

Nicht alles ist vorhersehbar in Disneys Welt

Falls Sie sich völlig frei aussuchen können, wann Sie nach Florida reisen, dann vermeiden Sie um jeden Preis die amerikanischen Feiertage. Sie werden zu keiner Zeit des Jahres die Parks so überfüllt sehen wie in der Weihnachtszeit. Natürlich sind die Parks auf Hochglanz poliert und festlich geschmückt, dafür stehen vor den Attraktionen (und auch vor den Restaurants, den Toiletten,...) lange Schlangen. Andererseits sind die Wochen direkt vor und nach dieser festlichen Zeit die leersten im Jahresverlauf. Ähnlich hohe Füllstände erreichen die Parks um Ostern und den Nationalfeiertag (4. Juli) herum. Auch die Sommerferienzeit ist sowohl klimatisch als auch vom Besucherandrang her nicht ideal, aber, wenn man mit Kindern unterwegs ist, meistens unvermeidlich.

Vom Wetterbericht her gesehen können Sie im Sunshine State Florida nicht allzu viel verkehrt machen. Der Sommer ist heiß und kurze heftige Regenschauer am Nachmittag sind häufig. Die Wintermonate sind sehr sonnig und trockener, dafür kann es ab und zu recht kühl werden (also kein durchgehendes "kurze Hose und T-Shirt Wetter"). Besonderes Augenmerk sollte man als Besucher auf den Spätsommer werfen! Hier beginnt in Florida die Hurrikan-Saison. Orlando liegt zwar so weit landeinwärts, dass es selten zu schweren Beeinträchtigungen kommt, aber gerade bei Rundreisen sollte man diese Zeit dringend meiden. Eine Evakuierung der Florida Keys mitzuerleben ergibt zwar eine spannende Urlaubsgeschichte, kann einem aber doch gewaltig den Urlaub vermiesen. Bei schlechtem Wetter haben die Disney-Parks geöffnet, allerdings können einige Attraktionen (vor allem die Outdoor-Bahnen) geschlossen sein und Paraden können ausfallen.

Die Zeiten der Nebensaison, wenn die Parks nicht allzu voll sind, werden auch dafür genutzt, um reihum die Attraktionen zu renovieren und zu warten. Es kann also durchaus passieren, dass in dieser Zeit Attraktionen (auch Top-Attraktionen) geschlossen sind. Tun Sie sich selbst den Gefallen und ärgern Sie sich nicht darüber! Es ändert sowieso nichts an der Sache und verdirbt Ihnen höchstens Ihren schönen Disney-Tag.

An welchem Wochentag sollten Sie welchen Park besuchen?

Eine generell richtige Antwort gibt es nicht auf diese Frage. Sie können immer das Glück oder Pech haben, dass der Park plötzlich angenehm leer oder völlig überfüllt ist. Dies kann an Feiertagen, großen Reisegruppen, Veranstaltungen und Konferenzen in Orlando oder an anderen (nicht ersichtlichen) Faktoren liegen.

Einzuplanen sind aber nach Möglichkeit die Tage mit der so genannten "Extra Magic Hour", an denen Disney-Hotel-Gäste den Park eine Stunde vor den normalen Besuchern betreten können beziehungsweise am Abend bis zu drei Stunden länger in die Attraktionen hinein gelassen werden. Dies alles einfach durch Vorzeigen der Disney-Zimmerschlüsselkarte.

Als Disney-Hotelgast können Sie (wenn Sie denn Frühaufsteher sind), die morgendliche Extra Magic Hour nutzen und so eine Stunde lang mit wenig Besucherandrang in die Topattraktionen hinein.

Bei der Extra Magic Hour am Abend können Sie durch Vorzeigen Ihrer Zimmerkarte nach der "normalen" Parkschließung weiterhin in die Attraktionen hinein.

Wenn Sie nun nicht in einem Disney-Hotel wohnen, dann meiden Sie auf jeden Fall die Tage mit der Extra Magic Hour am Morgen. Diejenigen mit der Zusatzstunde am Abend sind nicht ganz so dringend zu vermeiden.

Zur Planung Ihres Aufenthaltes können Sie die Tabelle auf der nächsten Seite benutzen.

Tipp: Besuchen Sie die Parks einen Tag nachdem diese ihren Extra-Magic-Hour-Tag hatten. An diesen Tagen sind meist weniger Besucher aus den Disney Resort Hotels in dem entsprechenden Themenpark.

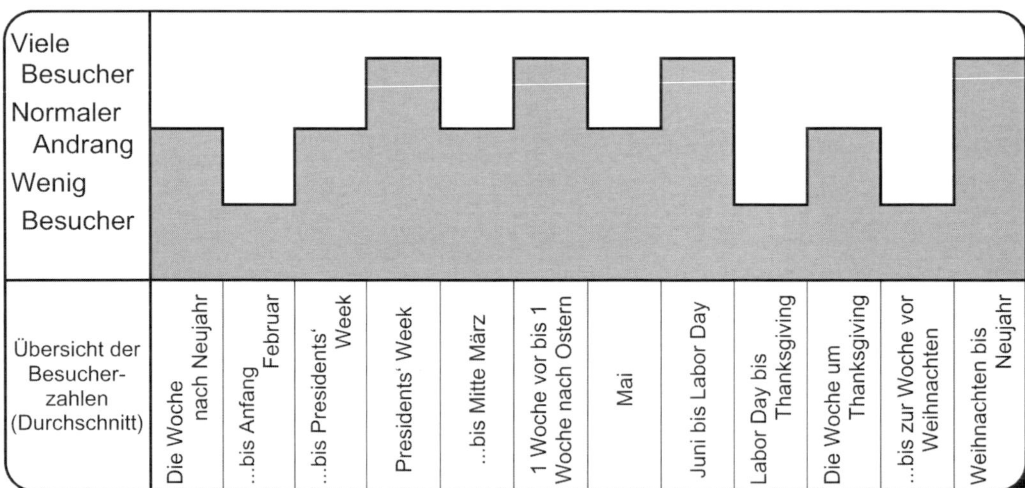

Presidents' Week (3. Montag im Feb.), Labor Day (1. Montag im Sep.), Thanksgiving (4. Donnerstag im Nov.)

Tagesplanung

Auf der gegenüberliegenden Seite finden Sie eine Tabelle zur (Park-) Planung Ihres Aufenthaltes. Da sich die Angaben zur "Extra Magic Hour" (EMH) häufig ändern, sollten Sie sich diese für den Zeitraum Ihres Aufenthaltes selbst beschaffen. Zu finden sind die Informationen auf der Internetseite www.disneyworld.com unter "Park Hours". Übertragen Sie einfach die Angaben in die Tabelle. Für Disney-Hotel-Gäste ist es sinnvoll, die Tage mit der Extra Magic Hour zu nutzen. Für alle anderen Gäste gilt es vor allem die Tage mit der Extra Magic Hour am Morgen zu meiden! Die Wasserparks haben im Sommer fast jeden Morgen Extra Magic Hour, doch das sollte Sie nicht von einem Besuch abhalten!

	Wochentag und Datum	Park mit EMH am Morgen	Park mit EMH am Abend	Planung für diesen Tag
1				
2				
3				
4				
5				
6				
7				
8				
9				
10				
11				
12				
13				
14				
15				
16				
17				
18				
19				
20				
21				

ABKÜRZUNGEN: MK: Magic Kingdom, Epcot, DHS: Disney's Hollywood Studios, DAK: Disney's Animal Kingdom, TL: Typhoon Lagoon, BB: Blizzard Beach, DQ: DisneyQuest

Erst einmal nachmessen!

Attraktionen mit Größenbeschränkungen

Immer wieder sieht man kleine mutige Besucher am Eingang einer Attraktion stehen, die dann beim Nachmessen durch einen Angestellten erfahren, dass sie (noch) nicht mitfahren dürfen. Wenn es um die Größenbeschränkungen geht, dann sind die Cast Members (sinnvollerweise) sehr streng - schließlich geht es um die Sicherheit der Gäste. Manchmal bekommen die Kinder von dem Cast Member einen besonderen Fastpass, mit dem sie dann fahren dürfen, wenn sie das fehlende Stückchen gewachsen sind.

Hier können Sie schon einmal vorab kontrollieren, auf welche Attraktionen sich Ihr Nachwuchs freuen kann:

130cm (51"):
Buzz Lightyear‘s AstroBlaster (DQ), CyberSpace Mountain (DQ)

122cm (48"):
Rock `n` Roller Coaster (DHS), Primeval Whirl (DAK), Summit Plummet (BB), Slush Gusher (BB), Downhill Double Dipper (BB), Humunga Kowabunga (TL), Crush `n`Gusher (TL)

112cm (44"):
Space Mountain (MK), Mission: Space (Epcot), Expedition Everest (DAK)

102cm (40"):
Big Thunder Mountain (MK), Splash Mountain (MK), Stitch‘s Great Escape (MK), Test Track (Epcot), Soarin‘ (Epcot), Star Tours (DHS), The Twilight Zone Tower Of Terror (DHS), Dinosaur (DAK)

97cm (38"):
Kali River Rapids (DAK)

89cm (35"):
The Barnstormer (MK), Battle For Buccaneer Gold (DQ)

Abkürzungen:
<u>MK</u>: Magic Kingdom, <u>Epcot</u>, <u>DHS</u>: Disney‘s Hollywood Studios, <u>DAK</u>: Disney‘s Animal Kingdom, <u>TL</u>: Typhoon Lagoon, <u>BB</u>: Blizzard Beach, <u>DQ</u>: DisneyQuest.

In Klammern ist jeweils die Größe in "Inches" [Zoll] angegeben.
Der Umrechnungsfaktor ist 2,55: "Größe in Zoll" mal 2,55 = "Größe in Zentimetern"

Die folgenden Attraktionen sind selbst dann nicht für alle Kinder uneingeschränkt zu empfehlen, wenn diese eventuelle Größenbeschränkungen erfüllen:

Haunted Mansion (MK), **Snow White** (MK), **Stitch‘s Great Escape** (MK), **Pirates Of The Caribbean** (MK), **Universe Of Energy** (Epcot), **Maelstrom** (Epcot), **Tower Of Terror** (DHS), **Rock `n` Roller Coaster** (DHS), **Voyage Of The Little Mermaid** (DHS), **Star Tours** (DHS), **Sounds Dangerous** (DHS), **The Great Movie Ride** (DHS), **It‘s Tough To Be A Bug** (DAK), **Expedition Everest** (DAK), **Dinosaur** (DAK), **Finding Nemo** (DAK)

Einige (Spar-) Tipps

Vor dem Buchen ist ein gründlicher **Preisvergleich** angesagt. Bei Busrundreisen landen die Urlauber unabhängig von dem hiesigen Reiseveranstalter häufig bei dem gleichen amerikanischen Reiseveranstalter (und sogar im gleichen Bus). Hier lohnt daher der Vergleich möglichst vieler Kataloge. Für Individualisten lohnt es sich meistens, die einzelnen Reisebausteine aus verschiedenen Katalogen zu buchen, um das optimale Preis-Leistungsverhältnis zu erhalten. Investieren Sie beim Stöbern im Katalog viel Zeit - diese Zeit hat Ihr Reisebüro später beim Buchen nicht.

Besonders während Ihres **Aufenthalts in Orlando** werden Sie von morgens früh bis abends spät auf den Beinen sein und höchstwahrscheinlich von den Annehmlichkeiten Ihres Hotels keinen Gebrauch machen. Daher lohnt es sich nicht, ein Hotel mit allen Extras zu buchen, die man am Ende nicht nutzt. Ein einfaches Mittelklassehotel bietet für die meisten Orlando-Besucher alles, was Sie brauchen (nämlich Bett, Dusche und Klimaanlage... und ein Kühlschrank ist auch nicht verkehrt).

Bei der Buchung des **Mietwagens** gibt es normalerweise zwei Pakete (häufig A und B genannt). Im Grundpaket A sind nur der Mietwagen und ein Grundversicherungsschutz enthalten. Das erweiterte Paket B bietet darüber hinaus meistens einen erweiterten Versicherungsschutz, Gebühren für alle weiteren Fahrer und die Kosten für die erste Tankfüllung. Rechnen Sie sich aus, welche Alternative für Sie die günstigere ist. Besonders für **Fahrer unter 25 Jahren** gibt es (außerhalb der Hochsaison) spezielle Sonderangebote, bei denen man wirklich viel spart, da die hohe Zusatzgebühr für junge Fahrer schon enthalten ist.

Die **Kofferräume** der kleineren Wagenkategorien sind alles andere als geräumig. Dies kann vor allem bei den beliebten Hartschalenkoffern zu ernsten Packproblemen führen. Wenn Sie weite Strecken fahren, dann verschafft eine größere Autokategorie (z.B. "Full Size") nicht nur mehr Bequemlichkeit, sondern auch weniger Platzprobleme (die Einkäufe müssen ja auch noch irgendwo hin...).

Mehrtagespässe für Walt Disney World können Sie entweder im Reisebüro mitbuchen, vor Ort an den Kassen kaufen oder im Internet bestellen. Am bequemsten ist das Buchen von Zuhause aus. Je nach Dollarkurs können Sie aber mit dem Kartenkauf an der Parkkasse Geld sparen. Beachten Sie, dass es nicht unbedingt alle Eintrittskarten-Typen vor Ort zu kaufen gibt.

Die meisten **Fluggesellschaften** bieten Prämienprogramme zum Flugmeilensammeln an. Lufthansa hat zum Beispiel das Miles & More Programm für Flüge mit der Star Alliance. Diese Meilen können Sie dann in Gratisflüge oder Sachprämien umtauschen. Schon dieser eine Transatlantikflug reicht für eine schöne Prämie, nach dem zweiten USA-Urlaub gibt es häufig schon einen Freiflug innerhalb Deutschlands.

Da eine USA-Reise bekanntlich nicht ganz billig ist, sollten Sie auf jeden Fall eine **Reiserücktrittsversicherung** abschließen. Sollte bei Ihnen etwas Unerwartetes den Urlaubsantritt verhindern, erhalten Sie so wenigstens Ihr Geld zurück (beachten Sie hierzu die Versicherungsbedingungen). Eine **Reisekrankenversicherung** ist ebenso zu empfehlen. Versicherungskomplettpakete bietet Ihr Reisebüro an, dort berät man Sie gerne.

Ein schnelles und **günstiges Frühstück** am Morgen bekommen Sie bei McDonald's, Burger King und anderen Restaurantketten, wie zum Beispiel IHOP (International House Of Pancakes). Viele Steakhäuser (Sizzler, Ponderosa) bieten auch gute und noch relativ günstige Frühstücksbuffets an. Wer lieber im Hotel frühstückt, wird durchschnittlich etwa 10 US$ pro Person los. Ein guter Tipp ist das Frühstück ("a la carte" oder auch als Buffet) bei Denny's - probieren Sie's mal! (Achtung, die Portionen sind riesig!)

Ein paar Pack-Tipps

Ich packe meinen Koffer...

Die Fluggesellschaften haben in den letzten Jahren ihre Gepäckbestimmungen (besonders für Reisende in der Economy-Class) immer weiter eingeschränkt. Informieren Sie sich am besten vor der Buchung nach den Bestimmungen der von Ihnen gewählten Fluggesellschaft.

Bei den meisten Fluggesellschaften gilt für den USA-Flug das "Piece-Konzept": Sie dürfen je nach Fluggesellschaft ein oder zwei Gepäckstücke mitnehmen, die je maximal 23kg wiegen dürfen. Diese Angaben gelten für die Economy-Class, in den anderen Klassen gibt es höhere Grenzen (meist zwei Koffer zu je 32kg).

Es hat sich nach einem einkaufsreichen Urlaub als äußerst beruhigend erwiesen, eine Kofferwaage zu haben (gibt es in vielen Supermärkten für circa 10 US$). So wissen Sie schon vor dem Abflug, ob Sie "drüber" sind und Sie können dann noch in Ruhe Ihr Gepäck auf Ihre Gepäckstücke umverteilen. Viel zu oft sieht man Reisende, die dies im Verlaufe des Eincheckens auf dem Flughafenfußboden tun.

Zusätzlich darf jeder Passagier ein Handgepäckstück mitnehmen. Dieses darf nicht größer als 55 mal 40 mal 20 cm und nicht schwerer als 8 kg sein. In den letzten Jahren sind die Fluggesellschaften dazu übergegangen, die Handgepäckgrößen strenger zu kontrollieren. Zusätzlich dürfen Sie übrigens eine Jacke, einen Fotoapparat und Reiselektüre (z.B. dieses Buch) dabei haben.

Durch die veränderte Sicherheitslage gibt es immer wieder neue Bestimmungen, welche Artikel im Handgepäck verboten sind. Neben allen spitzen, scharfen Gegenständen (zeitweise auch Streichhölzer und Feuerzeuge) sind dies gegebenenfalls auch Flüssigkeiten und Ähnliches. Erkundigen Sie sich bitte auch hier vor Abflug, zum Beispiel auf der Internetseite Ihrer Fluggesellschaft oder bei Ihrem Reisebüro. Zur Zeit müssen alle Flüssigkeiten (jeweils in maximal 100ml Verpackungen) im Handgepäck in eine wieder verschließbare ein-Liter-Tüte passen.

Das beste Gepäckstück für Flugreisen ist immer noch der Hartschalenkoffer, denn diesen stört der raue Umgang beim Ein-, Um- und Ausladen wenig und auch der Inhalt ist gut geschützt.

Falls Sie vorhaben, mit dem Mietwagen die USA zu erkunden, dann denken Sie daran, dass Ihr Gepäck irgendwie in den Kofferraum passen muss. Hier rächt sich die Mitnahme von zu großen Hartschalenkoffern häufig. "Weiche" Koffer oder Reisetaschen sind hier besser geeignet und mehrere kleine Gepäckstücke sind besser als wenige große.

Wenn Sie eine Busrundreise gebucht haben, dann denken Sie daran, dass in Ihrem Reisepreis normalerweise nur die Gepäckträgergebühren für ein Gepäckstück pro Person enthalten sind. Falls Sie mehr Gepäckstücke haben, dann müssen Sie damit rechnen, vor Ort etwa 1 bis 2 US$ pro Tag zusätzlich bezahlen zu müssen.

In jedem Fall (besonders bei schlichten schwarzen Hartschalenkoffern) sollten Sie Ihre Gepäckstücke auffällig markieren, damit Sie diese später in der Ankunftshalle schnell wieder erkennen können (und auch sehen können, falls jemand anderes versehentlich Ihren Koffer vom Band nimmt). Ein auffälliges Gurtband reicht da schon aus und ist sowieso sinnvoll.

Schließen Sie Ihr Gepäck nicht ab! Bei Kontrollen kann es sonst sein, dass Ihr Koffer aufgebrochen wird. Nutzen Sie gegebenenfalls Schlösser mit dem Zeichen der TSA (Transportation Security Administration). Diese können vom Zoll zerstörungsfrei geöffnet werden.

Grafik: © Travel Sentry Inc.

Was gehört ins Handgepäck?

Wichtig ist etwas gegen die Langeweile während des Langstreckenfluges mitzunehmen! Vom guten Buch über Spiele bis hin zum MP3-Player sollte etwas vertreten sein.

Selbst wenn Sie bei strahlendem Sonnenschein starten und in den USA hoffentlich auch mit Sonnenschein begrüßt werden, brauchen Sie im Flugzeug wahrscheinlich einen Pullover, denn die Klimaanlage ist meistens zu kalt eingestellt oder es zieht.

Wichtige Medikamente (und ein paar Aspirin) gehören ebenso ins Handgepäck, wie das gute alte Filmmaterial. Letzteres natürlich nicht, weil das Innere eines Flugzeuges besonders fotogen ist, sondern weil die starken Röntgenstrahlen der Kofferdurchleuchtungsanlagen die Filme belichten. Für den besseren Druckausgleich empfiehlt es sich, ein Päckchen Kaugummi dabei zu haben. Wer mit dem Druckausgleich Probleme hat (oder dies befürchtet), für den gibt es in der Apotheke spezielle Ohrstöpsel.

In der heutigen Zeit ist auch besonders wichtig zu wissen, was nicht ins Handgepäck gehört. Sehr negativ fallen Sie bei der Handgepäckkontrolle auf, wenn Sie irgendwelche spitzen Gegenstände dabei haben. Nagelfeilen, Scheren, Taschenmesser und Ähnliches gehören unbedingt in den Koffer! Einige Fluggesellschaften verbieten auch Feuerzeuge und Streichhölzer.

Was Sie in Ihren Koffer packen, soll Ihnen überlassen bleiben. Ein paar grundlegende Tipps bekommen Sie hier dennoch in Form einer Checkliste:

- O Reisepass - jeder (!) Reisende braucht für die Einreise in die USA einen eigenen (bordeauxroten) Reisepass. Dieser muss mindestens für die Dauer des Aufenthaltes gültig sein. Mehr Infos im Internet: germany.usembassy.gov
- O Flugtickets (auch der Rückflug muss gebucht sein, damit man einreisen darf!).
- O Voucher / Gutscheine / Buchungsbestätigungen (für Hotels, Mietwagen, Eintrittskarten,...)
- O Kopien aller wichtiger Dokumente (Tickets, Voucher, Reisepass). Am besten eine Kopie Zuhause deponieren, die andere kommt getrennt von den Originalen ins Reisegepäck.
- O Kopien der Reiseprospektseiten mit den gebuchten Reisebausteinen (um im Zweifelsfall vor Ort noch einmal nachlesen zu können, welche Leistungen enthalten sein sollen)
- O Bequeme Kleidung je nach Jahreszeit
- O Auch für die Sommermonate sollte ein dünner Pullover oder eine leichte Jacke dabei sein (im Handgepäck). In den Restaurants und einigen Attraktionen kann es durch die gut funktionierenden Klimaanlagen richtig kalt sein. Außerhalb des Sommers sind die Morgen- und späteren Abendstunden häufig kühl.
- O Sehr bequeme (!) Schuhe, am besten zwei Paar gut eingelaufene (!) Turnschuhe o.ä.
- O Schwimmsachen (meine Damen, auf den Wasserrutschen bewahren Einteiler vor freizügigen Überraschungen). Schnorchel, Taucherbrille und Schwimmtiere dürfen nicht mit in die Wasserparks!
- O Sonnenschutz! Sonnencreme, Sonnenbrille, Hut / Mütze / Baseball-Cap
- O Eine dünne Regenjacke gegen die nachmittäglichen Schauer - ein Regenschirm ist eher unpraktisch. In den Parks gibt es für ca. 8 US$ Disney-Ponchos zu kaufen. Unter diese Ponchos passen nicht nur Sie, sondern auch gleich noch der Rucksack, die Videokamera und alles andere, was trocken bleiben soll. Eine günstigere Alternative sind die (wesentlich dünneren) Ponchos für 1 US$ von Wal-Mart. Sie sind relativ schnell kaputt, dafür sind sie wunderbar klein und passen in jede Tasche.
- O Eine Gürteltasche hat sich wirklich gut bewährt und kann in alle Disney-Attraktionen mit hinein. Wer mehr Volumen braucht, der kann einen kleinen Rucksack mitnehmen.
- O Fotoapparat mit ausreichend Filmen bzw. genug Speicherkarten.
- O Videokamera mit ausreichend Filmen und genug Ersatzakkus
- O Für den Besuch im Wasserpark einen wasserdichten Einwegfotoapparat
- O Adapterstecker für das Anschließen von Fön, Ladegeräten, etc.
- O Brillenträger sollten über den Kauf eines Brillenhaltegurtes /-bandes nachdenken. Ist die Brille damit erst einmal am Kopf befestigt, gibt es keine Attraktion mehr, in der man auf die Brille verzichten muss (Ausnahme: einige Rutschen in den Wasserparks). Sie können so sämtliche wilden *Rides* ohne Angst genießen... wenigstens ohne Angst um Ihre Brille. Mittlerweile gibt es die Brillenbänder auch in den Disney-Parks zu kaufen (natürlich mit dem Walt Disney World Schriftzug!).

Welches Ticket kaufe ich?

Wann sollten Sie wo welche Eintrittskarte kaufen?

Es gibt zur Zeit keine besonderen Eintrittskarten für Besucher aus Deutschland. Sollte ein Sparticket (wie der "Florida Fun In The Sun Pass" bis 2005) nicht wieder neu angeboten werden, so sind Sie auf die "normalen" Disney-Eintrittskarten angewiesen. Halten Sie aber die Augen nach aktuellen Angeboten offen!

Disney nennt die Eintrittskarten "**Magic Your Way**"-Tickets, da Sie zu Ihrem Grundticket nach Belieben Extras hinzubuchen können.

Die Disney-Tickets starten beim Eintagesticket (für circa 85 US$). Das Zwei- und Dreitagesticket bietet noch keinen großen Vorteil gegenüber mehreren Eintagestickets, doch ab da nimmt der Preis pro Tag rapide ab. So kostet das Ticket für 10 Tage "nur" circa 260 US$, also keine 26 US$ pro Tag!

Zusätzlich zu Ihrem Ein- bis Zehntagespass können Sie die folgenden Optionen dazu kaufen:

Die **Park Hopper Option** lässt Sie an einem Tag mehrere Parks besuchen. Ansonsten können Sie "nur" einen Park pro Tag sehen. Nur mit dieser Option kommt man an einem Tag in mehrere Parks. Der "Spaß" kostet ungefähr 55 US$, egal für wie viele Tage Ihr Ticket gilt.

Aus Erfahrung kann man sagen, dass sich diese Option nicht lohnt! Sie werden in den seltensten Fällen das Bedürfnis haben, an einem Tag mehr als einen Park zu besuchen!

Die **Water Park Fun & More Option** ist da schon wesentlich interessanter. Zusätzlich zu Ihren Themenpark-Besuchen bekommen Sie noch zwischen zwei und fünf Besuche (abhängig von der Anzahl Ihrer Themenparktage) in den beiden Wasserparks, bei DisneyQuest oder bei Disney's Wide World Of Sports. Schon zwei Besuche in den Wasserparks beziehungsweise bei DisneyQuest kosten mehr als die circa 55 US$, die diese Option (unabhängig von der Anzahl der Tage) kostet.

Falls Sie also beide Wasserparks sehen möchten, lohnt sich diese Option auf jeden Fall!

Die letzte Option nennt sich **No Expiration Option** und bedeutet, dass Ihre Tickets prinzipiell ewig gültig bleiben. Die Tickets und die "Fun & More"-Besuche müssen sonst innerhalb von 14 Tagen nach dem ersten Parkbesuch benutzt werden!

Die No Expiration Option kostet zwischen 15 US$ für den 2-Tages-Pass und 210 US$ für den 10-Tages-Pass.

Lohnt sich die Ausgabe? Das hängt davon ab, an wie vielen Tagen Sie in diesem Urlaub den Pass nutzen und ob Sie vorhaben, in den nächsten Jahren wiederzukommen.

Wenn Sie zum Beispiel 5 Tage nutzen und davon ausgehen, dass Sie in zwei oder drei Jahren wiederkommen, dann lohnt sich der 10-Tages-Pass mit dieser Option. Die Preise steigen von Jahr zu Jahr und daher kommen Sie dann im nächsten Urlaub zum diesjährigen Preis in die Parks.

Die Option lohnt sich nicht, wenn Sie sich nicht sicher sind, dass Sie irgendwann noch einmal nach Walt Disney World kommen möchten oder dann mehr Tage in die Parks wollen. Die Karte in Deutschland weiterzugeben funktioniert nicht! Beim Betreten der Parks wird der Abdruck Ihres Zeigefingers gescannt und Ihr Ticket damit personalisiert.

Falls Sie länger in Walt Disney World bleiben wollen, dann ziehen Sie auch die **Jahreskarte** [Annual Passport] in Betracht. Unter Umständen kann dies günstiger sein (da beim Premium Pass auch die Parkgebühren für Ihren Mietwagen enthalten sind), als das Magic Your Way Ticket.

Die Empfehlung: Kaufen Sie das Magic Your Way Ticket für die passende Anzahl von Tagen - bei Interesse an den Wasserparks und DisneyQuest nehmen Sie die "Water Park Fun & More"-Option hinzu. Die anderen Optionen lohnen sich für die meisten Besucher nicht.

Der Park-Planer

Eine kleine "Anleitung" für dieses Buch

Schon auf den nächsten Seiten geht es endlich los! Wir begeben uns in die Disney-Parks. Doch vorher bekommen Sie noch einen kurzen Überblick über den Aufbau der Attraktionsbeschreibungen und über die verwendeten Symbole.

Attraktion

Zu jeder Attraktion finden Sie zunächst eine ausführliche Beschreibung der Fahrt, des Filmes oder der Show. Hier wird vor allem beschrieben, was Sie während der Attraktion erleben können.
Danach folgen einige weitere Informationen:

Attraktionstyp

Um was für eine Art von Attraktion handelt es sich hierbei?

Die häufigsten Attraktionstypen sind:

Achterbahn: Eine rasante Fahrt ohne Überschläge, bei "Indoor Achterbahnen" befindet sich die Achterbahn in einer Halle.

Loopingbahn: Hier geht es mindestens einmal über Kopf, "Indoor" bedeutet auch hier, dass sich das Ganze in einer Halle (und meist im Dunkeln) abspielt.

Wildwasserfahrt: Eine Bootsfahrt bei der Sie eine gute Chance haben, nass zu werden. Häufig gibt es hier den einen oder anderen Berg, den Sie hinunter stürzen.

Bootsfahrt: Auch hier sind Sie auf dem Wasser unterwegs, allerdings recht gemächlich und Sie werden nicht (sehr) nass. Auf jeden Fall familientauglich.

3D-Film: Sie bekommen eine 3D-Brille (keine Angst, rot-grüne Brillen sind schon lange aus der Mode gekommen, Sie sehen realistische Farben dank polarisiertem Licht) und erleben einen dreidimensionalen Film. Meistens tragen noch weitere Spezialeffekte zum Geschehen bei.

360°-Film: Sie stehen in der Mitte eines runden Raumes, an dessen Wänden mehrere Leinwände angebracht sind. Dabei sehen Sie das gesamte Geschehen rund um Sie herum. Sie sollten sich ab und zu umsehen, um alles mitzubekommen.

Fahrt: Hinter diesem Begriff kann sich vieles verstecken, auf jeden Fall handelt es sich um eine recht gemächliche Attraktion, in der Sie mit irgendeinem Gefährt umherfahren.

Dark Ride: Eine Spezialität von Disney sind diese langsamen Fahrten, die zum Beispiel an Szenen aus Disney-Geschichten vorbei führen. Dark Rides erzählen meistens die Geschichten von klassischen "Disney-Märchen" nach. Obwohl Dark Rides für Kinder gemacht sind, sind einige doch recht unheimlich.

Alle anderen Attraktionstypen sind selbsterklärend (z.B. Pferdekarussell).

Dauer der Attraktion

Lohnt sich eine Wartezeit von 45 Minuten für eine zweiminütige Fahrt? Gerade im Fantasyland werden Sie sich diese Frage häufig stellen. Hier erfahren Sie alles über die Dauer der einzelnen Programmteile, also des Vorprogramms [Preshow] und der Hauptattraktion.

Plätze

Wie groß sind die Gefährte? Muss sich die Familie aufteilen, oder passen alle in ein Vehikel hinein? Die Angabe bezieht sich dabei auf Erwachsene. Die Angabe "2 (max. 3)" bedeutet: "Zwei Erwachsene oder maximal zwei Erwachsene und ein Kind."

Bei Shows und Filmen ist hier manchmal die Kapazität des Theaters angegeben.

Für Kids

Nicht nur für Familien mit Kindern ist diese Rubrik mit besonderen Hinweisen wichtig. Auch Erwachsene, die Probleme mit einigen Tieren (Insekten, Schlangen), dunklen Räumen, Nebel oder ähnlichem haben, finden hier wertvolle Hinweise.

Gibt es eine erforderliche Mindestgröße oder ein Mindestalter? Sind die Fahrten erschreckend oder sehr dunkel? Sind Englischkenntnisse erforderlich? Was ist mit Höhen- oder Platzangst?

All diese Infos finden Sie hier!

Der Wertungskasten

Minis	1	Genießer	1			
Kids	2	Abenteurer	2			
Teens	3	Thrill-Rider	3	1 von 5	2 von 5	3 von 5

Wertung nach Besucherinteressen

Eine Wertung von 0 bis 5 Punkten für sechs verschiedene Besuchergruppen. Wahrscheinlich finden Sie sich in mehreren Gruppen wieder.

Minis: Die ganz kleinen Besucher, die bis ungefähr 6 Jahre alt sind.
Kids: Die kleinen Besucher bis etwa 10 Jahre.
Teens: Teenager und jeder andere, der sich so fühlt.
Genießer: Sie mögen Shows, Filme und gemächliche Fahrten, bei denen es viel zu sehen gibt.
Abenteurer: Die Attraktion darf etwas wilder sein, aber wichtiger ist es für Abenteurer, dass sie etwas Spannendes erleben.
Thrill-Rider: Den Thrill-Ridern kann es nie wild genug sein! Hohe Geschwindigkeit, Loopings und scharfe Kurven sind ihre Welt.

Bewegung

Wie rasant und turbulent ist die Fahrt? Dies wird hier mit Zahlen von 0 bis 5 bewertet. Attraktionen mit 0 bis 2 Punkten sind grundsätzlich geeignet für alle Besuchergruppen (wenn nicht, steht dies ausdrücklich in der Attraktionsbeschreibung). Bei Fahrten der Stufen 4 und 5 finden Sie vor der Attraktion immer Warnschilder, die darauf hinweisen, dass diese Fahrten für werdende Mütter, Personen mit Nacken-, Rücken- oder Herzbeschwerden, sowie für kleine Kinder nicht geeignet sind.

Die Mindestgröße finden Sie jeweils in den Anmerkungen unter der Rubrik "Für Kids".

Im Einzelnen bedeuten die Zahlen:
0: Keine Bewegung.
1: Langsame Bewegung.
2: Wenig Bewegung. Ungefähr soviel Bewegung wie bei langsamen Autofahrten.
3: Etwas mehr Bewegung, rasantere Fahrten. Nichts für Menschen, die solche Attraktionen überhaupt nicht mögen.
4: Starke Bewegungen oder Drehungen, wie zum Beispiel bei einer Achterbahn.
5: Es kann hier über Kopf gehen oder die Attraktion kann sehr wild sein, so wie zum Beispiel bei einer Loopingbahn.

"Splash!" - Wertung

Wie nass können Sie bei dieser Attraktion werden?

0: Sie bleiben garantiert trocken.
1: Von irgendwoher können ein paar Tröpfchen kommen.
2: Sie werden zwar etwas nass, das trocknet aber schnell wieder.
3: Es kann kurzzeitig etwas mehr Wasser auf Sie zukommen.
4: Sie werden so nass, wie bei einem kurzen Regenschauer - Regenschutz ist eine gute Idee.
5: Sie sehen hinterher so aus, als wären Sie komplett bekleidet in die Badewanne gestiegen. (Nein, kein Scherz!)

Auch über das Nasswerden werden Sie durch Warnschilder vor der Fahrt informiert. Das geht von "You may get wet" [soviel wie: "Es kann sein, dass Sie nass werden"] bis hin zu "You will get wet, you may get soaked" [frei übersetzt: "Sie werden sicherlich nass werden, vielleicht werden Sie aber auch völlig durchnässt"].

Bei Vorführungen sind die Sitzreihen, in denen Sie nass werden können, oft mit der Aufschrift "Splash Zone" markiert und farbig hervorgehoben.

Ab 3 "Splash!"-Punkten sollten Sie auf Ihr wertvolles Video- und Foto-Equipment besonders aufpassen, bei 4 oder 5 Punkten sollten Sie dieses wasserdicht verstauen (am besten in einer verschlossenen Plastiktüte) oder die Geräte einem Nicht-Fahrer zur Aufbewahrung geben.

Park-Planer Wertung

Von einem bis zu fünf Punkten kann eine Attraktion bekommen, wobei diese Bewertung natürlich rein subjektiv ist. Nur weil eine Attraktion hier eine hohe Punktzahl bekommen hat, muss sie noch lange nicht jedem gefallen. Daher bilden Sie sich Ihre eigene Meinung. Wenn Sie die Beschreibungen der Attraktionen lesen, merken Sie schnell, ob sie Ihnen zusagt oder nicht. Nutzen Sie auch die Bewertung nach Besucherinteressen um einzuschätzen, ob die Attraktion etwas für Sie ist.

Symbolerklärungen

Die Fast Food Favoriten

Das typische Essen für einen Freizeitpark ist Fast Food, denn wer möchte schon mehr als eine Stunde in einem "richtigen" Restaurant verbringen, während vor der Tür das Abenteuer wartet? Da muss es beim Essen eben häufig ein wenig schneller gehen.

Wenn Sie bei "Fast Food" an Hamburger, Hot Dogs und Pommes [French Fries; kurz: Fries] denken, dann liegen Sie gar nicht so falsch. Aber Sie bekommen in den Parks auch andere leckere Dinge. Hierzu gehören Pizza, Salate, Sandwiches, aber auch eher ungewöhnlichere Speisen, wie Turkey Legs [Truthahnschenkel], mit denen viele Besucher durch den Park laufen.

Einige persönliche Favoriten unter den Fast Food Restaurants werden mit dem "Fast Food Favorit"-Symbol hervorgehoben. Dies liegt meist an der besonderen Speisenauswahl oder der ungewöhnlichen Restaurantgestaltung.

Restaurantpreise

Da manchmal nicht nur der Hunger, sondern auch der Geldbeutel darüber entscheidet, wo man essen geht, finden Sie bei allen Restaurants eine Preiseinstufung.

Die angegebenen Preise sind ungefähre Werte für einen Erwachsenen und gliedern sich in drei Gruppen:

- bis circa 10 US$
- bis circa 15 US$
- über 15 US$

Sie finden außerdem im Text den Hinweis, ob es sich um ein Restaurant mit Selbst- oder Tischbedienung handelt. Denken Sie auch daran, dass bei den meisten Tischbedienungsrestaurants die Möglichkeit besteht, einen Tisch zu reservieren (mehr hierzu finden Sie bei den "allgemeinen USA Tipps" unter dem Stichwort "Tischreservierung").

Timing Tip

Sie wollen doch sicherlich das Meiste aus Ihrem Disney-Tag herausholen! Dafür gibt es einige Hinweise die Ihnen helfen, lange Wartezeiten zu vermeiden. Hier erfahren Sie, wann bei einer Attraktion mit besonders kurzen oder auch besonders langen Wartezeiten zu rechnen ist und wie Sie optimal Zeit sparen können.

Fastpass

Alle Attraktionen, bei denen Sie die Wartezeit erheblich mit dem Fastpass verkürzen können, sind so gekennzeichnet. Wie das Fastpass-System genau funktioniert, finden Sie im Abschnitt "Sprechen Sie Disney?".

Für Film-Fans

Wenn es zu einer Attraktion einen Film gibt, den Sie sich Zuhause ansehen können, um schon einmal das richtige Disney-Feeling zu bekommen, dann finden Sie diese Tipps beim Kamera-Symbol.

Insider Infos

Ihnen reicht es nicht, einfach nur einen Themenpark zu erleben, sondern Sie möchten gerne mehr wissen? Seien es nun geschichtliche oder technische Details, Sie finden diese bei den Insider Infos. Diese Infos machen Sie ganz schnell zum echten Disney-Park-Insider.

Die besten Plätze

Die allermeisten Attraktionen sind tatsächlich so gebaut, dass Sie von jedem Platz aus das Geschehen optimal miterleben. Doch es gibt natürlich Ausnahmen... und genau diese finden Sie hier, damit Sie hinterher nicht denken: "Hätte ich doch bloß auf der anderen Seite gesessen!"

Hidden Mickey

Sie sind überall und nirgends - die Rede ist von den versteckten Mickey Silhouetten. Mehr darüber lesen Sie bei "Sprechen Sie Disney?".

Park-Planer Highlights

Die Stars unter den Attraktionen haben sich hier versammelt. Jede Attraktion mit 5 Punkten in der Park-Planer Wertung hat diese Auszeichnung verdient.

Magic Kingdom

Disneys magisches Königreich

Das Magic Kingdom - ein zweites Disneyland!?

Die Frage, ob das Magic Kingdom eine Kopie von Disneyland in Anaheim (Kalifornien) ist, lässt sich mit einem ganz klaren "jein" beantworten.

Der Park hat sicherlich große Ähnlichkeit mit dem Original, vor allem, was das Layout des Parks angeht. Aber wenn man Disneyland in Anaheim mit dem Magic Kingdom vergleicht, dann merkt man in Orlando schon, dass der Park einige Jahre jünger und großzügiger geplant ist (etwas Ähnliches sagen Besucher beim Vergleich des Magic Kingdoms mit Disneyland Paris). Was die Hauptattraktionen angeht, so sind sich die Parks recht ähnlich. Einige Disneyland Attraktionen finden sich allerdings auch in den anderen Parks des Walt Disney World Resorts und nicht im Magic Kingdom wieder (zum Beispiel Star Tours und Fantasmic! in Disney's Hollywood Studios und "Honey, I Shrunk The Audience" in Epcot). Außerdem gibt es einige Attraktionen, die es exklusiv nur in einem der Parks weltweit gibt. Im Magic Kingdom sind dies zum Beispiel die Hall Of Presidents und Stitch's Great Escape sowie viele der Attraktionen in Epcot.

Im Großen und Ganzen ist das Magic Kingdom aber immer noch das "Ostküsten Disneyland", als das es ursprünglich geplant wurde. In der "Phase 1" der neuen Disney-Anlage entstand zunächst das Magic Kingdom zusammen mit dem Contemporary Resort, dem Polynesian Resort und dem Fort Wilderness Campingplatz.

Am 25. Oktober 1971 wurde das Magic Kingdom von Roy O. Disney offiziell eingeweiht. Die Besucher konnten damals die sechs Länder Main Street U.S.A., Adventureland, Frontierland, Liberty Square, Fantasyland und Tomorrowland erkunden. Es gab auch ganz neue Attraktionen, die es nicht in Disneyland gab: Das Country Bear Jamboree (welches dann in Anaheim kopiert wurde, dort aber keinen großen Erfolg hatte und inzwischen geschlossen wurde), die Hall Of Presidents (welche immer noch exklusiv in Orlando zu Hause ist) und die U-Boot-Fahrt 20.000 Leagues Under The Sea (zwar gab es eine ähnliche Fahrt in Disneyland, aber nur im Magic Kingdom ging man mit Kapitän Nemo auf Tauchfahrt).

Schon 1973 erlebte das Magic Kingdom die erste große Erweiterung: Die Bootsfahrt Pirates Of The Caribbean, die schon seit sechs Jahren in Disneyland erfolgreich war, eröffnete nun auch in Florida und ist auch nach mehr als 35 Jahren (und einigen Renovierungen) immer noch ein absoluter Hit! Die nächste Top-Attraktion öffnete schon zwei Jahre später: Space Mountain ließ mutige Astronauten mit einer Achterbahn durch die Dunkelheit fahren und ist auch heute noch die schnellste Attraktion im Tomorrowland.

Nach nur fünf Jahren zählte das Magic Kingdom schon den Fünfzigmillionsten Besucher!

Das erste neue Themenland wurde 1988 anlässlich Mickeys 60. Geburtstags eröffnet: Mickey's Birthdayland. Dieses wurde später zu Mickey's Starland und heißt nun Mickey's Toontown Fair.

Zum 20. Geburtstag des Magic Kingdoms zog zum ersten Mal die nächtliche Spectro-Magic Parade über die Main Street. Fünf Jahre später, zum 25., wurde das gesamte Schloss zur riesigen Geburtstagstorte umdekoriert.

Nachdem 1995 schon das Tomorrowland komplett umgestaltet wurde und der Alien Encounter einzog, folgte hier 1998 Buzz Lightyear's Space Ranger Spin. Der Umbau des Tomorrowlands ging mit Stitch's Great Escape und dem "Monsters, Inc. Laugh Floor" weiter. Mit Mickey's PhilharMagic bekam auch das Fantasyland eine neue Top-Attraktion für die gesamte Familie.

Und auch Klassiker, wie das Haunted Mansion, werden von Zeit zu Zeit renoviert und erhalten neue Effekte.

Das Magic Kingom ist so auch nach rund 40 Jahren immer wieder ein Erlebnis für kleine und große Besucher.

Magic Kingdom - das Wichtigste zuerst

Eine Reise durch Länder voller Phantasie, Träume und Abenteuer

Öffnungszeiten

Die Kernöffnungszeit des Magic Kingdoms ist von 9 Uhr morgens bis 20 Uhr abends, doch in der Saison (z.B. im Sommer) und an Wochenenden kann der Park bis Mitternacht oder noch länger geöffnet sein.

TIMING TIP

Timing Tips

Grundsätzlich sind überall kurze Schlangen zu erwarten, wenn über die Main Street die Nachmittags- oder am Abend die Lichterparade zieht. Kürzer werden die Schlangen vor einer Attraktion auch, wenn in der Nähe gerade eine Show anfängt - allerdings sind diese Attraktionen dann nach den jeweiligen Shows völlig überfüllt.

Falls Sie mit Kindern unterwegs sind, dann sollte Ihr erstes Ziel in jedem Fall das Fantasyland sein, denn hier wird es im Laufe des Tages mehr als voll. In den Abendstunden ist es im Fantasyland relativ leer, weil Familien mit kleinen Kindern schon in Richtung Ausgang unterwegs sind. Machen Sie daher lieber am Mittag mit Ihren Kindern eine längere Pause, um dann dafür am Abend ein wenig länger das Fantasyland zu besuchen.

Gleiches gilt für Mickey's Toontown Fair. Da das Themenland noch kleiner ist und weniger Attraktionen hat, ist es hier sogar oft noch voller!

Da schon der Weg vom Parkplatz zum Parkeingang eine kleine Reise ist, sollten Sie ungefähr 30 Minuten vor Parköffnung beim Parkplatz sein. So haben Sie genügend Zeit, um in aller Ruhe zum Park zu gelangen und sind rechtzeitig zur Eröffnungszeremonie dort.

Vom Parkplatz zum Park

Der große Bogen mit der Aufschrift "Magic Kingdom" spannt sich über mehr als 10 Fahrspuren und ist die erste Einstimmung auf den kommenden Tag. Unter dem Bogen müssen Sie nur noch 12 US$ für das Parken bezahlen und schon geht Ihre Reise weiter, an der Stock Car Rennpiste (Richard Petty Driving Experience) entlang bis zum Parkplatz, wo Sie dann zu Ihrer Parklücke geleitet werden.

Der Parkplatz des Magic Kingdoms ist gewaltig groß, deshalb denken Sie daran, sich die Nummer Ihrer Parkreihe zu notieren. Ob nun Mickey, Minnie, Pluto, Chip \`n\` Dale, Dopey, Sneezy, Happy, Grumpy oder Sleepy, nach einem aufregenden Tag im magischen Königreich schweben Ihnen so viele Disney-Figuren durch den Kopf, dass das Symbol Ihres Parkbereichs und erst recht die Nummer der Parkreihe leicht in Vergessenheit gerät.

Der Parkplatz des Magic Kingdoms liegt nicht gleich vor den Toren des Parks, sondern auf der anderen Seite der Seven Seas Lagoon. Sie müssen zunächst eine Tram (kleine Bahn) zum "Transportation And Ticket Center" nehmen. Von dort aus gibt es zwei Alternativen, um zum Eingang zu gelangen: Die hochmoderne Monorail oder die altmodische Fähre. Die Massen drängen am Morgen zur Monorail, da man bis zum Anleger der Fähre ein paar Schritte weiter laufen muss. Zwar kommen die Fähren seltener, nehmen dann aber einen großen Schwung Besucher auf einmal mit, so dass die Fähre morgens bei sehr großem Andrang die schnellere Alternative sein kann (Fahrzeiten: Monorail ca. 5 Minuten, Fähre ca. 7 Minuten). Sie finden den Fähranleger links vom Monorail-Bahnhof.

Falls Sie sich am Morgen für die Monorail entschieden haben, so probieren Sie doch am Abend für die Rückkehr die Fähre aus (und andersherum). So kommen Sie in den Genuss von beiden Transportmitteln. Die abendliche Rückfahrt auf der Fähre ist wesentlich stimmungsvoller als die mit der Monorail! Sie sehen dann die beleuchtete Skyline des Magic Kingdoms immer kleiner und kleiner werden.

Wenn Sie schon Tickets haben, dann nichts wie zum Eingang, ansonsten sollten Sie sich Ihre Eintrittskarten vor der Fahrt mit Monorail oder Fähre beim Transportation And Ticket Center (TTC) kaufen.

(Fortsetzung auf Seite 44)

Donald macht eine magische Reise durch die Disney-Klassiker bei Mickey's PhilharMagic

Die lebhafte Main Street U.S.A. führt vom Town Square zu Cinderella Castle

Das Liberty Belle Riverboat umrundet die Abenteuerinsel Tom Sawyer Island

Bei Stitch's Great Escape richtet das blaue Alien um Sie herum eine Menge Chaos an!

Barack Obama ist als aktueller Präsident in der Hall Of Presidents vertreten

Magic Kingdom

In einer kleinen Rakete düsen Sie durch die Dunkelheit des Weltraums: Space Mountain

Ein echter Klassiker unter den Disney-Attraktionen ist "It's A Small World".

The Magic Carpets Of Aladdin

Das Finale eines magischen Tages

Magic Kingdom Park-Plan

Abk.	Attraktion
RR	Walt Disney World Railroad
CC	Cinderella Castle
A1	Pirates Of The Caribbean
A2	Jungle Cruise
A3	Swiss Family Treehouse
A4	The Enchanted Tiki Room
A5	The Magic Carpets Of Aladdin
F1	Splash Mountain
F2	Country Bear Jamboree
F3	Shootin' Arcade
F4	Diamond Horseshoe Saloon
F5	Big Thunder Mountain
F6	Tom Sawyer Island
L1	The Hall Of Presidents
L2	Liberty Belle Riverboat
L3	The Haunted Mansion
Y1	Peter Pan's Flight
Y2	Mickey's PhilharMagic
Y3	Cinderella's Golden Carrousel

Abk.	Attraktion
Y4	Snow White's Adventure
Y5	Winnie The Pooh
Y6	Mad Tea Party
Y7	Dumbo The Flying Elephant
Y8	It's A Small World
Y9	Pooh's Playful Spot
M1	Minnie's Country House
M2	The Barnstormer
M3	Donald's Boat
M4	Mickey's Country House
M5	Toontown Hall Of Fame
T1	Monsters, Inc. Laugh Floor
T2	Stitch's Great Escape
T3	Buzz Lightyear's Space Ranger Spin
T4	Carousel Of Progress
T5	Tomorrowland Transit Authority
T6	Astro Orbiter
T7	Space Mountain
T8	Tomorrowland Indy Speedway

A: **A**dventureland, **F**: **F**rontierland, **L**: **L**iberty Square, **Y**: Fantas**y**land, **M**: **M**ickey's Toontown Fair, **T**: **T**omorrowland

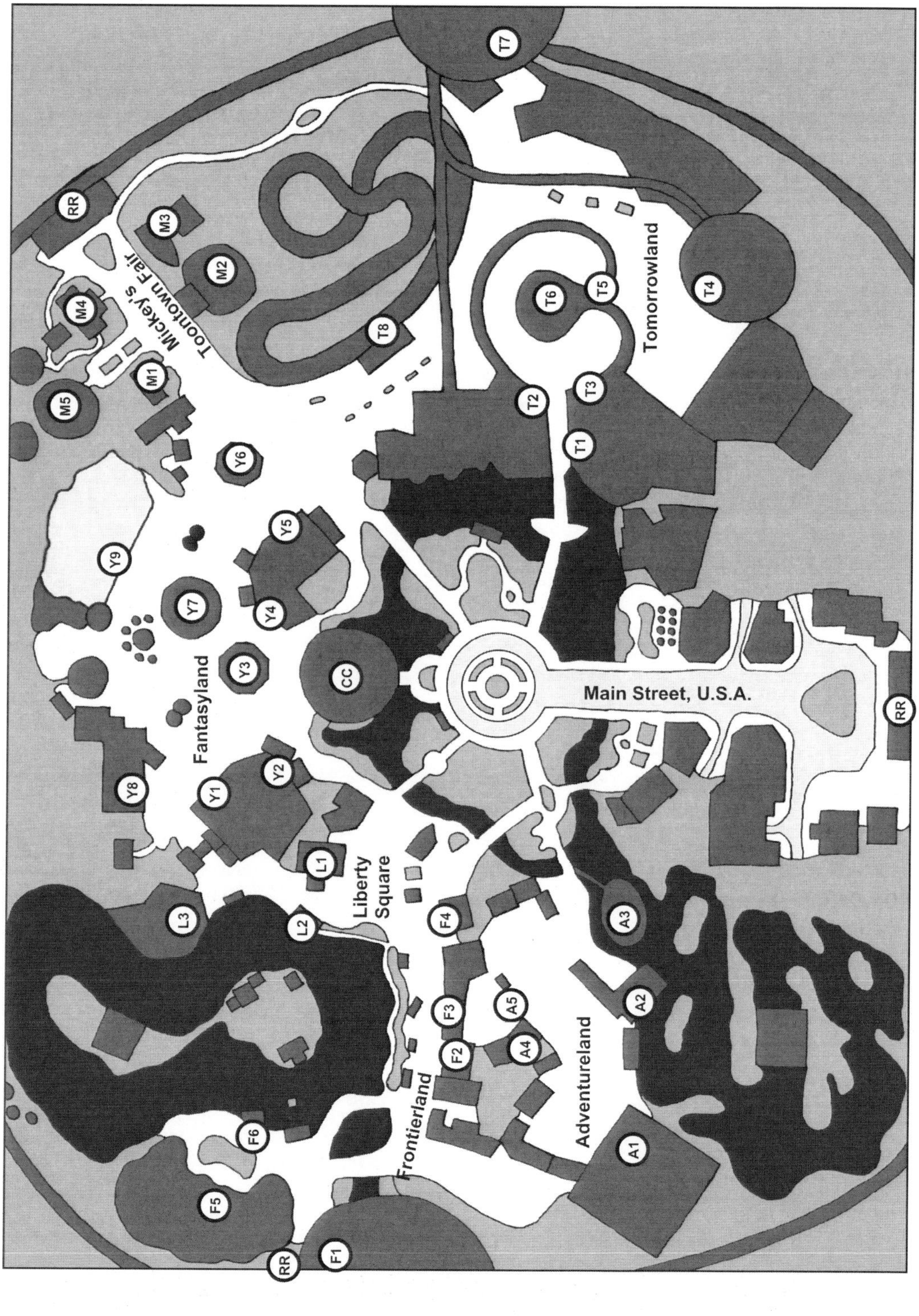
Mickey's Toontown Fair
Tomorrowland
Fantasyland
Main Street, U.S.A.
Liberty Square
Frontierland
Adventureland
RR
M1
M2
M3
M4
M5
T1
T2
T3
T4
T5
T6
T7
T8
Y1
Y2
Y3
Y4
Y5
Y6
Y7
Y8
Y9
CC
L1
L2
L3
F1
F2
F3
F4
F5
F6
A1
A2
A3
A4
A5

(Fortsetzung von Seite 39)

Extra Magic Hour

Walt Disney World Resort Gäste haben die Chance, an einigen Tagen ausgewählte Top-Attraktionen schon vor der breiten Masse zu besuchen und am Abend bis zu drei Stunden länger im Park zu bleiben. Falls Sie nicht in einem Disney-Hotel wohnen, so meiden Sie diese Tage (falls doch, so nutzen Sie die extra Stunden).

Shopping Tips

Shopping, shopping, shopping! Gerade die Main Street lädt dazu ein. Doch am Morgen sollte es trotzdem für Sie heißen: Augen zu und durch, denn noch sind die Attraktionen angenehm leer. Allerdings sollten Sie Ihre Einkäufe auch nicht zu weit nach hinten schieben, denn am Abend drängeln sich viele Besucher in den Geschäften der Main Street, die noch mindestens eine halbe Stunde nach Parkschließung geöffnet sind. Der frühe Abend hat sich für den Einkaufsbummel am besten bewährt: Sie haben dann sicherlich schon alle Thrill-Attraktionen abgehakt und die Läden sind noch nicht überfüllt.

Sie können sich aber auch Ihre Tageseinkäufe an den Parkeingang schicken lassen (dies dauert circa drei Stunden) und diese dann vor dem Verlassen des Parks abholen.

Sie suchen Mickey Maus oder einen anderen Character?

Falls Ihre Kinder (oder vielleicht sogar Sie selbst?) einmal Mickey Maus die Hand schütteln möchten, so ist der beste Platz dafür Mickey's Toontown Fair. Im Judge's Tent ist Mickey den ganzen Tag für die Besucher da. Andere Characters sind in der Toontown Hall Of Fame anzutreffen. Ansonsten fragen Sie einfach irgendeinen Angestellten [cast member], wo sich die nächsten Characters aufhalten, er wird Ihnen sicher weiterhelfen können.

Durch den Eingang und los!

Spätestens wenn Sie vor Cinderella Castle stehen, sollten Sie dank Ihrer Planung wissen, in welche Richtung es als nächstes geht. Familien mit Kindern sollten geradeaus durch das Schloss zum Fantasyland gehen. Hier warten schon Winnie Pooh, Dumbo und Peter Pan auf die kleinen und großen Besucher.

Wenn ein Mickey Maus Besuch ganz oben auf Ihrer "To Do"-Liste steht, dann geht es schnurstracks durch das Fantasyland hindurch zu Mickey's Toontown Fair (vorher auf den Parkplan gucken, ob das Themenland nicht erst später öffnet!).

Wer eher Geschwindigkeit und Nervenkitzel sucht, für den führt der Weg entweder nach rechts ins Tomorrowland (Space Mountain) oder ins Frontierland (Splash Mountain und Big Thunder Mountain).

Wer den Tag lieber ganz ruhig angehen möchte, der kann sich erst einmal im Fantasyland (mit PhilharMagic) umsehen und dann vielleicht zu den Piraten schlendern. Andere ruhige Attraktionen, bei denen es viel zu sehen gibt, sind zum Beispiel Walt Disney's Carousel Of Progress und die Tomorrowland Transit Authority, beide natürlich im Tomorrowland. Vergessen Sie hinterher nicht, den Geistern im Haunted Mansion einen Besuch abzustatten und auf Safari bei der Jungle Cruise zu gehen.

Das Magic Kingdom verdient es, dass man sich Zeit nimmt

Disneys magisches Königreich ist tatsächlich eine riesige Anlage mit unzähligen Attraktionen und noch mehr Ecken und Winkeln, an denen man eigentlich einmal stehen bleiben und sich einen Moment umsehen sollte. Wer einfach durch den Park hetzt, um "alle" Attraktionen zu "schaffen", der verpasst einen Teil des echten Disney-Zaubers. Der beste (aber vielleicht für viele auch unrealistischste) Tipp ist es, zwei Tage für das Magic Kingdom einzuplanen. Sie glauben gar nicht, wie entspannend der erste Tag im Park ist, wenn man nicht das Gefühl hat, alles schaffen zu müssen. Wobei "alles" sowieso eine Illusion ist, denn dafür brauchen Sie meist mehr als zwei Tage.

Und bei nur einem Tag im Park gilt es einfach, im Vorwege gut zu planen und vor allem eine kleine (!) Auswahl zu treffen. Auch wenn es nach sehr wenig klingt, so sind fünf tolle Attraktionen als "Pflichtprogramm" ausreichend. Wenn Sie dann in der "Kür" mehr schaffen, freuen Sie sich umso mehr.

Sieben Länder und ein Märchenschloss

Ein Überblick über das magische Königreich

Das Magic Kingdom ist in sieben Themenländer eingeteilt: Im ersten finden Sie sich wieder, sobald Sie den Park betreten haben: Die **Main Street, U.S.A.** Vom Town Square aus gehen alle Besucher erst einmal diese Hauptstraße hinunter, bis sie an der Central Plaza (auch "the hub" [die Radnarbe] genannt) angekommen sind. Von dort aus steht Ihnen der Weg in alle anderen Länder offen, welche durch Brücken mit der Plaza verbunden sind. Im Uhrzeigersinn von der Main Street aus erwarten Sie die folgenden Themenländer:

Das **Adventureland** bietet ein Stück Südsee voller aufregender Abenteuer.
Im **Frontierland** wartet eine Goldgräberstadt aus dem Wilden Westen auf Sie.
Der **Liberty Square** zeigt einen geschichtsträchtigen Platz im Kolonialstil.
Das **Fantasyland** ist das fröhlichste aller Länder und die Heimat der Disney-Märchen.
Mickey's Toontown Fair ist das Zuhause von Mickey, Minnie, Donald und ihren Freunden.
Rechts von der Main Street liegt das **Tomorrowland**. Hier können Sie die Zukunft erleben.

Jedes dieser Länder bietet zum Themenland passende Fahrattraktionen, Shows, Geschäfte und Restaurants. Selbst wenn Sie nicht in jede Attraktion hineingehen möchten (und dies wohl auch zeitlich nicht schaffen werden), so sollten Sie doch in jedes Land wenigstens einmal hineingesehen haben, um die Besonderheiten jedes Landes zu entdecken.

Damit Sie einen guten Überblick über das magische Königreich erhalten, folgt nun ein Rundgang durch den Park. Es geht natürlich auf der Main Street U.S.A. los und dann folgen im Uhrzeigersinn die anderen Themenländer.

Insider Infos: Walt Disney World Resort Monorail

Nahezu lautlos gleiten die schlanken weißen Züge der Walt Disney World Resort Monorail über die Besucher hinweg - und das schon seit der Eröffnung des Magic Kingdoms. In Kalifornien fährt Disneys Monorail sogar schon seit 1959. Die Idee hierfür hat sich Walt Disney bei einem Besuch der Firma Alweg in Köln abgeschaut. Alweg baute auch die erste Einschienenbahn in Disneyland. Nun haben aber die heutigen Einschienenbahnen mit denen der 1950er Jahre nur noch wenig gemeinsam. Sie gehören schon zur sechsten Monorail-Generation, daher auch die Typenbezeichnung "Mark VI". Die ersten "Mark VI" wurden 1990 in den Dienst gestellt, die Flotte wurde bis 1991 auf zwölf Züge aufgestockt. Jeder Zug trägt eine andere Farbkodierung: rot, blau, schwarz, gold, silber, pink, türkis, orange, grün, hellgrün, lila und gelb.

Mit einer Länge von 61 Metern transportiert jede Bahn in ihren sechs Wagen bis zu 360 Passagiere. An einem durchschnittlichen Tag fahren insgesamt etwa 150.000 Gäste mit der Monorail durch das Walt Disney World Resort.

Man könnte nun denken, die Monorail sei eine Art Transrapid, doch dem ist nicht so (obwohl auch dieses Antriebsprinzip im Tomorrowland bei der TTA umgesetzt wurde). Die Züge fahren auf Gummireifen über die 66cm breiten Betonschienen und beziehen über eine seitliche Stromschiene die nötigen 600V, um die acht 113-PS-Motoren anzutreiben.

22 Kilometer ist die gesamte Monorail-Strecke lang (1982 wurde die 6,5 km lange Epcot-Anbindung fertig). Die Trasse verbindet, mit Stopps an sieben Bahnhöfen, das Magic Kingdom, Epcot, das Transportation And Ticket Center (TTC) und einige Resort-Hotels. Die Monorails schweben dabei in einer Höhe zwischen 5,5 und 18 Metern.

Die Monorail gehörte zusammen mit der TTA (auch PeopleMover genannt) zu Walt Disneys Ideen, um das Verkehrschaos der Städte zu lösen. Beide Systeme waren für das ursprüngliche EPCOT-Stadtplanungskonzept vorgesehen.

Main Street, U.S.A.

Eine amerikanische Hauptstraße um 1900

Ihre erste Attraktion haben Sie bereits hinter sich, bevor Sie vor den Toren des magischen Königreiches stehen: Ihre Anreise vom Parkplatz geschieht entweder mit der Fähre über die Seven Seas Lagoon oder mit der Monorail mitten durch ein Hotel hindurch. Während sich die Fähre langsam ihrem Ziel nähert, sehen Sie die "Skyline" des Magic Kingdoms immer größer werden, bis Sie am Bootsanleger rechts vom Eingang zum Park von Bord gehen. Von der Monorail aus erleben Sie schon bei Ihrer Anreise zunächst die Lobby des Contemporary Resorts, durch die die Bahn lautlos hindurch gleitet. Danach sehen Sie auf der rechten Seite des Zuges zunächst Space Mountain und wenig später das rote Backsteingebäude des Main Street Bahnhofs vorbei ziehen (ein tolles Fotomotiv - wenn Sie schnell genug sind!).

Nach der Taschen- und Eintrittskartenkontrolle stehen Sie auf dem Vorplatz des Main Street Bahnhofs, der über Ihnen auf einem Bahndamm aufragt. Weiter in den Park werden Sie bis zur offiziellen Parköffnung nicht gelassen.

Im Bahnhof läuft ein Zug mit vielen Disney-Characters ein und Mickey eröffnet jeden Morgen feierlich das Magic Kingdom. Nun setzen sich schlagartig die Massen in Bewegung. Durch die beiden Torbögen rechts und links unter dem Bahndamm geht es hindurch und auf einmal stehen Sie mitten in einer anderen Welt.

Dies ist die Main Street U.S.A., die Hauptstraße einer Kleinstadt um Neunzehnhundert - zumindest würde man sich genauso eine solche vorstellen.

Schon am Morgen weht Ihnen hier häufig der köstliche Geruch frischen Popcorns in die Nase. Sie stehen mitten auf dem Town Square, am Wenderondell der Pferdestraßenbahn. Links befindet sich die City Hall, das Rathaus. Hier bekommen Sie bei Guest Relations deutsche Parkpläne, können Restaurantreservierungen vornehmen, verlorene Dinge (und Personen) melden und Hilfe für jedes erdenkliche Problem bekommen.

Wenn Sie die Straße entlang blicken, an der Statue mit Roy Disney und Minnie Maus vorbei, sehen Sie am Ende ein Schloss. Spätestens nun bemerken Sie, dass dies keine gewöhnliche Straße ist. Sie ist nicht nur sauber und makellos, sie führt die Besucher des Magic Kingdoms auch von der Realität in die Wunderwelt der Phantasie.

Aufregende Attraktionen sucht man hier vergeblich, vielmehr ist die Main Street selbst die Attraktion, die mit vielen Geschäften und einigen Restaurants zum Bummeln und Verweilen einlädt. Doch einige kleine Attraktionen hat auch die Main Street U.S.A. zu bieten:

WALT DISNEY WORLD RAILROAD

Einer der Stopps der Walt Disney World Railroad bildet zugleich den Eingang des Magic Kingdoms. Wenn Sie die Stufen zur oberen Etage hinaufsteigen, können Sie in einen der Dampfzüge einsteigen und auf der etwa zwei Kilometer langen Strecke in ungefähr 20 Minuten den Park einmal umrunden. Die Fahrgäste haben dabei einige kurze Einblicke in die Attraktionen und Länder des Parks. Meist ist jedoch nur das Grün der Vegetation zu sehen. Unterwegs können Sie an den Stationen Mickey's Toontown Fair oder Frontierland aussteigen. Wenn Sie Ihren Füßen etwas Erholung gönnen möchten, können Sie aber auch einfach sitzen bleiben und mehr als eine Runde um den Park drehen.

Attraktionstyp: Eisenbahnfahrt
Dauer: circa 20 Minuten für eine Parkumrundung mit zwei Stopps
Plätze: 5 Eisenbahnwagen mit jeweils 15 Reihen für je 4 Reisende
Für Kids ein schönes, ruhiges Erlebnis.

						Park-Planer
Minis	3	Genießer	3			
Kids	4	Abenteurer	1			
Teens	1	Thrill-Rider	1	2 von 5	0 von 5	2 von 5

Sie sehen am meisten vom Park, wenn Sie in Fahrtrichtung auf der rechten Seite sitzen!

Vom Balkon des Bahnhofs aus haben Sie einen wunderbaren (Postkarten-) Blick die Main Street hinunter. Vor den Paraden sind die Plätze meist ruck-zuck belegt.

Walt Disney war ein großer Eisenbahnfan und so stand für ihn von Anfang an fest, dass sein Disneyland eine eigene Eisenbahnlinie haben würde. Es ist also nicht verwunderlich, dass auch das Magic Kingdom, ebenso wie alle anderen Disneyland-Parks, eine Bahnfahrt im Programm hat.

Die Loks wurden in den USA um die Jahrhundertwende gebaut, fuhren dann eine zeitlang in Yucatán (Mexiko) und wurden dort 1969 von den Disney-Imagineers entdeckt. Seit der Restaurierung drehen die vier Loks nun ihre täglichen Runden um den Park. Jede Lok hat einen Namen: "Lilly Belle" hieß Walts Frau und so hatte er auch seine Miniatureisenbahn genannt, mit der er durch den heimischen Garten fuhr. "Roger E. Broggie" ist der Name eines Imagineers und Eisenbahnfans. Die anderen beiden Loks heißen nach den Disney-Brüdern "Roy O. Disney" und "Walt E. Disney".

Main Street Vehicles

Wem die Strecke vom Town Square zum Platz vor dem Schloss zu lang ist, der kann diese Strecke auch anderweitig zurücklegen. Zur Auswahl stehen ein Oldtimer, ein Feuerwehrwagen oder eine von Pferden gezogene Straßenbahn. Alle Transportmittel starten auf dem Platz vor dem Bahnhof, fahren dann zwischen den Besuchern die Main Street hinunter und halten am Ende auf dem Platz direkt vor dem Schloss.

Attraktionstyp: Fahrt mit verschiedenen alten Verkehrsmitteln
Dauer: circa 5 Minuten

Minis	3	Genießer	2			Park-Planer
Kids	2	Abenteurer	0			
Teens	0	Thrill-Rider	0	1 von 5	0 von 5	1 von 5

Die Main Street Vehicles sind in erster Linie etwas fürs Auge und runden die Atmosphäre der Hauptstrasse ab. Als Fortbewegungsmittel sind sie aufgrund der Wartezeiten nicht unbedingt zu empfehlen.

Wenn die Pferde frei haben, können Sie sie im Fort Wilderness besuchen.

Shopping

Noch bevor Sie die Main Street betreten, finden Sie auf der linken Seite den **Newsstand**. Doch dieser Zeitschriftenstand verkauft keine Zeitschriften, denn die Realität muss vor den Toren des Parks bleiben. Sie bekommen hier stattdessen beim Verlassen des Parks noch die allerletzten Souvenirs. Gegenüber auf der rechten Seite bekommen Sie Kinderkarren [Strollers] und Rollstühle [Wheelchairs] beim **Stroller And Wheelchair Rental**. Am Town Square befindet sich auf der rechten Seite die **Town Square Exposition Hall.** Hier finden der Fotograf und der Videofilmer das nötige Zubehör (zu recht hohen Preisen). Falls Sie Filme vergessen haben, die Batterien leer sind, die Speicherkarte voll ist oder Sie eine Videokamera mieten möchten - all das können Sie hier tun. Nebenbei gibt es hier auch Fotoalben und eine große Auswahl an Pins. Das ultimative Magic Kingdom Souvenir, die berühmten "Mouse Ears" aus dem Mickey Mouse Club, kauft man am besten in **The Chapeau.** Hier können Sie Ihre Mausohrenkappe auch gleich kostenlos mit Ihrem Namen besticken lassen. Es steht außer Frage, dass Sie hier auch andere Kopfbedeckungen erstehen können. Dumbo sollte sich von **Crystal Arts** fernhalten, denn neben Porzellan gibt es hier auch Gläser, Vasen und andere Zerbrechlichkeiten. Oft kann man einem Glasbläser oder einem Graveur bei der Arbeit zusehen. Die Geschäfte **Disney & Co.** und **Disney Clothiers** statten beide den Disney-Besucher mit Bekleidung aus. Feuerwehrfans kommen in der **Firehouse Gift Station** voll auf ihre Kosten, denn hier gibt es eine große Auswahl an Feuerwehrmann-Mickey-Artikeln. Außerdem gibt es hier Souvenirs für das Haustier. Für Sportler und Sportfans hat der **Main Street Athletic Club** die richtige Auswahl an Kleidung und Geschenkartikeln. Besonders Golfer finden hier sicher etwas Passendes. Falls Sie nicht wissen, was Sie mit der vielen Zeit im Magic Kingdom anfangen sollen und mal wieder einen Haarschnitt nötig haben, so sehen Sie doch einfach beim **Harmony Barber Shop** herein. Wenn die Barbiere nicht gerade auf der Straße sind und singen, verpassen sie Ihnen hier einen Haarschnitt. Ihre Nase wird Ihnen sicher den Weg zur **Main Street Con-**

fectionery weisen, denn der Duft von Süßigkeiten ist einfach zu intensiv, um hier unbeeindruckt vorbei zu gehen. Neben frisch hergestellten Leckereien werden auch viele Disney-Süßigkeiten verkauft. Auch das **Main Street Market House** hat etwas für Naschkatzen im Angebot. Sie bekommen hier aber außerdem Küchenutensilien und Geschirr. Exklusiver und teurer geht es in der **Main Street Gallery** zu. "Disneyana" heißt das Zauberwort und bezeichnet Disney-Sammlerstücke aller Art. Figuren, Poster, Sammelteller und Zeichentrickfilmbilder sind im Sortiment zu finden. Scherenschnitte gibt es in der **Shadow Box.** Bei **Uptown Jewelers** gibt es neben Schmuck und Uhren auch wieder allerlei Sammlerstücke. Die größte Auswahl an Souvenirs findet man im größten Laden des Magic Kingdoms, im **Emporium**. Hier gibt es aus allen Themenländern eine Souvenirauswahl, zahllose Stofftiere, T-Shirts, Pins, Postkarten, Becher und alles andere mit dem Disney-Logo. Am Abend ist das Emporium immer völlig überfüllt und lange Schlangen stehen an den Kassen - keine schöne Zeit, um hier einzukaufen.

TIMING TIP

Die Main Street ist die Topadresse für den Disney-Einkauf, da vergeht schnell eine Stunde ehe man es sich versieht. Daher der dringende Tipp: Lassen Sie die Läden der Main Street am Morgen links (und rechts) liegen und gehen Sie zügig zum Schloss und von dort aus zu Ihrer ersten Attraktion. Sie sollten lieber am Abend genügend Zeit einplanen, um sich genüsslich dem Einkaufserlebnis hinzugeben. Zwar haben die Läden der Main Street noch mindestens eine halbe Stunde (meist länger) nach Parkschließung geöffnet, doch drängen nun die Besuchermassen nicht nur die Main Street hinunter, sondern auch in den Läden ist es unerträglich voll. Jetzt noch die letzten Einkäufe zu tätigen sollte nur in "Notfällen" passieren.

Insider INFOS

Obwohl dies nicht dem Baustil um 1900 entsprach, ließ Walt Disney die Schaufenster dicht über dem Boden beginnen, damit auch Kinder hineinsehen können.

Restaurants

bis ca. 10 $

Selbstbedienung: Für den schnellen Fast-Food-Hunger hat nur **Casey's Corner** am linken Ende der Main Street etwas zu bieten. Die Spezialität des im Baseball-Ambiente gestalteten Restaurants sind die Jumbo Hot Dogs.

Beliebt für ein schnelles Frühstück im Park ist die **Main Street Bakery**, die aber auch zu jeder anderen Tageszeit Kuchen, Kekse und Kaffee anbietet.

Für ein leckeres Eis schaut man am besten beim **Plaza Ice Cream Parlor** vorbei, denn hier gibt es die größte Sortenvielfalt im Park.

bis ca. 15 $

Tischbedienung: Im **Plaza Restaurant** kann man nicht nur für Burger, Salate und Sandwiches einkehren, sondern auch für einen Kaffee, ein Sundae oder ein anderes Eis.

Auf dem Weg ins Adventureland sieht man linker Hand den **Crystal Palace.** Das Restaurant bietet zum Frühstück, Mittag- und Abendessen jeweils ein All-You-Can-Eat-Buffet mit einer großen Auswahl an Speisen. Als Besonderheit tauchen hier des öfteren Winnie Pooh und seine Freunde aus dem Hundertmorgen Wald auf.

über 15 $

Tony's Town Square bietet italienische Speisen und einen Blick über den Town Square. Spaghetti und andere Pasta-Gerichte stehen ebenso wie Pizza und Salate auf der Speisekarte. Das Restaurant ist im Stil des Filmes "Susi und Strolch" eingerichtet.

Insider INFOS

Walt Disney hat bei der Erschaffung seiner Main Street USA sicher an die Kleinstadt Marceline in Missouri gedacht. Hier wohnte Familie Disney einige Jahre, als Walt zwischen fünf und neun Jahre alt war.

Während Sie die Main Street entlang schlendern, sollten Sie auch einmal nach oben sehen. Auf den Fensterscheiben der Fenster im oberen Stock lesen Sie die Namen einiger Disney-Mitarbeiter. Mit dieser Geste werden einige besondere Imagineers geehrt. Schon vor den Toren des Parks sehen Sie oben am Bahnhof das erste dieser Fenster: "Keeping Dreams On Track - Walter E. Disney - Chief Engineer".

Und auch das letzte Fenster auf der Main Street, oberhalb des Plaza Restaurants, ist Walt Disney gewidmet.

Eine Besonderheit haben die oberen Stockwerke noch: Die Stockwerke werden nach oben hin immer niedriger. Diese künstliche Perspektive ist ein alter Filmtrick, um Bauwerke größer und damit die Main Street länger wirken zu lassen. Sogar das Erdgeschoss der Häuser hat nur 90% der normalen Höhe.

Adventureland

Abenteuer aus 1001 Nacht, Piratenabenteuer, Abenteuer im Dschungel,...

Über eine Holzbrücke gelangen Sie vorbei an einigen Totempfählen in die Südsee. Vor Ihnen liegt ein Land voller Abenteuer. Hier entdecken Sie auf einer Dschungelbootsfahrt die Tierwelt, besuchen die Familie Robinson in ihrem luxuriösen Baumhaus, erleben den Zorn der Tiki-Götter, fliegen mit einem magischen Teppich durch die Lüfte oder gehen mit Captain Jack Sparrow und den Piraten der Karibik auf Kaperfahrt.

Swiss Family Tree House

Die Geschichte des gestrandeten Robinson Crusoe kennt wohl jeder. Der Autor John Wyss nahm diese Idee und ließ in seinem Roman gleich eine ganze Familie auf einer einsamen Insel stranden. Die Schweizer Familie Robinson nahm die angespülten Überreste ihres Segelschiffes und baute sich daraus eine Behausung in einem großen Baum - und genau diesen Baum können Besucher nun hier erkunden. Das Baumhaus umfasst mehrere Stockwerke und hat allen erdenklichen Luxus. Sogar eine voll funktionsfähige Wasserversorgung gibt es. Nachdem Sie über eine 25 Meter lange Hängebrücke gegangen sind, klettern Sie über Treppen und Holzstege von Etage zu Etage und können so einen Einblick in das Leben der Robinsons gewinnen.

Attraktionstyp: Baumhaus Besichtigung
Dauer: je nach Besucherandrang und Interesse etwa 15 Minuten
Für Kids ein tolles Kletter-Erlebnis!

Minis	4	Genießer	3			Park-Planer
Kids	5	Abenteurer	3			
Teens	2	Thrill-Rider	0	zu Fuß	0 von 5	2 von 5

Der Anblick dieses riesigen, künstlichen Baumes ist mindestens ebenso beeindruckend, wie darin herumzuklettern. Falls Sie nicht gerade viel zu viel Zeit haben oder ein großer Fan des Romans sind, so lassen Sie die Besichtigung mit ruhigem Gewissen aus.

Insider INFOS

Auch wenn man es auf den ersten Blick nicht für möglich halten würde: Der Baum ist tatsächlich komplett künstlich. Vom Beton-Stamm über die Stahl-Äste bis hin zu den Polyethylen-Blättern ist alles von den Imagineers entworfen worden. Die "Wurzeln" reichen 14 Meter tief in den Boden und verleihen dem Bauwerk so Standfestigkeit. Dem Baum, der seit der Park-Eröffnung hier steht, wurde der wissenschaftliche Name "Disneyodendron eximus" [außergewöhnlicher Disney-Baum] gegeben.

Disney verfilmte den Roman als "Swiss Family Robinson". Premiere war am 21. Dezember 1960.

The Magic Carpets Of Aladdin

Aladdin hat einige seiner fliegenden Teppiche vor dem Enchanted Tiki Room geparkt und lässt Sie gerne ein paar Runden darauf drehen. Insgesamt vier Flugschüler passen auf so ein exotisches Fluggerät, wobei die erste Reihe den Teppich steigen und sinken lassen (wie bei Dumbo im Fantasyland) und die hintere Reihe den Teppich nach vorne und hinten kippen kann.

Am Rand lauert ein Kamel, das mit Wasser spuckt, wenn Sie ihm in die Quere kommen. Extra für diese Attraktion wurde auch der umgebende Platz mit umgestaltet. Hier sieht es nun aus wie in Agrabah, der Stadt aus "Aladdin".

Attraktionstyp: fliegende Teppiche
Dauer: 90 Sekunden
Plätze: 16 Teppiche für je 4 mutige Teppichpiloten
Für Kids ein idealer Flug!

Minis	5	Genießer	2			Park-Planer
Kids	5	Abenteurer	1			
Teens	2	Thrill-Rider	1	2 von 5	0-2 v. 5	2 von 5

Die Fahrt hat eine größere Kapazität als Dumbo und ist daher die bessere Wahl. Kinder wollen aber sicher beide Attraktionen (und dazu den Astro Orbiter) mitmachen!

Aladdin wurde 1992 von Disney verfilmt und gewann zwei Oscars (einen davon für das Lied "A Whole New World"). Es gab zwei Fortsetzungen: "Dschafars Rückkehr" (1994) und "Aladdin und der König der Diebe" (1996).

Insider INFOS

Auf dem ehemals leeren Platz vor dem Enchanted Tiki Room drehen seit dem 23. Mai 2001 die fliegenden Teppiche ihre luftigen Runden.

The Enchanted Tiki Room - Under New Management

Umringt von einigen Palmen könnte die kleine Hütte auch direkt von einer Südseeinsel hierhin versetzt worden sein. Mit umgezogen sind viele tropische Vögel und einige Südsee-Götter. Draußen vor der Tür stehen vier Statuen, die von Zeit zu Zeit karibische Rhythmen trommeln und mit Wasser sprühen. Wenn Sie durch den Eingang gehen, kommen Sie in einen kleinen Hof, auf dessen rechter Seite sich ein Teich befindet. Dahinter steht eine von Tiki-Statuen umringte Säule. Kurz vor Showbeginn öffnet sich die Säule und Sie lernen die beiden Papageien William und Morris kennen. Die beiden Vögel sind die Show-Agenten der beiden neuen Hauptdarsteller der gleich folgenden Show.

Nun können Sie das Innere des Tiki Rooms, eine kleine Buschhütte mit im Kreis angeordneten Sitzbänken, betreten. Nehmen Sie Platz, das Licht geht aus, die Show beginnt. Die vier Papageien Michael, Pierre, Fritz und José (ein Engländer, ein Franzose, ein Deutscher und ein Spanier) führen die Zuschauer durch das Programm, bis die Show von dem neuen Besitzer Iago unterbrochen wird. Sie kennen den roten Vogel sicherlich als Mitstreiter des bösen Dschafar aus dem Film Aladdin. Iago findet die Show, die ja schon etliche Jahrzehnte auf dem Buckel hat, völlig veraltet und möchte sie gerne mit neuen Hits aufpeppen. Der zweite neue Besitzer, der schlaue Zazu aus dem "König der Löwen", warnt Iago davor, den Zorn der Götter zu erregen. Um die Hütte herum beginnt plötzlich ein tropischer Sturm, die Tiki-Götter grollen - doch die Vögel, Statuen und Blumen wissen die Götter zu besänftigen.

Attraktionstyp: elektronische Vogel-Show
Dauer: 9 Minuten
Für Kids: Englischkenntnisse sind hilfreich, das Unwetter ist ein wenig unheimlich.

Minis	2	Genießer	4			Park-Planer
Kids	3	Abenteurer	2			
Teens	2	Thrill-Rider	0	Sitzen	0 von 5	3 von 5

Insider INFOS

Die Show eröffnete am 23. Juni 1963 als erste Show mit echten audioanimatronischen Figuren in Disneyland. Die bis dahin von Disney eingesetzten beweglichen Figuren machten nur einfache Bewegungen.

Zuerst war der Tiki Room als Restaurant geplant, doch hätte dies die Besucherkapazität enorm eingeschränkt. Der Tiki Room eröffnete als "Tropical Serenade" im Sunshine Pavilion pünktlich zur Eröffnung des Magic Kingdoms.

Am 1. September 1997 wurde der Tiki Room geschlossen, die Leitung wurde Iago und Zazu übertragen und er eröffnete "under new management" wieder im Frühjahr 1998. Die Hauptakteure, die vier Papageien, die 225 anderen singenden Vögel, die singenden Blumen und Tiki-Statuen, blieben erhalten. Es wurden aber einige neue Lieder in die Show eingebaut.

"Alte Hasen", die die Show vor der Renovierung gesehen haben, werden noch eine Extraportion mehr Spaß haben, genauso wie Besucher mit guten Englischkenntnissen. Aber auch für alle anderen bietet der Tiki Room ein Stück Disney-Geschichte.

JUNGLE CRUISE

Diese lustige Bootsfahrt durch den Dschungel und über die Flüsse der Welt ist ein echter Klassiker und auch noch nach etlichen Jahren absolut sehenswert. Sie besteigen mit einigen anderen Abenteurern ein kleines Boot und erkunden die Flüsse Asiens, den Nil, den Kongo, fahren durch den tropischen Regenwald und sogar hinter einem Wasserfall entlang. Auf Ihrer Tour entdecken Sie viele audio-animatronische Tiere wie Zebras, Gnus, Löwen, Schlangen, Schmetterlinge, Nashörner, Nilpferde und Geier. Sie treffen auf einige Jäger, eine Horde eingeborener Kopfjäger und eine Gruppe Gorillas, die es sich in einem Dschungelcamp gemütlich gemacht hat. Der Höhepunkt der Reise ist eine Gruppe badender Elefanten, die fröhlich im Wasser plantschen. Sie müssen vor all den wilden Tieren jedoch keine Angst haben, denn mit an Bord ist ein erfahrener Kapitän, der Ihnen einiges über die Tierwelt zu berichten und einige lustige Geschichten zu erzählen hat.

Attraktionstyp: Dschungel-Bootsfahrt
Dauer: 10 Minuten
Plätze: Für ca. 30 Dschungeltouristen
Für Kids: Eine aufregende Entdeckungsreise für jung und alt, auf der es viel zu sehen gibt.

Minis	5	Genießer	5		
Kids	5	Abenteurer	4		
Teens	3	Thrill-Rider	1	1 von 5	0-1 v. 5	4 von 5

Die Jungle Cruise ist ein absolutes Muss für die ganze Familie. Gemütlich geht es den Fluss entlang und an den Ufern gibt es jede Menge (künstliche) Tiere zu entdecken.

In der Nebensaison kann es sein, dass die Jungle Cruise eine Stunde nach den übrigen Park-Attraktionen öffnet - aber die Bootsfahrt ist normalerweise sowieso nicht die typische Startattraktion.

Walt Disney hatte ursprünglich die Idee, den Disneyland-Besuchern die Möglichkeit zu bieten, echte Tiere vom Boot aus beobachten zu können. Doch erachtete er dies damals für unmöglich und dachte, dass sich die Tiere verstecken und oft schlafen würden. Da Disney jedoch allen Besuchern ein tierisches Erlebnis bieten wollte, griff er auf das audio-animatronische Getier zurück. Erst 45 Jahre später setzte die Disney Company in Disney's Animal Kingdom die Idee in die Tat um und bietet den Besuchern nun auch echte Tiere.

Am besten sitzen Sie auf einem der äußeren Plätze. Auf der Mittelbank haben Sie (besonders beim Fotografieren) immer Köpfe im Bild.

Park-Planer Highlight

PIRATES OF THE CARIBBEAN

"Yo Ho, Yo Ho, A Pirate's Life For Me." Wetten, dass Ihnen dieses Lied nicht so schnell aus dem Kopf gehen wird!? Ihr Weg führt Sie durch den Keller einer Festungsanlage immer weiter hinab, an Kanonen und dunklen Verliesen vorbei, bis Sie endlich an einem Bootsanleger angelangt sind. Dort steigen Sie in eines der Boote ein und lassen sich in die düstere Welt der Piraten entführen. Zunächst treiben Sie durch eine unterirdische Höhle, auf einen Wasserfall zu, der Ihnen den Weg versperrt. Hier erscheint Ihnen der Geisterpirat Davy Jones, der Sie davor warnt, weiter in die Welt der Freibeuter einzudringen. Doch Sie sind ja hier, um ein Abenteuer zu erleben und fahren daher mitten durch diesen Wasserfall hindurch.

Hier, in den dunklen Höhlen, wollte wohl vor langer Zeit eine Piratenbande ihren Schatz verstecken. Die Skelette der Piraten sind auch noch da und bewachen seitdem ihre Truhe.

Kaum haben Sie die Höhle verlassen, sind Sie auch schon mitten in einer großen Schlacht. Auf dem Piratenschiff auf der Linken steht Kapitän Barbossa und lässt eine Breitseite nach der anderen auf die Festungsanlage feuern, welche das Feuer erwidert. Ihr kleines Boot fährt mitten durch das Feuergefecht und einige Kugeln schlagen dicht neben Ihnen ins Wasser. Anscheinend sucht Barbossa nicht nur einen wertvollen Schatz, sondern auch Captain Jack Sparrow, der sich hier irgendwo versteckt hat.

Die Piraten scheinen die Schlacht gewonnen zu haben, denn in dem kleinen karibischen Dorf hinter den Festungsmauern sind die Freibeuter eingefallen. Sie plündern die Häuser und nehmen die Bewohner gefangen. Der Bürgermeister ist im Brunnen gelandet und wird nach Jack Sparrow befragt, der sich in der Nähe gut versteckt hat. Auch er sucht den Schatz und taucht später in der Stadt wieder auf, um einen Blick auf die geheime Schatzkarte zu erhaschen.

Am Ende des Überfalls steht die gesamte Stadt in Flammen. Sie können aber durch das Gefängnis entkommen, in dem einige Piraten verzweifelt ihren Ausbruch planen.

Zum Schluß landen Sie in der gut gefüllten Schatzkammer und was meinen Sie, wer dort schon ein fröhliches "Yo Ho" singend auf Sie wartet?

Attraktionstyp: Piraten-Bootsfahrt
Dauer: 7:30 Minuten
Plätze: Beiboote mit 6 Reihen für je 3 bis 4 Piraten.
Für Kids: Die Attraktion ist absolut familiengeeignet, wenn auch stellenweise etwas düster und ein kleines bisschen unheimlich.

						Park-Planer
Minis	2	Genießer	5			
Kids	4	Abenteurer	5			
Teens	5	Thrill-Rider	3	2 von 5	1 von 5	5 von 5

Dies ist eine der besten und beliebtesten Attraktionen im Magic Kingdom. Die dichte Atmosphäre wird vom Betreten der Warteschlange bis zum Ausgang durchgängig aufrecht erhalten. Sie fühlen sich wirklich mitten im Geschehen. Durch die neuen Szenen aus den "Fluch der Karibik"-Filmen wurde der Klassiker noch weiter aufgewertet.

Es ist kein Zufall, dass der Film "Fluch der Karibik" mit Johnny Depp im englischen Original "Pirates Of The Caribbean" heißt. Der Film wurde tatsächlich von der Attraktion inspiriert (und nicht anders herum, wie es häufig bei Disney üblich ist). Dabei wurden viele der ursprünglichen Attraktionsszenen in den Film eingebaut (z.B. der Hund mit dem Gefängnisschlüssel). Nachdem die Attraktion den Film inspirierte, nahm der Film wiederum Einfluss auf die Bootsfahrt: Zum Kinostart des zweiten Teils der Piraten-Saga (2006) haben auch die Figuren Captain Jack Sparrow, sein Widersacher Barbossa und der unheimliche Davy Jones Einzug in die Piratenfahrt gehalten. Insgesamt drei Mal taucht der audio-animatronische Jack Sparrow während der Fahrt auf und sieht wirklich unglaublich lebensecht aus.

Insider INFOS

Die Geschichte der Attraktion begann schon zu Beginn der 1960er Jahre. Walt Disney wollte den New Orleans Square in Disneyland (der gerade geplant wurde) mit einer Piratenattraktion bereichern und ging mit dieser Idee zu Marc Davis. Dieser zeichnete unzählige Skizzen von Piraten in allen möglichen (komischen) Situationen - und viele davon schafften es tatsächlich in die Attraktion. Aber von einer Bootsfahrt war noch keine Rede! Es war eigentlich eine Art Höhlenlabyrinth geplant, das die Besucher zu Fuß erkunden sollten.

Nach der Weltausstellung in New York und dem Erfolg der Bootsfahrt "It's A Small World" beschloss Walt Disney, dass Besucher auch die Piratenattraktion von einem Boot aus erleben sollten. So wurde aus der begehbaren Attraktion ein nasses Abenteuer, welches sofort einen unglaublichen Erfolg in Disneyland hatte.

Das Magic Kingdom wurde zunächst ohne die Pirates Of The Caribbean geplant. Die Piratenfahrt war die bis dahin teuerste Disney-Attraktion und die Finanzmittel waren sowieso schon ausgeschöpft. Der Bau der Piratenfahrt hätte bedeutet, fünf andere Attraktionen nicht zu bauen und dies hätte zu wenig Angebot für die erwarteten Besucherzahlen bedeutet.

Eigentlich sollte der Park dann im Laufe der ersten Jahre um eine neue Wild West Bootsfahrt, die Western River Expedition, erweitert werden. Doch die ersten Besucher zeigten sich enttäuscht von den fehlenden Piraten und forderten die Attraktion für Florida. Es wurde daher die "alte" Disneyland-Attraktion gebaut, allerdings an einer neuen Stelle im Park, nämlich auf der Caribbean Plaza im Adventureland. Eröffnet wurde die Fahrt am 15. Dezember 1973.

Shopping

Wer das Piratenabenteuer überstanden hat, der kann sich gleich im **Plaza Del Sol Caribe Bazaar** die passende Ausrüstung für den nächsten Beutezug kaufen. Hüte, T-Shirts, Schatzkarten, Flaggen und Augenklappen gehören hier zum Standardsortiment. Der Laden ist riesig und liegt direkt hinter dem Ausgang der Piraten, so dass man hier zwangsläufig hindurch muss.

Steht Ihnen eher der Sinn nach einer Safari-Ausrüstung, so führt Sie Ihr Weg schnurstracks zum **Agrabah Bazaar**. Der Surffreund findet das Richtige bei **Island Supply**. Bei der **Zanzibar Trading Company** gibt es echte Afrika-Souvenirs und der kleine Stand **Bwana Bob's** verkauft Schmuck, Taschen und Sonnenbrillen.

Restaurants

bis ca. 10 $

Selbstbedienung: Gegenüber dem Baumhaus der Familie Robinson gibt es frische Früchte und Säfte bei **Aloha Isle.** Wenn Sie der Zorn der Götter im Tiki Room durstig gemacht hat, dann schlürfen Sie genüsslich einen Frozen Yogurt oder ein anderes eiskaltes Getränk bei der **Sunshine Tree Terrace**.

Eine Seefahrt, die macht hungrig und wenn Sie dann auch noch mexikanisches Essen mögen, dann müssen Sie bei **El Pirata Y El Perico** [Der Pirat und der Papagei] gegenüber der Piratenfahrt einkehren. Hier gibt es leckere Tacos, Salate und andere mexikanische Spezialitäten. Leider ist das Restaurant nicht immer geöffnet (meist ist es mittags geöffnet, am Abend selten).

Fast Food Favorit

Frontierland

Der wilde wilde Westen fängt gleich links vom Schlossplatz an

Im Frontierland sind die Cowboys und Indianer zu Hause, ebenso wie Tom Sawyer und sein Freund Huckleberry Finn. Hier gibt es Splash Mountain, die nasseste Fahrt im Park und Big Thunder Mountain, die wildeste Fahrt durch die Wildnis.

Der Eingang zum Frontierland erinnert in der Nähe des Liberty Squares an das St. Louis der 1840er Jahre, als hier noch das Ende des erschlossenen Ostens der USA und der Beginn des Grenzlandes, der "Frontier", war. Je weiter Sie im Frontierland gen Westen gehen, desto weiter gelangen Sie auch in den "Wilden Westen" zu den beiden aufregenden "Mountains".

TOM SAWYER ISLAND

Mitten in den Rivers Of America liegt Tom Sawyer Island. Als Besucher erreicht man die Insel nur mit einem Floß. Vom Anleger aus geht das Abenteuer auf Toms Spuren los. Es gilt dunkle Höhlen zu erkunden, Trampelpfaden zu folgen, Sie können über eine Fass- und eine Hängebrücke klettern und sich die Windmühle Harper's Mill und das Fort Langhorn ansehen. Es gibt auf der Insel unzählige kleine Wege und dunkle Höhlen, die manchmal in eine ganz andere Ecke der Insel führen. Verlaufen kann man sich hier trotzdem nicht, denn es hängen Übersichtspläne aus. Da das Floß die einzige Möglichkeit ist, um von der Insel herunterzukommen, kann man den Anleger gut als Treffpunkt verabreden. Kinder haben sehr viel Spaß daran, die vielen Geheimnisse und Geheimgänge von Tom Sawyers Insel zu erforschen und im Fort herumzutoben. Gleichzeitig ist die Insel aber auch einer der ruhigsten Plätze im Park. Von der Terrasse vor Tante Pollys kleinem Café (leider nur mit Getränkeautomaten) hat man einen schönen Blick auf das Treiben im Frontierland.

Attraktionstyp: Abenteuerinsel
Dauer: je nach Lust und Laune, mindestens 30 Minuten mit zwei kurzen Floßfahrten
Für Kids wunderbar geeignet. Es gibt hier viel zu entdecken und zu erleben.

Minis	5	Genießer	3			Park-Planer
Kids	5	Abenteurer	3			
Teens	2	Thrill-Rider	0	1 von 5	0 von 5	2 von 5

Insider INFOS

Die Insel lag schon bei der Park-Eröffnung in der Mitte des Flusses, doch erst im Mai 1973 eröffnete die Attraktion für Besucher. Das Fort trug damals noch den Namen Fort Sam Clemens (dies ist der reale Name von "Mark Twain").

Tom Sawyers Insel schließt spätestens bei Sonnenuntergang.

TIMING TIP

Frontierland Shootin' Arcade

Bei dieser Schießbude feuern Sie Lichtimpulse aus echten Kaliber .54 Hawkins-Gewehren auf viele Ziele in einer Western-Stadt und der umliegenden Landschaft. Wenn Sie mit Ihrem Lichtstrahl eine der kleinen Zielscheiben treffen, dann bewegen sich die Figuren in der detaillierten Wild West Szenerie der Schießbude.

Die Shootin' Arcade kostet einige Cent extra. Es gibt so viel Magie im Park zu entdecken, so dass Sie diese Attraktion beruhigt auslassen können.

						Park-Planer
Minis	1	Genießer	1			
Kids	4	Abenteurer	2			
Teens	3	Thrill-Rider	0	Stehen	0 von 5	1 von 5

Country Bear Jamboree

In dem kleinen rustikalen Theater werden Sie zunächst von Buff, Max und Melvin begrüßt. Der Büffel und die Elche hängen den ganzen Tag faul herum - als Jagdtrophäen an der Wand. Auf der Bühne bieten die Hauptdarsteller (alles audio-animatronische Bären) einen bunten Mix aus Country-Songs dar. Ob es nun die drei Bärinnen Bunny, Bubbles und Beulah oder Big Al sind, sie alle versuchen das Publikum zu begeistern. Je nach Zusammensetzung der Zuschauer gelingt dies mal mehr, mal weniger.

Beim Country Bear Jamboree in der Grizzly Hall scheiden sich sogar die amerikanischen Geister - für viele Besucher ist diese Attraktion schlicht "ent-bär-lich".

Attraktionstyp: Musik-Show
Dauer: 17 Minuten
Für Kids: ganz okay.

						Park-Planer
Minis	3	Genießer	2			
Kids	2	Abenteurer	0			
Teens	1	Thrill-Rider	0	0 von 5	0 von 5	2 von 5

Sie verpassen nichts, wenn Sie diese Show einfach überspringen - die Warteschlange kann nämlich erstaunlich lang sein.

Insider INFOS

Das Country Bear Jamboree war die erste Hauptattraktion, die es zunächst nur in Walt Disney World gab. Eigentlich war die Show für einen ganz anderen Park, nämlich das Mineral King Ski Resort geplant. Doch dieses Bauprojekt wurde von Disney nie realisiert. Die Show eröffnete zusammen mit dem Magic Kingdom und wurde schon ein Jahr später auch in Disneyland eröffnet. Dort wurden gleich zwei identische Theater gebaut, allerdings hatte die Show an der Westküste keinen so großen Erfolg wie hier in Florida. 2001 wurde die Attraktion in Kalifornien sogar komplett geschlossen.

Die 18 audio-animatronischen Bären haben sogar für die Weihnachtsfeiertage ein "Christmas Special" im Programm, welches seit 1984 zur Weihnachtszeit die Besucher unterhält.

Diese Attraktion bekam mit "Country Bears" (2002) einen eigenen Film gewidmet. Damit ist sie neben den "Pirates Of The Caribbean" und dem "Haunted Mansion" eine der wenigen Attraktionen, der diese Ehre zuteil wurde.

Park-Planer Highlight

EXPRESS

Splash Mountain

Nicht zu übersehen ist die beliebteste Attraktion im Frontierland, der Splash Mountain. Die Warteschlange führt Sie durch ein Sägewerk und einige dunkle Höhlengänge. Am Ende der Schlange besteigen Sie dann einen Einbaum und lassen sich gemütlich einen Fluss entlang treiben. Auf dem Weg wird eine Geschichte über den Hasen Brer Rabbit erzählt. Brer Rabbit verlässt seine Heimat auf der Suche nach seinem "Laughin' Place". Leider wird er aber unterwegs von Brer Fox und Brer Bear gejagt. Er kann seine beiden Verfolger aber immer austricksen. Ein Teil Ihrer friedlichen Fahrt führt auch ein Stückchen draußen am Berg entlang, sodass Sie einen kurzen Blick von oben auf den Park haben. Am Ende gelingt es Fuchs und Bär aber, den schlauen Hasen zu fangen. Für seine (und damit auch Ihre) Flucht gibt es nur einen Ausweg: Sie müssen einen Wasserfall hinunter!

Unten angekommen wird Brer Rabbit dann von allen seinen Freunden empfangen und stellt fest, dass er seinen Laughin' Place nicht in der Fremde hätte suchen müssen.

Attraktionstyp: Wildwasserbahn
Dauer: 10 Minuten
Plätze: Einbaum-Boote mit 4 Reihen für je 2 Freunde von Brer Rabbit
Für Kids ab 102 cm ist dies eine tolle Fahrt, falls sie keine Angst vor dem großen Berg am Ende haben!

Minis	0	Genießer	3			Park-Planer
Kids	4	Abenteurer	5			
Teens	5	Thrill-Rider	5	3 von 5	2-4 v. 5	5 von 5

Vorbild für Splash Mountain ist der Film "Song Of The South" (1946, "Onkel Remus Wunderland"). Die Szenerie der Fahrt erinnert an Georgia, wo der Film spielt. Der imposante Berg ist auch als Chickapin Hill bekannt. Der Oscar-prämierte Soundtrack der nassen Fahrt ist dem Film entnommen, besonders im Ohr hat man das "Zip-A-Dee-Doo-Dah" aus der Schlussszene, das zu einer Art Disney-Hymne geworden ist.

Der finale "Splash" ist mit 17 Metern gut 5 Stockwerke hoch und Sie rasen hier im 45° Winkel mit bis zu 65 km/h herunter. Eines lässt sich nicht vermeiden: Sie werden nass! In der vorderen Reihe mehr als hinten, aber Wasser bekommen Sie auf jeden Fall ab. An einem heißen Sommertag kann dies eine sehr willkommene Abkühlung sein, doch wenn es ein wenig kühler draußen ist, sollten Sie eine Regenjacke in Erwägung ziehen. Mit Splash Mountain geht es seit Juli 1992 "den Bach hinunter".

In der letzten Szene schwebt eine rosa Wolke über dem Schaufelraddampfer, die aussieht wie ein auf dem Rücken liegender Mickey.

Big Thunder Mountain Railroad

"Halten Sie Ihre Hüte und Brillen fest, denn dies ist der wildeste Ritt durch die Wildnis." Bei der Fahrt durch den zweiten "Mountain" des Frontierlands werden Sie zwar nicht nass, dafür geht es hier bergauf und bergab.

Als Vorbild der Bergszenerie diente der Bryce Canyon. Die Legende besagt, dass der Berg voller Gold ist, er aber jedes Mal grollt wenn jemand versucht ihn seiner Schätze zu berauben. Doch bevor hier die Goldsucher, die das kleine Städtchen Tumbleweed besiedelten, richtig loslegen konnten, wurde das Gebiet plötzlich von Wassermassen überschwemmt.

Während Ihrer Fahrt mit einem der Minenzüge durch die Bergwerksstollen und die Schluchten des Bryce Canyon gibt es viele liebevoll designte Kleinigkeiten zu entdecken. Die Szenerie wird durch zahlreiche audio-animatronische Figuren belebt, darunter auch den Regenmacher Professor Cumulus Isobar, der für die Überschwemmung verantwortlich sein soll.

Attraktionstyp: Achterbahn
Dauer: 3:30 Minuten
Plätze: Minenzug mit 5 Wagen mit je 3 Reihen für 2 (max. 3) Bergleute
Für Kids ab 102 cm. Die Fahrt ist familientauglich und relativ harmlos.

Minis	0	Genießer	2			Park-Planer
Kids	3	Abenteurer	5			
Teens	5	Thrill-Rider	4	3 von 5	0 von 5	4 von 5

Die Big Thunder Mountain Railroad ist eine Achterbahn, die einfach Spaß macht. Trotz vieler Kurven und einigen Hügeln geht es hier aber trotzdem nicht übermäßig wild zur Sache, so dass die Attraktion durchaus familiengeeignet ist. Wie in jeder Achterbahn sind die Plätze ganz vorne und ganz hinten besonders begehrt. Gut sind sie aber alle.

Die erste Minenfahrt steht seit 1979 in Disneyland. Im November 1980 eröffnete die 900 Meter lange Fahrt durch den Big Thunder Mountain als erste große Attraktion im Frontierland. Der Berg ist 66 Meter hoch und damit einer der höchsten "Berge" in ganz Florida.

Ursprünglich war hier an dieser Stelle eine Frontierland-Erweiterung namens "Thunder Mesa" geplant. Das große Areal sollte unter anderem die "Western River Expedition" beinhalten. Statt dieser neuen Bootsfahrt wurde dann doch die bewährte Attraktion "Pirates Of The Caribbean" nach Florida geholt und "Thunder Mesa" wurde auf Big Thunder Mountain reduziert.

Shopping

Der Laden **Big Al's** ist nach einem der Bären aus dem Country Bear Jamboree benannt. Sie finden hier Lederartikel, Spielzeug und Hüte, unter anderem auch den berühmten Davy Crockett Hut. Nachdem Sie im Splash Mountain nass geworden sind, können Sie im **Briar Patch** Winnie the Pooh Artikel kaufen. Sie finden den Laden links vom Eingang zur Wildwasserfahrt.

Die ganze Palette des Cowboybedarfs bietet die **Frontier Trading Post**, mit kompletten Western-Outfits, Cowboy-Hüten, Federschmuck, Sheriffsternen und Schmuck. Holzschnitzereien mit Gravur bietet **Frontier Wood Carving**, Süßigkeiten hat **Prairie Outpost & Supply** und noch mehr Hüte, Indianerfedern und Plüschtiere finden Sie beim Saloon im **Trail Creek Hat Shop**.

Restaurants

Im Frontierland gibt es ein riesengroßes Selbstbedienungsrestaurant mit mehreren Eingängen entlang der Wild-West-Häuserzeile. Sie können das Restaurant gar nicht verfehlen.

bis ca. 10 $

Fast Food Favorit

Selbstbedienung: **Pecos Bill Tall Tale Inn And Cafe** sieht recht unscheinbar aus, bietet aber mehrere große Speiseräume in denen Sie auch bei großem Besucherandrang einen Platz finden. An einer großen Zutaten-Bar können Sie Ihre Burger und Hot Dogs dick mit Tomaten, Salat, Gurken und sogar heißen Champignons und Zwiebeln belegen. Die Speisekarte bietet außerdem Sandwiches und Salate.

Der Namensgeber des Restaurants, Pecos Bill, ist der Hauptdarsteller in dem Wild West Segment aus dem Film "Melody Times" (1955).

Liberty Square

Ein Stück amerikanische Geschichte auf dem Platz der Freiheit

Der Liberty Square bildet einen fließenden Übergang vom Frontierland zum Fantasyland. In der Mitte finden Sie nicht nur eine Kopie der Liberty Bell (die echte Freiheitsglocke hängt in Philadelphia), sondern auch den über 140 Jahre alten Liberty Tree (eine alte Eiche). In diesem Themenland erleben Sie nicht nur technisch perfekt umgesetzten Geschichtsunterricht, sondern auch ein fantastisches Geisterhaus. Und für einen Trip mit einem Schaufelraddampfer über die Rivers Of America ist hier der richtige Startpunkt.

Liberty Square Riverboat

Mit der "Liberty Belle" umrunden Sie auf den Rivers Of America die Insel von Tom Sawyer. Ihr Schiff ist ein echter Schaufelraddampfer, der tatsächlich mit Dampf angetrieben wird. Unterwegs erzählt Ihnen Mark Twain etwas über seinen Westen und Sie können am Ufer viele wilde Tiere und vielleicht sogar ein Indianerlager entdecken. In 17 Minuten fahren Sie eine halbe Meile auf den Rivers Of America einmal um Tom Sawyer Island.

Attraktionstyp: Raddampferfahrt
Dauer: 17 Minuten
Für Kids ist die Fahrt nicht übermäßig spannend, andererseits fährt man nicht jeden Tag mit einem Schaufelraddampfer.

Minis	4	Genießer	4			Park-Planer
Kids	3	Abenteurer	2			
Teens	1	Thrill-Rider	0	1 von 5	0 von 5	2 von 5

Vom Raddampfer aus haben die Passagiere einen guten Ausblick auf das Geisterhaus, den Liberty Square, das Frontierland und den Big Thunder Mountain. Wirklich spannend ist die Fahrt sicher nicht, aber eine erholsame Möglichkeit, um etwas Zeit zu verbringen.

Die "Liberty Belle" wurde in einem Dock in Walt Disney World gebaut und befuhr von 1973 bis zur Renovierung und Umbenennung 1996 als "Richard F. Irvine" (ein Disney-Imagineer) den Fluss. Das Gewässer ist übrigens nur drei Meter tief und das Schiff muss darauf nicht entlang navigiert werden, denn es läuft auf einer Schiene.

!! Die Plätze auf dem obersten Deck bieten natürlich den besten Ausblick auf die Szenerie am Flussufer. Besonders begehrt sind die Plätze am Bug oder Heck des Schiffes.

Hall Of Presidents

Das Foyer der Halle der Präsidenten ist prunkvoll mit Gemälden ausgestattet.

Nachdem Sie dann in dem beeindruckenden Theater Platz genommen haben, sehen Sie zunächst einen Film über die amerikanische Geschichte, über die Präsidenten und die Verfassung.

Danach hebt sich die Leinwand und der Blick wird freigegeben auf eine Bühne, auf der alle 44 Präsidenten der Vereinigten Staaten von Amerika als audio-animatronische Figuren zu sehen sind. In chronologischer Reihenfolge werden die Präsidenten vorgestellt und nicken dem Publikum zu, erheben sich oder winken. Die anderen Präsidenten bleiben in der Zwischenzeit allerdings nicht still sitzen, sondern bewegen sich andauernd und wirken alle zusammen sehr lebensecht.

Abraham Lincoln (der erste von Walt Disney für eine Weltausstellung geschaffene audio-animatronische Präsident) rezitiert einen Teil aus einer seiner Reden. George Washington hat eine weitere Sprechrolle und stellt den aktuellen Präsidenten, Barack Obama, vor. Dieser wendet sich zum Abschluss auch an das Publikum.

Attraktionstyp: Film und Show
Dauer der Attraktion: 22 Minuten
Für Kids viel zu langweilig, Englischkenntnisse sind sehr hilfreich.

Minis	0	Genießer	5		
Kids	1	Abenteurer	1		Park-Planer
Teens	2	Thrill-Rider	0	Sitzen	0 von 5 / 3 von 5

Insider INFOS: Bei der Ausstattung der "Hall Of Presidents" haben die Imagineers sehr großen Wert auf Authentizität gelegt: Sowohl das Material der Bekleidung, als auch die Nähmethoden und Stoffe wurden den jeweiligen Zeitperioden entsprechend umgesetzt. Der audio-animatronische George W. Bush trägt sogar exakt die gleiche Uhr mit der gleichen Gravur wie der echte ehemalige Präsident.

Die Idee zu diesem Pavillon stammt von der Weltausstellung 1964-65. Dort hatte Disney für den Illinois-Pavillon die Show "Great Moments With Mr. Lincoln" gebaut. Die Show kam dann 1965 in das Main Street Opera House in Disneyland. Ursprünglich sollte auch der gesamte Liberty Square in Disneyland gebaut werden, mit der Hall Of Presidents unter dem Namen "One Nation Under God". Jetzt ist der Platz ausschließlich im Magic Kingdom zu Hause. Vor dem Gebäude steht der Liberty Tree mit 13 Laternen, die die ersten 13 Staaten repräsentieren. Der Baum wurde aufwendig von einer anderen Stelle des Walt Disney World Gebietes hierhin verpflanzt. Die Attraktion wird in Anlehnung an ihren geisterhaften Nachbarn auch scherzhaft die "Hall Of Haunted Presidents" [Die Halle der spukenden Präsidenten] genannt.

TIMING TIP: Showbeginn ist meist zur vollen und zur halben Stunde.

Die Attraktion ist von der technischen und historischen Seite sehr sehenswert, aber nicht sehr spannend.

Insider Infos: Edison Square

Der Liberty Square gehört hier eigentlich gar nicht hin! Seinen Ursprung hat der "Platz der Freiheit" in Erweiterungsplänen für die Main Street in Disneyland. Hier sollten zwei Nebenstraßen entstehen, der Liberty und der Edison Square. Der Edison Square sollte den großen Erfindungen gewidmet werden, die Mitte des Platzes sollte eine Statute von Thomas Edison zieren. Besuchern sollte bei einem Rundgang durch vier Theater ein Einblick in das Leben zu verschiedenen Zeiten der Elektrifizierung gegeben werden. Aus dieser Idee entstand 1964 das General Electric Progressland für die New Yorker Weltausstellung und damit auch das Carousel Of Progress.

Park-Planer Highlight

Haunted Mansion

"Welcome, foolish mortals" - Willkommen, Ihr einfältigen Sterblichen! Tretet ein, kommt herein. Wenn Sie nun schon so weit an das alte Haus auf dem Hügel herangekommen sind und Sie auch die Grabsteine im Vorgarten nicht abgeschreckt haben, dann können Sie doch auch die Eingangshalle betreten. Ein schönes Porträt dort oben, doch irgendwie altert der junge Mann darauf urplötzlich - oder haben Sie sich das eingebildet? Eine Geheimtür in der Wand führt Sie in den nächsten Raum. Weitere Gemälde hängen unter der Decke, aber auf magische Weise verändern auch diese sich und zeigen das Schicksal der porträtierten Personen. Und noch etwas: Wird der Raum tatsächlich immer größer oder spielt Ihnen nur Ihre Einbildungskraft einen Streich?

Am Ende eines kurzen Ganges besteigen Sie Ihr Gefährt in die Unterwelt, einen "Doom Buggy", und fahren hiermit durch das alte Gemäuer. Ihre Tour beginnt in der Bücherei - größtenteils Geistergeschichten berühmter Ghostwriter. Durch dunkle, unheimliche Gänge geht es weiter, immer tiefer in das Haus hinein. Dort wartet bei einer Seance das Medium Madame Leota (zumindest Teile von ihr). Sie stellt für Sie den Kontakt zur Geisterwelt her.

Es scheint ihr geglückt zu sein, denn in dem folgenden Ballsaal tanzen viele geisterhafte Gestalten einen gruseligen Reigen. Während der Fahrt erinnert uns unser geisterhafter Gastgeber noch daran, dass es hier bisher 999 Geister gibt… aber Platz für 1000 ist. Möchten Sie nicht bleiben?!

Sie fahren über den Dachboden und dann durch ein offenes Fenster hinaus in die Nacht.

Neben dem offenen Friedhofstor steht zitternd der Friedhofswächter mit seinem Hund. Vielleicht hätten Sie auch besser hier draußen bleiben sollen, denn zwischen den Gräbern tummeln sich unzählige (überaus fröhliche) Geister, Gespenster und andere Spukgestalten. So fahren Sie vorbei an Mumien, singenden Statuen und anderen Berühmtheiten aus der Geisterwelt.

An einigen geisterhaften Opernsängern vorbei führt Sie Ihr Weg zurück. Doch eines sei Ihnen als Warnung mitgegeben: Achten Sie auf Geister, die gerne per Anhalter mitfahren möchten! Viel zu leicht kann es passieren, dass einer zu Ihnen in den Doom Buggy einsteigt… und gerne mit möchte!

Attraktionstyp: Geisterbahn
Dauer: 7 Minuten
Plätze: Doom-Buggies für bis zu 3 mutige Sterbliche
Für Kids: Keine Frage, eine Geisterbahn ist selbstverständlich unheimlich. Aber in der düsteren Atmosphäre überwiegen am Ende die fröhlich singenden Geister. Trotzdem ist die Fahrt nichts für ganz kleine Kinder!

Minis	0	Genießer	5		
Kids	4	Abenteurer	5		
Teens	5	Thrill-Rider	1		

Thrill	Regen	Park-Planer
1 von 5	0 von 5	5 von 5

Das Haunted Mansion ist ein absolutes Muss! Eine solche Geisterbahn werden Sie außerhalb eines Disney-Parks nicht wieder finden! Trotz des Gruselfaktors eine familientaugliche Attraktion!

In der Bankettszene versteckt sich Mickey in der Anordnung der Teller auf dem Tisch.

Insider Infos: Der länger werdende Raum ist im Original-Disneyland ein Fahrstuhl, der die Gäste unter den Eisenbahndamm bringt, da innerhalb der Parkgrenzen kein Platz mehr für die Attraktion war. Diese Fahrstuhlfahrt war im Magic Kingdom nicht nötig. Da aber der Effekt so schön ist, wächst hier der Raum wirklich in die Höhe.

Timing Tip: Das Haunted Mansion hat dank der Doom Buggies, die in einer Endlosschleife aneinander gereiht sind, einen hohen Besucherdurchsatz. Daher werden die vorhandenen Fastpass-Automaten normalerweise nicht in Betrieb genommen.

Die Verfilmung der Geschichte des Haunted Mansion ("Die Geistervilla", 2003) mit Eddie Murphy beinhaltet viele der lieb gewonnenen "Persönlichkeiten" der Attraktion.

Shopping

Wenn Sie auf der Suche nach Kopien von berühmten amerikanischen Dokumenten oder Flaggen, Büchern, Dingen mit Motiven der amerikanischen Geschichte oder der Freiheitsstatue sind, dann sollten Sie ins **Heritage House** kommen. Sie finden den Laden bei der Hall of Presidents. Falls Sie lieber Ihr eigenes Bild, statt das eines Präsidenten haben möchten, können Sie sich bei der **Liberty Square Portrait Gallery** porträtieren lassen. Im Eingangsbereich zum Haunted Mansion gibt es bei **Madame Leota's Cart** die passenden "Souvenirs" zu kaufen, seien es nun Monstermasken oder andere Gruselartikel. **The Yankee Trader** liegt auch in der Nähe des Haunted Mansion, verkauft aber keine unheimlichen Dinge, sondern nur unheimlich praktische Küchenutensilien mit Disneymotiven. Weihnachten wird rund ums Jahr in **Ye Olde Christmas Shoppe** gegenüber der Hall Of Presidents gefeiert. Dieser Weihnachtsladen verkauft neben den traditionellen amerikanischen Dekorationen natürlich auch vieles im Disney-Stil zum Thema "Christmas" (oder amerikanisch "X-Mas").

Restaurants

bis ca. 15 $

Tischbedienung: "Speisen wie zu Zeiten George Washingtons" ist das Motto in der **Liberty Tree Tavern** gegenüber dem Bootsanleger. Serviert werden traditionell amerikanische Gerichte wie Truthahn. Am Abend gibt es ein all-you-can-eat Buffet mit Disney Characters.

bis ca. 10 $

Selbstbedienung: Das **Columbia Harbour House** finden hungrige Seeleute beim Übergang zum Fantasyland direkt gegenüber vom Haunted Mansion. Es ist im maritimen Stil mit Modellschiffen, nautischen Instrumenten und Fischereigeräten eingerichtet. Dementsprechend viele Fischgerichte beinhaltet dann auch die Speisekarte, für echte Landratten gibt es aber auch Hühnchen und Sandwiches.

Für einen kleinen Snack bei der Hall of Presidents bietet sich **Sleepy Hollow** an. Es gibt Eis, Früchte und andere Desserts. Die Köstlichkeiten können auf einer kleinen Terrasse mit tollem Blick auf das Schloss genossen werden.

Fantasyland

Im Land der Phantasie können Kindheitsträume Wirklichkeit werden

Wenn Sie von der Main Street kommen und durch das Schloss hindurch gehen, gelangen Sie ins Fantasyland, das geradewegs einem Märchenbuch entsprungen sein könnte. Und so ist es auch nicht verwunderlich, dass Sie hier die Stars aus zahlreichen Disney-Filmen treffen: Seien es nun Peter Pan, Dumbo, Alice, Winnie Pooh, Schneewittchen oder Aschenputtel.

Die Fahrten im Fantasyland sind vor allem auf die jüngeren Besucher zugeschnitten, was nicht heißt, dass Erwachsene hier keinen Spaß haben. Haben Sie nicht auch schon einmal davon geträumt, mit Peter Pan über das nächtliche London zu fliegen? Noch nicht? Sie werden es trotzdem mögen.

Insider INFOS

Walt Disney sprach vom Fantasyland als "timeless land of enchantment" [zeitloses Zauberreich] und als "the happiest land of all" [das fröhlichste aller Länder].

Also los: Lassen Sie sich verzaubern!

Cinderella Castle

In dem Moment, in dem Sie durch den Main Street Bahnhof gehen, sehen Sie auch schon am Ende der Straße das Schloss von Aschenputtel. Es bildet den Eingang zum Fantasyland. Schreiten Sie zum Schloss empor, gehen Sie über die Brücke, durch den Torbogen hindurch und Sie finden sich im Land der Phantasie wieder.

Insider INFOS

Das Wappen am Schloss ist das der Disney-Familie. Die Schlossmauer zieht sich oberhalb der Fantasyland-Attraktionen durch das ganze Themenland.

Das Schloss in Walt Disney World ist mit 63 Metern doppelt so hoch wie das Sleeping Beauty Castle in Disneyland. Vorbilder waren Bauten aus dem 12. und 13. Jahrhundert in Frankreich, das Schloss Neuschwanstein und die Entwürfe für das Schloss aus dem Zeichentrickfilm "Cinderella" (1950).

Das Mosaik im Durchgang zum Fantasyland stellt mit Tausenden von Mosaiksteinchen einige Szenen aus dem Film dar. Und wenn Sie es in Gold und Silber funkeln sehen: Es *ist* Gold und Silber!

Im oberen Stockwerk des Schlosses befand sich seit der Eröffnung des Magic Kingdoms das Restaurant "King Stefan's Banquet Hall". Dies ist ein wenig verwunderlich, da König Stefan eine Figur aus Dornröschen ist. Erst 1997 wurde der Fehler korrigiert und das Restaurant heißt nun "Cinderella's Royal Table". Außerdem befinden sich hier oben Räume der Parksicherheit und sogar ein Appartement, das ursprünglich für die Disney-Familie eingerichtet wurde.

Fairy Tale Garden

In einer versteckten Ecke vor dem Schloss liegt ein kleiner Garten mit einigen Bänken. Hier kommt mehrmals am Tag Belle aus "Die Schöne und das Biest" her und liest eine Geschichte aus einem ihrer Lieblingsbücher vor. Es gibt in dem engen Garten nur sehr wenige Sitzplätze.

Cinderella's Golden Carrousel

Auf einem alten Pferdekarussell können jung und alt ihre Runden drehen.

Attraktionstyp: Pferdekarussell
Dauer der Attraktion: ca. 2 Minuten
Für Kids genauso gut geeignet, wie für jung gebliebene Erwachsene.

Minis	5	Genießer	2				Park-Planer
Kids	3	Abenteurer	0				
Teens	0	Thrill-Rider	1	2 von 5	0 von 5	2 von 5	

Das Karussell wurde 1917 gebaut und stand erst in Detroit, später dann in New Jersey, bis die Disney-Leute es entdeckten und renovierten. Sehen Sie genau hin: Es gibt keine zwei gleichen Pferde! Das Pferd von Cinderella erkennen Sie an dem goldenen Band am Schweif.

Vor dem Karussell steht seit 1994 ein Stein mit einem Schwert darin, an dem der Zauberer Merlin von Zeit zu Zeit auftritt. Dies erinnert an die Artus Legende, die 1963 von Disney als "Die Hexe und der Zauberer" verfilmt wurde.

Die Geschichte um Cinderella hatte am 15. Februar 1950 Kino-Premiere. Es war der erste große Disney-Film nach dem Krieg und glücklicherweise ein Erfolg, denn ansonsten wäre Disney wahrscheinlich pleite gewesen.

Peter Pan's Flight

Express

Mit einem Segelschiff fliegen Sie vorbei an der Geschichte um Peter Pan, Wendy, Michael und John. Sie starten in dem Kinderzimmer der drei Darling Kinder, erheben sich dann dank des Feenstaubs in die Lüfte und fliegen so eine Runde über das nächtliche London. Es geht dann ins Neverland. Sie umkreisen die Insel, sehen den Skull Rock und das Indianerlager und treffen am Ende auf Kapitän Hook.

Attraktionstyp: Dark Ride
Dauer der Attraktion: 3 Minuten
Plätze: fliegende Segelschiffe für 2 (bis 3) "verlorene Jungen"
Für Kids: Die Fahrt ist durchweg dunkel, aber für Kinder gemacht.

Minis	4	Genießer	3				Park-Planer
Kids	3	Abenteurer	2				
Teens	1	Thrill-Rider	1	2 von 5	0 von 5	3 von 5	

Timing Tip: Die Wartezeit vor Peter Pan's Flight kann schon mal an eine Stunde heranreichen. Sie sollten hier also auf jeden Fall Gebrauch vom Fastpass machen.

Walt Disney plante schon 1935 die Geschichte um Peter Pan zu verfilmen, allerdings vergingen bis zur Premiere am 5. Februar 1953 fast 20 Jahre.

Die Attraktion war Eröffnungsattraktion in Disneyland (1955) und im Magic Kingdom (1971). Die Besonderheit bei diesem Dark Ride (gegenüber den anderen) ist, dass die Gondeln unter der Führungsschiene hängen und nicht darauf entlang fahren.

Park-Planer Highlight

EXPRESS

Minis	3	Genießer	5		
Kids	5	Abenteurer	4		Park-Planer
Teens	4	Thrill-Rider	1	Sitzen	1 von 5	5 von 5

MICKEY'S PHILHARMAGIC

Musik spielte schon immer eine wichtige Rolle in Walt Disneys Filmen. Von "Turkey In The Straw" im ersten vertonten Cartoon "Steamboat Willie" über die klassischen Meisterwerke in "Fantasia" bis hin zu den neuen Klassikern aus "Arielle", "Die Schöne und das Biest" und "Der König der Löwen".

Den musikalischen Höhepunkt dieser Geschichten erleben Besucher in der PhilharMagic Concert Hall. Auf den Beginn Ihrer Vorstellung warten Sie in der prunkvollen Theaterlobby. Dann öffnen sich die Tore und Sie gelangen in ein großes Theater. Vorne auf der kleinen Bühne sehen Sie Mickey und Donald, die ein Konzert vorbereiten. Dirigent Mickey gibt Donald noch letzte Anweisungen für den Aufbau.

Mit Mickeys magischem Zauberlehrlingshut hätte Donald aber lieber nicht spielen sollen. Plötzlich ist das Theater verschwunden und Sie sind mitten im Geschehen. Vor Ihnen erscheint aus dem Nichts eine Leinwand mit einem 165 Grad Blickfeld.

Donalds wilde Reise führt zu einem Festbankett mit Lumiére, der "Be Our Guest" dazu singt. Nach einem kurzen Sprung in den "Zauberlehrling" geht es unter die Meeresoberfläche in Arielles Reich mit "Part Of Your World". Simba singt "I Just Can't Wait To Be King", inmitten einer farbenfrohen Tierkulisse und dann erheben Sie sich dank Tinker Bells Feenstaub mit Peter Pan in die Lüfte. Aladdin nimmt Donald auch noch ein kleines Stück auf seinem fliegenden Teppich mit durch das nächtliche Agrabah, bevor der Enterich wieder zum Finale im Theater landet.

Dies alles erleben Sie in einer fantastischen 3D-Welt, in der Ihnen sogar Wind und verschiedene Düfte (der Apfelkuchen ist wirklich "riechenswert") entgegen geweht werden.

Attraktionstyp: 3D-Film
Dauer: 10 Minuten
Für Kids: Als einziger 3D-Film in den vier Disney-Parks ist dieser für Kinder uneingeschränkt zu empfehlen.

Mickey's PhilharMagic ist einfach umwerfend. Sie erleben das Geschehen in einer Flut aus Bildern, Musik, Gerüchen und anderen Sinneseindrücken.

Insider INFOS

Das Theater, das nun zur PhilharMagic Concert Hall umgebaut wurde, hat eine lange Geschichte hinter sich: Von 1971 bis September 1980 lief hier die Mickey Mouse Musical Revue, in der 60 Disney-Characters bekannte Disneylieder sangen. Diese Show zog komplett nach Tokyo Disneyland um und läuft dort seit 1983 mit viel Erfolg. Das Theater blieb einige Jahre geschlossen, bis "Captain EO" in Epcot den Film "Magic Journeys" ersetzte. Magic Journeys zog dann ins Mickey Mouse Revue Theater um und lief hier von Dezember 1987 bis Dezember 1993. Dann wurde das Theater für den König der Löwen umgebaut und es lief ab Juli 1994 die Show "The Legend Of The Lion King", die direkt nach dem Kinofilm startete.

Die Bilder in der Theaterlobby stammen aus berühmten Disney-Musikfilmen: "Toot, Whistle, Plunk & Boom", "Melody Time" und natürlich "Fantasia". Das Theater selbst ist eine technische Meisterleistung, denn dies hier ist eine der längsten nahtlosen 3D-Kinoleinwände weltweit (45 Meter breit und über 8 Meter hoch). Hinter der Kinoleinwand verbergen sich 9 einzeln ansteuerbare Lautsprecherblöcke, die zusammen mit denen im Theater für eine erstaunliche Akustik sorgen. Der Film wurde komplett am Computer erstellt. Um trotzdem möglichst viel von der Atmosphäre der Filmvorlagen einzufangen, arbeiteten der Animator von Lumiére (aus "Die Schöne und das Biest") und der von Arielle an der Umsetzung "ihrer" Figuren. Die Stimme von Donald Duck stammt größtenteils aus alten Aufzeichnungen eines der berühmtesten Donald-Sprechers: Clarence Nash.

Nach der Show finden Sie sich in einem Souvenirladen wieder, der eine bunte Palette von Disney-Character-Artikeln im Sortiment hat.

Dumbo The Flying Elephant

Bei dieser bei Kindern sehr beliebten Fahrt steigen Sie Dumbo auf den Rücken und fliegen mit ihm im Kreis herum. Wenn Sie möchten, können Sie mit einem Steuerknüppel Dumbo dabei hoch und runter fliegen lassen.

Attraktionstyp: Karussell
Dauer der Attraktion: ca. 3 Minuten
Plätze für 2 Zirkusartisten pro Elefant
Für Kids ist dies die ideale Attraktion!!!

Minis	5	Genießer	2			Park-Planer
Kids	4	Abenteurer	1			
Teens	2	Thrill-Rider	1	2 von 5	0 von 5	2 von 5

TIMING TIP: Das gesamte Fantasyland ist stets überfüllt, und die Dumbo Warteschlange zieht sich manchmal sogar durch das halbe Themenland. Schauen Sie doch einmal, ob es bei Aladdins Teppichen im Adventureland oder beim Astro Orbiter im Tomorrowland leerer ist. Alle drei Attraktionen bieten das nahezu identische Flugerlebnis mit einem jeweils anderen Thema.

Dumbo hatte seinen Filmauftritt bereits 1941. Da die ursprüngliche Dumbo-Attraktion eine noch geringere Kapazität hatte, wurde sie komplett überarbeitet und durch eine neuere Version mit insgesamt 16 Elefanten ersetzt. Das Design ist dem der Dumbo-Attraktion in Disneyland Paris abgeschaut.

Mad Tea Party

Pate stand hier die Nicht-Geburtstagsparty aus Alice im Wunderland. Der Disney-Film entstand 1951 nach der Geschichte von Lewis Carroll. Die großen Teetassen drehen sich im Kreis und wenn Sie möchten, können Sie die Tasse, in der Sie sitzen, auch noch einmal drehen. Das ganze "Im-Kreis-Gedrehe" sollte man nicht unbedingt nach einer Mahlzeit einplanen.

Attraktionstyp: Teetassenfahrt
Dauer der Attraktion: ca. 3 Minuten
Plätze: für 4 bis 5 Nicht-Geburtstagskinder und -erwachsene
Für Kids geeignet, die Drehgeschwindigkeit der eigenen Tasse lässt sich regulieren.

Minis	1	Genießer	0			Park-Planer
Kids	4	Abenteurer	1			
Teens	5	Thrill-Rider	3	3-4 v. 5	0 von 5	2 von 5

Diese Teetassenfahrt unterscheidet sich, abgesehen von der thematischen Gestaltung, nicht von denen, die Sie aus heimischen Freizeitparks kennen.

Snow White's Scary Adventures

Diese dunkle und unheimliche Fahrt führt vorbei an einigen düsteren Szenen aus der Geschichte von Schneewittchen. In der Attraktion fehlen natürlich weder Schneewittchen, noch die sieben Zwerge, aber auch die böse Hexe taucht mehr als einmal unerwartet auf und erschreckt die Fahrgäste. Dabei führt die Fahrt durch dunkle Wälder, in denen sich die Hexe versteckt. Aber natürlich hat die Attraktion ein Happy End.

Attraktionstyp: düsterer Dark Ride
Dauer der Attraktion: 3 Minuten
Plätze: 3 Reihen für je 2 kleine oder große "Zwerge"... Heigh-ho!
Für Kids die keine Angst vor der bösen Hexe haben. Achtung: Echt unheimlich!!

Minis	0	Genießer	2			Park-Planer
Kids	2	Abenteurer	2			
Teens	1	Thrill-Rider	0	2 von 5	0 von 5	2 von 5

Schneewittchen war eine der ursprünglichen Attraktionen in Disneyland und ist auch im Magic Kingdom von Anfang an dabei. Die Attraktion wurde 1995 renoviert und seitdem ist auch endlich Schneewittchen selbst in der Fahrt vertreten. Wenn Sie mit kleinen Kindern unterwegs sind, dann sollten Sie diese Fahrt nicht unterschätzen. Sie heißt nicht umsonst "Scary Adventures" [unheimliche Abenteuer].

Schneewittchen war der weltweit erste Zeichentrickfilm in Spielfilmlänge (83 Minuten) und feierte am 21. Dezember 1937 nach 3 Jahren Produktionszeit im Carthay Circle Theater in Hollywood Premiere. Walt Disney bekam dafür 1939 einen Sonder-Oscar überreicht: Eine normalgroße Statue und 7 Zwerg-Oscars.

The Many Adventures Of Winnie The Pooh

Sie besteigen einen großen Honigtopf und besuchen im Hundert-Morgen-Wald Winnie Pooh und seine Freunde Tigger, Ferkel und I-Ah. Ein heftiger Regenschauer sorgt für ein großes Durcheinander im Wald. Sie fahren in Ihrem ungewöhnlichen Gefährt an verschiedenen Szenen vorbei, die geradewegs einem bunten Winnie Pooh Buch entsprungen sein könnten.

Attraktionstyp: Dark Ride
Dauer der Attraktion: 3 Minuten
Plätze: Honigtöpfe mit 2 Reihen für je 2 von Poohs Freuden
Für Kids ist dies eine der schönsten Fahrten im Fantasyland

Minis	5	Genießer	5				
Kids	5	Abenteurer	1				
Teens	2	Thrill-Rider	1		2 von 5	0 von 5	4 von 5

Vorher war hier "Mr. Toad's Wild Ride", eine (wie der Name schon sagt) wilde Fahrt mit Oldtimern durch die eher unbekannte Geschichte um die Kröte Ichabod Toad. Die Fahrt musste im Sommer 1998 der wesentlich aufwendigeren und schöneren Winnie Pooh Fahrt weichen. Die Figur des gelben Bären wurde von A.A. Milne geschaffen und hatte ihren ersten Disney-Auftritt 1966 in dem Kurzfilm "Winnie the Pooh and the Honey Tree". Zusammen mit zwei weiteren Kurzfilmen wurde ein Zusammenschnitt 1977 als "The Many Adventures of Winnie the Pooh" veröffentlicht. Die Szenen der Fahrt sind größtenteils dem Pooh-Abenteuer "The Blustery Day" entnommen.

Pooh's Playful Spot

Gegenüber der Fahrt durch Winnie Poohs viele Abenteuer befindet sich für die ganz kleinen Besucher zwischen zwei und fünf Jahre ein Spielplatz. In der Mitte steht der Baum von Winnie Pooh, drumherum liegen übergroße umgekippte Honigtöpfe, es gibt Baumstammrutschen und ein kleines Areal in dem Wasserfontänen aus dem Boden schießen.

Attraktionstyp: Spielplatz

In einer Ecke befindet sich Ariel's Grotto, ein Ort an dem Besucher Arielle treffen konnten. Daneben war zuvor in einem riesigen Wasserbecken die U-Boot Fahrt 20.000 Leagues Under The Sea [20.000 Meilen unter dem Meer]. Nach dem Film (1954) lief eine ähnliche Fahrt seit 1959 in Disneyland und kam auch nach Walt Disney World. Die Fahrt wurde 1994 geschlossen. In Disneyland wurde die U-Boot-Fahrt inzwischen mit einem "Findet Nemo" Thema wiederbelebt.

Bis zur Schließung der Attraktionen hatte Disney eine der weltweit größten U-Boot-Flotten (nach den USA und der UdSSR).

It's A Small World

"It's a small world after all...", es ist immer noch eine kleine Welt. Das Titellied dieser Fahrt spielt durchgehend, von der Warteschlange bis zum Ausgang. Immer wieder ist es anders instrumentiert und wird in den verschiedensten Landessprachen gesungen, aber "it's a small world after all"!

Sie steigen in ein kleines Boot und lassen sich einen Kanal entlang treiben. Dabei machen Sie eine kunterbunte Weltreise durch die verschiedensten Winkel der Erde.

Ihre Bootsfahrt führt Sie vorbei an vielen bunten Püppchen, die singend und tanzend in ihrer Landestracht die Länder unserer Welt vorstellen. Es geht mit den europäischen Ländern los. Danach folgt Indien mit dem Taj Mahal, dann Russland, China, Japan und schon sind wir in Afrika. Hier gibt es viele Tiere und die ägyptischen Pyramiden zu sehen, bevor die Fahrt nach Südamerika und weiter Richtung Australien geht. Am Ende sind viele Kinder verschiedener Nationen zusammen auf einem großen Jahrmarkt - und noch immer singen sie zusammen dieses eine Lied... it's a small, small world...

Attraktionstyp: Bootsfahrt
Dauer der Attraktion: 10 Minuten
Plätze: Boote mit 6 Reihen für jeweils 3 bis 4 Gäste aus aller Welt
Für Kids und für einige Erwachsene die schönste Fahrt im ganzen Park.

Minis	5	Genießer	4				
Kids	5	Abenteurer	0				
Teens	2	Thrill-Rider	0		1 von 5	0 von 5	3 von 5

Insider INFOS

Die Fahrt ist ein echter Klassiker. Die Musik ist so eingängig, dass Sie sie noch Tage später in der Warteschlange zum "Tower Of Terror" vor sich hin summen. Aber es führt leider kein Weg daran vorbei: Sie müssen diese Fahrt einmal mitgemacht haben, schließlich wollen Sie doch mitreden – und mitsummen "it's a world of laughter, it's a world of tears..."

Die Show lief zunächst auf der Weltausstellung 1964-65 im UNICEF Pavillon und wurde danach nach Disneyland "verpflanzt". Das Design der Attraktion stammt von Mary Blair, das eingängige Lied wurde von den Sherman-Brüdern komponiert (die beiden schrieben unter anderem auch die Musik für Mary Poppins und erhielten dafür zwei Oscars). Sie kommen um diese Fahrt weltweit in keinem Disneyland-Park herum.

Shopping

Im Durchgang von Cinderella Castle werden kleine Besucherinnen in der **Bibbidi Bobbidi Boutique** zu Prinzessinnen umgestylt. **Seven Dwarfs Mining Co.** bietet neben den üblichen Dingen besonders Schneewittchen-Artikel. **Sir Mickey's** ist im Stil des tapferen Schneiderleins [The Brave Little Taylor] eingerichtet. Zu kaufen gibt es Souvenirs, Kleidung, DVDs und Videos. **Tinker Bell's Treasures** ist ein Laden für die Kleinen mit Spielwaren, Kostümen, Stofftieren und Puppen. Nach Ihrer Fahrt in einem Honigtopf möchten Sie bestimmt Pooh-Souvenirs in **Pooh's Thotful Shop** kaufen.

Restaurants

über 15 $

Tischbedienung: An einem Festbankett in stilvoller Umgebung können Sie bei **Cinderella's Royal Table** teilnehmen. Natürlich sind auch die Bediensteten entsprechend gekleidet und sprechen die Gäste mit "my lord" und "my lady" an. Die Speisekarte bietet Lachs, Ribs, Shrimps und Hühnchen. Da das Restaurant im oberen Stockwerk des Schlosses ist, bietet es einen schönen Blick über das Fantasyland. Jeden Morgen gibt es hier das "Once Upon A Time Character Breakfast", natürlich all-you-can-eat. Dieses ist das beliebteste Frühstück der Disney-Welt und bietet nur eine sehr begrenzte Zahl an Sitzplätzen. Eine telefonische Reservierung genau 60 Tage vor dem Besuch um genau 7 Uhr morgens (Ortszeit) ist der einzige Weg, um hier zu speisen.

bis ca. 10 $

Selbstbedienung: **Enchanted Grove**, **Scuttle's Landing** und **Hook's Tavern** (beim Karussell) bieten kleine Erfrischungen. Bei Dumbo finden Sie **Lumière's Kitchen** mit Hot Dogs und mehr. Nach Winnie The Pooh bekommen Sie Eis und Süßes nebenan bei **Mrs. Potts' Cupboard**.

Direkt neben It's A Small World liegt das **Pinocchio Village Haus**. Einige Fensterplätze ermöglichen den Blick in die Attraktion. Hier gibt es Fast Food: Burger, Hot Dogs, Sandwiches, Salate. Das Restaurant bietet drinnen sehr viele Plätze (obwohl es gar nicht so groß aussieht) und ist eine gute Wahl für ein schnelles Fast-Food-Mahl im Fantasyland.

UPDATE Die neuesten Pläne für das Fantasyland finden Sie ab Seite 176.

Mickey's Toontown Fair

In Entenhausen werden die besten Farmer prämiert

Ein bisschen wie in Entenhausen ist es hier in diesem Themenland. Der Themenbereich eröffnete als Mickey's Birthdayland am 18. Juni 1988. Anlass war natürlich Mickeys 60. Geburtstag. Man erreichte das Geburtstagsland damals mit dem Birthday Express, der bis zur neuen Birthdayland Station fuhr. Bis dahin gab es nur die beiden Bahnhöfe an der Main Street und im Frontierland. Eigentlich war dieses Themenland nur für das Geburtstagsjahr gedacht, doch erfreute es sich so großer Beliebtheit, dass man es als Mickey's Starland beibehielt. Nachdem schon 1990 Mickey's Toontown in Disneyland eröffnete, baute man 1996 im Magic Kingdom das Starland zum Toontown Fair um.

Da es besonders Familien mit Kindern zu Mickey's Toontown Fair hinzieht, ist es hier vor allem vom Morgen bis zum Nachmittag überfüllt. Bessere Besuchszeiten sind der späte Nachmittag oder der Abend.

The Barnstormer

Auf Goofy's Wiseacre Farm besteigen die kleinen und großen Besucher eine Flugzeug-Achterbahn, fliegen über das Farmgelände und machen eine Bruchlandung in Goofys Schuppen.

Attraktionstyp: Achterbahn
Dauer der Attraktion: ca. 2 Minuten
Plätze: 8 Reihen für je 2 Bruchpiloten
Für Kids ist dies eine zahme Achterbahn; erlaubt für Kinder ab 3 Jahre, die mindestens 88 Zentimeter groß sind.

Minis	2	Genießer	1				
Kids	5	Abenteurer	1				Park-Planer
Teens	1	Thrill-Rider	2		3 von 5	0 von 5	2 von 5

Donald's Boat

Das Boot, das zu Ehren von Donalds Angebeteter "Miss Daisy" heißt, lädt zum Herumturnen und Erkunden ein. Doch leider ist der alte Kahn voller Lecks und so spritzt hier und dort schon etwas Wasser heraus. Dies alles ist ein spaßiger Wasserspielplatz für Kinder.

Mickey's Country House

Für viele wird hier ein Traum wahr: Besucher können sich in Mickeys Zuhause umsehen. Es gibt ein Schlafzimmer, das Wohnzimmer, ein Sportzimmer und die Küche, in der bis vor kurzem noch Donald und Goofy renoviert haben... und deutliche Spuren hinterließen. Mickey werden Sie nicht in seinem Haus treffen. Doch dies ist kein Grund traurig zu sein! Sehen Sie sich auf dem Weg hinaus noch schnell den Garten mit den Riesenpflanzen, die Garage und Plutos Hundehütte an und eilen Sie dann zum Judge's Tent!

Hidden Mickey Alarm! Nirgends gibt es so viele zu finden, wie hier: Sie sind einfach überall! Der Briefkasten, der Spiegel, die Tischtennisschläger und sogar das Gemüse im Garten sehen merkwürdig bekannt aus...

Judge's Tent

Hier können Sie den ganzen Tag lang Mickey Maus in Lebensgröße treffen! Und damit ist dies eindeutig der beste Platz in ganz Walt Disney World für ein solches Meeting. In der Wartezone werden Sie von einem Videofilm über den Country Fair unterhalten und dann ist es soweit: Ihre Audienz bei Mickey Maus. Halten Sie Fotoapparat und Videokamera bereit.

Leider ist die Schlange immer recht lang, denn so eine Gelegenheit wollen natürlich viele Besucher nutzen.

Toontown Hall Of Fame

Zahlreiche Ausstellungsstücke des "Fairs" finden sich neben unzähligen Disney-Souvenirs. Im Hintergrund sind drei Räume, in denen Sie den ganzen Tag über verschiedene Characters treffen können. Für jeden der drei gibt es eine eigene Schlange.

Minnie's Country House

Auch hier können neugierige Besucher einen Einblick in das Leben eines Disney-Stars werfen. Die Inneneinrichtung ist... nun ja, sehr rosa.

Toon Park

In der Nähe der Eisenbahnstation liegt ein kleiner Park. Es ist kein gewöhnlicher Park, denn dieser ist mit einem Sonnendach versehen, der Boden ist gepolstert und es stehen allerlei Spielgeräte herum und ist als Spielplatz für die ganz Kleinen gedacht.

Pete's Garage

Okay, es ist nicht wirklich eine Attraktion, aber die einzige Toilette des Themenlandes - und die darf doch wohl nicht unerwähnt bleiben. Vor der Garage stehen allerdings auch einige Cartoon-Fahrzeuge, die zu einem lustigen Foto einladen.

Shopping

Bei **County Bounty** finden Sie jeden erdenklichen Artikel mit einer Disney-Figur darauf. Das große Zelt ist gleichzeitig die Hall Of Fame und ein Laden mit einer erstaunlich großen Auswahl. Sie sollten auf jeden Fall einen Blick hinein werfen, auch wenn Sie (eigentlich) nichts kaufen wollen.

Tomorrowland

Heute ist morgen schon gestern - im Tomorrowland ist heute schon übermorgen

In dem futuristischen Teil des Magic Kingdoms stellt sich Ihnen eine Zukunft vor, wie es sie nie gegeben haben wird...

Früher präsentierte das Tomorrowland einen realistischen Ausblick auf die Zukunft, doch bald schon zeigte es sich, dass die Entwicklungen der Technik die Zukunftsvisionen längst überholt hatten. Nun wird lieber die Vision einer Zukunft präsentiert, die es so nie gegeben hat und wohl auch nie geben wird. Für einen realistischen Blick in die Zukunft schauen Sie bei Innoventions in Epcot vorbei, aber das ist bei weitem nicht so aufregend!

EXPRESS Park-Planer Highlight

Stitch's Great Escape!

Rekruten! Willkommen im Gefangenen-Teleportations-Zentrum der Galaktischen Föderation. Ihr Ausbilder ist der Roboter Sergeant C4703BK2704-90210 (kein Witz!).

Sie erhalten von ihm eine Unterweisung in die Grundlagen der Teleportation für Gefangene der Stufe 1 und 2. Alles Kleinkriminelle - aber auch die müssen ja ins Gefängnis teleportiert werden, nicht wahr?!

Doch was ist das? Ein neuer Gefangener kommt gerade an und der hat Stufe 3?! Also gehen Sie mit den anderen Rekruten weiter in den Hochsicherheitsteleportationsraum!

Die Sitze sind kreisförmig in mehreren Reihen angeordnet. Suchen Sie sich irgendeinen aus, das Erlebnis ist überall "außerirdisch" gut. Bevor der Gefangenentransport beginnt, wird noch Ihre DNS gescannt. Der Scanner kommt von oben heruntergefahren, stoppt auf Ihren Schultern und fährt dann wieder ein Stück nach oben. Nun haben Sie nichts mehr von den beiden überdimensionalen Laserkanonen unter der Decke zu befürchten, denn diese werden auf den genetischen Code des Gefangenen programmiert. Und da wird er auch schon in die große Teleporter-Röhre in der Mitte des Raumes gebeamt. Hier erscheint nun Experiment 626, besser bekannt als Stitch. So knuddelig der kleine, blaue, pelzige Außerirdische auch aussehen mag, so ist er doch eine genetisch mutierte Kampfmaschine – *irgendwie*. Nur gut, dass die beiden Laserkanonen jede Bewegung des Aliens verfolgen, zumindest bis der es irgendwie schafft, diese zu deaktivieren. Zu allem Überfluss fällt auch noch das Licht aus und von nun an hören Sie nur noch, wie Stitch durch die Sitzreihen läuft. Sie spüren die Erschütterungen seiner Schritte, Sie spüren seinen Atem... und Sie riechen, was Stitch gerade verputzt hat... bäh!

Am Ende gelingt Stitch die Flucht aus dem Gefängnistrakt und er läuft frei durchs Magic Kingdom.

Attraktionstyp: Show
Dauer der Attraktion: 8 Minuten
Für Kids ist diese Attraktion zwar ziemlich unheimlich, aber für größere geeignet.

Minis	0	Genießer	4			Park-Planer
Kids	2	Abenteurer	5			
Teens	5	Thrill-Rider	0	Sitzen	1 von 5	5 von 5

Insider INFOS Im Dezember 1971 eröffnete an dieser Stelle "Flight To The Moon", doch war diese Vision des Mondfluges schon vor der Eröffnung veraltet. Also wurde die Show 1975 durch "Mission To Mars" ersetzt. Genau 20 Jahre später begrüßte hier "X-S Tech" im ExtraTERRORestrial Alien Encounter die Besucher. Der Grundaufbau der Attraktion war gleich, doch wurde anstelle von Stitch ein schreckliches Monster herbei teleportiert und terrorisierte die Besucher. Dies war wohl die unheimlichste Attraktion im gesamten Magic Kingdom - und alles andere als "Spaß für die ganze Familie". Dies hat sich geändert, als im Herbst 2004 Stitch hier einzog.

Die Filme "Lilo & Stitch" (2002), "Stitch & Co." (2003), "Lilo & Stitch 2" (2005) und "Leroy & Stitch" (2006) spielen zeitlich nach den Ereignissen, die Sie hier in der Attraktion miterleben können.

Buzz Lightyear's Space Ranger Spin

"Bis zur Unendlichkeit und noch viel weiter…!"

Der Star aus den Toy Story Filmen ist zurück und Sie müssen ihm helfen, denn der böse Herrscher Zurg braucht nur noch einige Batterien, dann hat er die nötige Energie, um die ultimative Waffe einzusetzen. Da muss Buzz Lightyear einspringen und die Welt retten! Sie betreten zunächst das Star Command Action Center, in dem Ihnen Buzz Lightyear letzte Instruktionen gibt. Dann besteigen Sie Ihren XP-38 Star Cruiser, der mit zwei Laserkanonen und einem Steuerknüppel ausgestattet ist. Sie fühlen sich ein wenig wie in einem Videospiel, denn mit Ihrer Laserkanone müssen verschiedene Ziele (immer auf das "Z" schießen) getroffen werden, um Zurgs böse Roboter von dem Batteriediebstahl abzuhalten. Der Steuerknüppel dient dazu, Ihr Raumschiff im Kreis zu drehen. Für jeden Treffer gibt es Punkte und am Ende der Fahrt sehen Sie die Auswertung Ihrer Leistung.

Attraktionstyp: interaktive Fahrt
Dauer der Attraktion: 5:30 Minuten
Plätze: Star Cruiser mit 2 Laserkanonen für 2 (zur Not 3) Space Ranger
Für Kids ist dies ein Riesenspaß und die beste Attraktion im Tomorrowland!
Wenn Ihnen leicht schwindelig wird, dann lassen Sie die Finger vom Steuerknüppel und schießen Sie einfach nur so auf die Ziele, es kommen genug in Ihr Blickfeld, auch ohne viel Herumwirbelei.

Minis	4	Genießer	3			Park-Planer
Kids	5	Abenteurer	3			
Teens	5	Thrill-Rider	2	2-3 v. 5	0 von 5	3 von 5

Monsters, Inc. Laugh Floor

Menschliche Schreie waren immer schon die Energiequelle der Stadt Monstroplis und so schwärmten erschreckende Monster jede Nacht in die Kinderzimmer der Welt aus, um Schreie einzusammeln. Wie wir am Ende des Filmes "Monster AG" lernen, steckt im Lachen aber viel mehr Energie!

Und so ist es bei den Darbietungen der hier in diesem Comedy Club auftretenden Monster höchstes Ziel, Sie zum Lachen zu bringen. Mike Glotzkowski moderiert die Show, in der mehrere Monster auftreten, Witze erzählen und mit dem Publikum interagieren. Dies alles sieht so echt aus, dass man schnell vergisst, dass man nur vor einer großen Leinwand sitzt!

Attraktionstyp: interaktive Show
Dauer der Attraktion: 12 Minuten
Für Kids: Kinder sind hier sicher die Zielgruppe, allerdings sollte man schon eine gute Portion Englisch mitbringen, um so richtig mitlachen zu können.

Minis	0	Genießer	3			Park-Planer
Kids	0	Abenteurer	0			
Teens	3	Thrill-Rider	0	0 von 5	0 von 5	2 von 5

Insider INFOS

An dieser Stelle eröffnete im November 1971 das Circle Vision Theater mit dem 1967 für Disneyland produzierten Film "America The Beautiful". 1974 lief "Magic Carpet `Round The World", ab 1975 eine andere Version des ersten Filmes und von 1979 an wieder der zweite Film. 1984 wurde zum ersten Mal "American Journeys" gezeigt und lief hier bis 1994. Es folgte "The Timekeeper", eine Show, die ursprünglich für Disneyland Paris konzipiert wurde. Dort lief seit der Parkeröffnung eine um einige Szenen längere (mehr an Frankreich orientierte) Fassung. Mit den lustigen Monstern aus Montropolis verschwanden die neun Leinwände des Rundumkinos und es gab erstmals Sitzplätze in dem Theater. Die Technik der live-agierenden computergenerierten Figuren wurde erstmals in Epcots "Turtle Talk" benutzt. Durch die vielfältigen Charaktere ist der Laugh Floor allerdings noch beeindruckender.

Astro Orbiter

Mit den Raketen in der Mitte der Plaza können Sie sich einen rasanten Überblick über das Tomorrowland verschaffen. Die Warteschlange bewegt sich leider nur sehr langsam, aber wenn Sie erst einmal mit einer kleinen Gruppe mutiger Piloten im Fahrstuhl stehen, dann dauert es nicht mehr lange bis zu Ihrem Abflug. Im obersten Stockwerk angekommen, besteigen Sie alleine oder zu zweit Ihre Rakete (diese sind sehr eng!) und der Flug geht los. Während Sie im Kreis herum fliegen, können Sie mit einem Steuerknüppel die Flughöhe variieren. Der Flug lohnt sich, er ist zwar sehr kurz, aber der Ausblick ist sehenswert.

Attraktionstyp: Karussell
Dauer der Attraktion: 1:30 Minuten
Plätze: Raketen für maximal (!) 2 Astronauten, es gibt sehr wenig Platz!
Für Kids ohne Höhenangst ist dies eine der besten "Dumbo"-Attraktionen.

						Park-Planer
Minis	3	Genießer	1			
Kids	5	Abenteurer	2			
Teens	2	Thrill-Rider	2	2 von 5	0 von 5	2 von 5

Insider INFOS: Am 28. November 1974 eröffneten hier oben die StarJets und wurden dann 1994 durch den Astro Orbiter ersetzt.
Die Fahrt erinnert ein wenig an Dumbo im Fantasyland, allerdings kommen Sie im Tomorrowland höher hinaus. Bis zu 27 Meter hoch können Sie Ihre Rakete steuern.

Tomorrowland Transit Authority

Der Eingang zu diesem futuristischen Transportmittel befindet sich unter dem Astro Orbiter in der Mitte der Plaza. Sie fahren in gemächlichem Tempo an allen Attraktionen des Tomorrowlands vorbei und durch einige sogar hindurch. Dabei erfahren Sie so einiges zu den einzelnen Attraktionen. Sie sehen kurz in Buzz Lightyear's Space Ranger Spin hinein, können die Leute in Mickey's Star Trader von oben beim Einkaufen beobachten, Sie sehen den Einstiegsbereich im Space Mountain und können hier auch die Raketen durch die Dunkelheit sausen sehen. An einem Punkt der Fahrt kommt auf der linken Seite ein Modell von Walt Disneys ursprünglichem EPCOT Traum, nämlich einer Stadt der Zukunft, vorbei.

Attraktionstyp: Fahrt
Dauer der Attraktion: 10 Minuten
Plätze: 5 Abteile für jeweils 4 (maximal 6) Zukunftsreisende pro Zug
Für Kids: Die Fahrt ist stellenweise dunkel.

						Park-Planer
Minis	3	Genießer	4			
Kids	4	Abenteurer	1			
Teens	2	Thrill-Rider	1	2 von 5	0 von 5	3 von 5

Ihr blaues Gefährt wird durch einen Induktionsantrieb fortbewegt, der keinerlei bewegliche Teile aufweist und nur wenig Strom verbraucht. Er sorgt dafür, dass Sie mit etwa 11 Stundenkilometern die Schiene entlang gleiten. Die Fahrt hieß früher WEDWay PeopleMover und wurde am 1. Juli 1975 in Betrieb genommen.

TIMING TIP: Sie suchen eine Attraktion mit minimaler Wartezeit? Dann kommen Sie hierher und genießen Sie die sehr erholsame Fahrt. Dies ist wahrscheinlich eine der am meisten unterschätzten Attraktionen, aber die kurze Wartezeit zusammen mit dem tollen Ausblick machen sie zu einem heimlichen Favoriten.

Walt Disney's Carousel Of Progress

In einem runden Theater wird Ihnen die Geschichte einer (audio-animatronischen) amerikanischen Familie im Laufe der Jahrzehnte gezeigt. Dabei wird das Augenmerk vor allem auf den Einzug der Elektrizität in die Haushalte und die damit verbundene Verbesserung der Lebensqualität gelegt. Das Besondere bei diesem Theater ist die Tatsache, dass sich der Zuschauerraum um die einzelnen Bühnensegmente dreht. Sie starten kurz nach 1900, es ist gerade Valentinstag und man ist stolz auf die Wasserpumpe in der Küche und den Kühlschrank mit einem großen Eisblock darin. Die Mutter der Familie schafft es nun, die Wäsche mit der handbetriebenen Waschmaschine in nur fünf Stunden zu waschen.

Zum Nationalfeiertag am 4. Juli sind wir im Jahr 1920. Elektrizität hat Einzug in den Haushalt gefunden und der Vater John zeigt stolz seine neuen Errungenschaften.

Der Zuschauerraum dreht sich weiter, es ist Halloween, 1940. Endlich: Fernsehen. John fährt nun jeden Morgen mit dem Auto zur Arbeit, genauso, wie tausende andere mit ihm.

Eine letzte Drehung und es ist Weihnachten, irgendwann in der nahen Zukunft. Papa versucht sich am Festbraten, Oma spielt mit ihrem Enkel Videospiele und am Ende… nun ja, wird Pizza bestellt. Und wir lernen, dass Technik doch immer nur so schlau ist, wie die Person, die versucht sie zu bedienen.

Attraktionstyp: audio-animatron. Show
Dauer der Attraktion: 20 Minuten
Für Kids geeignet, aber Englischkenntnisse sind hilfreich.

Minis	1	Genießer	5			
Kids	1	Abenteurer	1			
Teens	2	Thrill-Rider	0	1 von 5	0 von 5	3 von 5

Walt Disney selbst entwarf die Attraktion für das General Electric Progressland auf der Weltausstellung 1964 bis 1965 in New York. Ab 1967 lief die Show in Disneyland, 1975 ist das Theater dann ins Magic Kingdom umgezogen. Es lief zunächst in einer neuen Version mit dem neuen Titelsong "Now Is The Best Time Of Your Life". Doch 1994 besann man sich darauf, dass das Alte manchmal auch das Bessere ist und stellte die ursprüngliche Version wieder her. Seitdem summt das Publikum wieder den alten Song "There's A Great Big Beautiful Tomorrow" auf dem Weg aus dem Theater hinaus. Außerdem wurde zu Ehren Walt Disneys das Theater mit seinem Namen versehen.

Die Attraktion ist nicht immer geöffnet und dann meistens auch nicht den ganzen Tag. Die genauen Zeiten stehen im Parkplan. Lange Wartezeiten sind hier selten, daher lohnt der Besuch.

Park-Planer Highlight

Space Mountain

Der dritte der "Berge" sieht unwirklicher aus als seine beiden Kollegen im Frontierland (Big Thunder Mountain und Splash Mountain), doch die Fahrt ist auch hier ein absoluter Renner. Ihr Weg führt Sie zunächst einen langen dunklen Gang entlang. Durch Fenster um Sie herum können Sie in die Tiefen des Weltraums blicken. Am Ende des Gangs angekommen, wartet noch einmal ein Warteschlangenabschnitt, der Sie immer näher an den Einstieg führt. Sie besteigen dort einen sechssitzigen Raketenzug und werden nach einem Countdown ins Weltall geschossen. Da es dort nun einmal recht dunkel ist, findet auch diese Fahrt in absoluter Dunkelheit statt. Nur ab und zu zieht ein Meteor vorbei oder Sie entdecken einige Sterne und Planeten. Die Fahrt hat einige plötzliche Bergabfahrten und schnelle Kurven und macht viel Spaß. Man weiß nie, in welche Richtung die Fahrt als nächstes geht.

Attraktionstyp: Indoor-Achterbahn
Dauer der Attraktion: 3 Minuten
Plätze: Rakete mit 6 Sitzen hintereinander
Für Kids: Die Fahrt ist sehr dunkel, recht turbulent und erst für Kinder ab 112cm erlaubt.

Minis	0	Genießer	1			
Kids	3	Abenteurer	3			
Teens	5	Thrill-Rider	5	4 von 5	0 von 5	5 von 5

Man merkt beim Fahren schon ein bisschen, dass Space Mountain mehr als 30 Jahre alt ist, aber genau dies macht den Charme dieser Attraktion aus. Es ruckelt und klappert überall und nach der Fahrt möchte man eigentlich nur eines: gleich noch einmal fahren!!

Die Idee zu Space Mountain stammte von Walt Disney selbst, doch war das Projekt alles andere als einfach. Nach 10-jähriger Entwicklungszeit rasten die Raketen am 15. Januar 1975 erstmals durch den Berg. 1977 bekam auch Disneyland seinen Space Mountain und auch in allen anderen Disneyland-Parks weltweit können Sie durch das Weltall düsen.

Der Berg ist etwa 60 Meter hoch, die Fahrt dauert knapp 3 Minuten und erreicht Geschwindigkeiten von (nur) 45 Stundenkilometern - die gefühlte Geschwindigkeit ist jedoch wesentlich höher. Verstauen Sie Ihre Habseligkeiten gut im Netz vor dem Sitz.

Tomorrowland Indy Speedway

Vor allem die Kleinen können in kleinen Rennwagen eine Rennstrecke entlang sausen, aber auch Erwachsene sind in den Zweisitzern willkommen. Die Autos werden dabei auf Schienen geführt und es gibt nur ein Gaspedal, doch selbst wenn der Rennfahrer dieses voll durchdrückt, "rasen" die Autos in sehr gemächlichem Tempo über die Rennstrecke. Daher ist diese Fahrt wirklich für jeden geeignet, aber nicht für jeden spannend. Die Warteschlange wird sehr früh am Tag schon sehr lang!

Attraktionstyp: Autorennbahn
Dauer der Attraktion: Eine Runde dauert ungefähr 4 Minuten.
Plätze: Rennwagen für 2 Rennfahrer
Für Kids ist es ein tolles Vergnügen, mit den lauten Rennwagen über die Piste zu knattern.

Minis	5	Genießer	3		
Kids	5	Abenteurer	2		Park-Planer
Teens	3	Thrill-Rider	2	2 von 5	0 von 5	3 von 5

4 Wagen fahren nebeneinander die etwa 760 Meter lange Strecke entlang. Diese musste 1988 etwas verlegt und gekürzt werden, um Platz für Mickey's Birthdayland (nun "Toontown Fair") zu schaffen.

Shopping

Bei **Geiger's Counter** in der Nähe des Speedways gibt es Hüte, Pins und mehr. Science Fiction Liebhaber finden Fan-Artikel, Spielzeuge, Spiele und Kleidung bei **Merchant of Venus**. Viele Artikel mit Disney-Logo und Characters darauf hat **Mickey's Star Traders**. Und bei einem kurzen Stopp beim **Buzz Lightyear Shop** können Space Ranger ihr Foto von der gerade erlebten Fahrt kaufen.

Restaurants

Im Tomorrowland einen schnellen Happen (sprich: Fast Food) essen ist ein außerirdisches Vergnügen. Neben vielen kleinen Ständen für einen Snack "to go" werden Sie hier im Starlight Café mit einer großen Auswahl leckerer Speisen und einem Alien als Alleinunterhalter überrascht! Ein kulinarischer Blick in die Zukunft lohnt also:

bis ca. 10 $

Selbstbedienung: **Auntie Gravity's Galactic Goodies** verkauft Eis und Softdrinks. Die merkwürdige Kombination von Truthahnschenkeln, Keksen, Softdrinks und Eis hat das **Lunching Pad at Rockettower Plaza**, das genau unter dem Astro-Orbiter und dem Einstieg der TTA liegt.

Fast Food Favorit

Wenn Sie GROSS essen gehen möchten, so bietet sich doch der größte Fast Food Laden im Magic Kingdom, **Cosmic Ray's Starlight Café** an. An drei getrennten Tresen (Bay 1 bis Bay 3) können Sie sich Ihr Menü holen: Es gibt Hühnchen, Chicken Nuggets, Spare Ribs, Salate (Bay 1), Burger und Hot Dogs (Bay 2), Suppen, Salate, Wraps und Steak Sandwiches (Bay 3). Im Hauptspeiseraum werden die Gäste von einem audio-animatronischen Außerirdischen namens Sunny Eclipse an einem Keyboard unterhalten. Nebenbei erzählt er seinem Publikum auch einige außerirdische Witze.

über 15 $

Tischbedienung: Das **Tomorrowland Terrace Café** können Sie gar nicht verfehlen. Wenn Sie von der Central Plaza die Avenue Of The Planets zum Tomorrowland hinunter gehen, ist es gleich rechts. In den letzten Jahren wurde aus dem typischen Fast-Food-Restaurant "Plaza Pavilion" zunächst die "Noodle Station" mit asiatischen Gerichten und nun ist es das "Café" mit Fleisch- und Pasta-Gerichten sowie Salaten. Sie können hier auf der großen überdachten Terrasse mit Blick auf das Schloss speisen. Und falls Sie noch sehr spät Hunger haben, dann gibt es hier auch tolle Plätze mit Blick auf das Feuerwerk. Das Tomorrowland Terrace Café ist aber nicht immer geöffnet!

TIMING TIP

Paraden

Die drei Uhr Parade

Der Klassiker unter den Disney-Witzen lautet schlicht: "Um wie viel Uhr ist die 3-Uhr-Parade?" Die "3 O'Clock Parade" ist ein fester Bestandteil eines jeden Magic Kingdom Tages und so zieht täglich um 15 Uhr der Zug mit mehreren Wagen vom Frontierland kommend die Main Street hinunter, um bei der Main Street Station wieder zu verschwinden. Die Paraden sind immer aufwändig gestaltet, mit etwa zehn Wagen, vielen Characters und einer Menge Tänzern. Das Thema der Parade ändert sich immer mal wieder über die Jahre. So gab es eine spezielle Parade zum 25. Geburtstag des Parks, eine "Lion King Parade" und anlässlich der "100 Years Of Magic" Feier startete die "Share A Dream Come True Parade" ihren Zug durch die

Länder des Magic Kingdoms. Die etwas veränderte "Celebrate A Dream Come True Parade" wird von über 100 Cast Members und Characters begleitet. Der erste Wagen trägt Mickey, es folgen weitere mit Pinocchio, Aladdin, den Disney-Bösewichten, den Disney-Prinzessinnen und dem König der Löwen.

Das Thema der aktuellen Parade spielt aber eigentlich keine Rolle, die Parade ist immer ein Ereignis, das Sie nicht verpassen sollten.

Einer der schönsten Plätze um die Parade zu sehen (und zu fotografieren) ist an der Main Street, in der Mitte zwischen dem letzten Haus und dem Schlossplatz. So sehen Sie die Wagen den Bogen vor dem Schloss entlang fahren, bevor sie zunächst auf Sie zu und dann an Ihnen vorbei kommen. Außerdem hat man auf Fotos das Schloss im Hintergrund. Aber auch alle anderen Plätze an der Main Street sind sehr beliebt, Sie sollten nur darauf achten, nicht auf einem "Parade Crosswalk" zu stehen, denn hier werden Sie rigoros vom Parkpersonal vertrieben. Auch sollten Sie die Plätze auf den Rasenflächen oder auf der Straße der Main Street (unterhalb des Bürgersteigs) schnell vergessen.

Falls Sie etwas später dran sind oder nicht unbedingt auf der Main Street stehen möchten, dann gibt es auch viele gute Plätze auf dem Liberty Square und im Frontierland entlang des Flusses.

Bei starkem Regen fällt die normale Parade aus. Für diesen Fall gibt es aber die wesentlich kleinere Regenparade, bei der Cast Members mit Gummistiefeln, Regenjacken und -schirmen den Wartenden zumindest ein bisschen Disney-Parade bieten.

Da auch viele andere Besucher die Parade nicht verpassen möchten, müssen Sie für einen guten Platz in der ersten Reihe der Main Street eine gute (!) halbe Stunde vorher bereit stehen.

Andererseits: Wenn Sie absolut kein Interesse an der Parade haben oder die Parade bereits gesehen haben, so ist dies eine gute Zeit für die Top-Attraktionen, denn die Parade ist ein Publikumsmagnet.

Lichterparade

Die abendliche SpectroMagic Parade ist ein ganz besonderes Erlebnis

Die Lichterparade gibt es in zwei Versionen: Zum einen als Klassiker "Main Street Electrical Parade" und zum anderen als modernere Version mit dem Namen "SpectroMagic Parade". Wenn Sie das Glück haben, an einem Tag im Park zu sein, an dem die abendliche Parade läuft, dann halten Sie es solange im Park aus! Sie werden ein Spektakel erleben, das Sie nicht so schnell vergessen werden! Sie stehen am besten wieder an der Main Street, die von vielen Lämpchen beleuchtet ist. Um Sie herum eine Masse Menschen. Auf einmal gehen die Lichter aus und die Main Street liegt in absoluter Dunkelheit. Doch schon taucht am Bahnhof der erste Wagen auf und fährt die Main Street herunter. Jeder Wagen ist mit unzähligen Lichtern geschmückt, darauf sitzen fröhlich winkende Characters und das Ganze wird mit passender Musik untermalt.

Gleich der erste Wagen trägt Mickey Maus mit einem leuchtenden Zauberumhang, der in verschiedenen Farben erstrahlt.

Die Main Street Electrical Parade wurde im März 2001 gut verpackt nach Kalifornien geschickt und fährt dort durch Disney's California Adventure. Im Magic Kingdom läuft seitdem SpectroMagic.

In der Hochsaison läuft die Parade sogar zweimal am Abend. In diesem Fall ist es bei der zweiten Parade entsprechend leerer, so dass es sich lohnt, auf die zweite Show zu warten und während der ersten Parade noch einmal die kurzen Schlangen an den Top-Attraktionen zu genießen.

Die Abend-Parade wird bei schlechtem Wetter abgesagt, aber das Feuerwerk findet statt.

Das Feuerwerk

Der zauberhafte Abschluss eines Magic Kingdom Tages

In der Saison schließt sich an die abendliche Parade noch das Feuerwerk "Wishes Nighttime Spectacular" über Cinderella Castle an. Meistens startet das Feuerwerk um 22 Uhr. Nach einer "Sternschnuppe" über dem Schloss folgen weitere beeindruckende Feuerwerkseffekte zu klassischer Disney-Musik und akustischen Ausschnitten aus den Filmen. Einmal fliegt sogar Tinker Bell von der Spitze des Schlosses in Richtung Tomorrowland davon.

"Wishes" löste das alte "Fantasy In The Sky" Feuerwerk ab und ist größer, spektakulärer und mit 12 Minuten auch länger. Erzählt wird die Geschichte von "Wishes" von Jiminy Cricket, der Grille aus Pinocchio. Während des Lichterschauspiels hört man Stimmen und Musik aus verschiedenen Disney-Filmen, darunter Schneewittchen, Aschenputtel, Dornröschen, Peter Pan, Arielle, Aladdin und Hercules.

Hier ist der Standort nicht so von Bedeutung, wie bei den beiden Paraden. Die gesamte Main Street ist ideal, am besten, Sie stellen sich mitten auf die Straße und genießen die Show über dem Schloss. Sie können sich auch ins Fantasyland oder in eines der anderen Themenländer stellen, aber dann sehen Sie einfach nur das Feuerwerk am Himmel. Nur von der Main Street aus haben Sie das perfekte Bild: Ein grandioses Feuerwerk genau über dem wunderschönen Schloss.

Natürlich wird das Feuerwerk mit passender Musik unterlegt und wenn Sie ganz genau hinsehen, können Sie vielleicht sogar einen "Hidden Mickey" über dem Schloss am Himmel sehen.

TIMING TIP: Das Feuerwerk wird auch bei strömendem Regen veranstaltet.

Während der zwölfminütigen Show (fünf Minuten länger als der Vorgänger!) sorgen 557 aufeinander folgende Auslöse-Impulse dafür, dass insgesamt 683 pyrotechnische Effekte in den nächtlichen Himmel des magischen Königreichs geschossen werden.

Insider Infos: Utilidors

Haben Sie schon einmal einen Cowboy durchs Tomorrowland zur Arbeit gehen sehen? "Nein, natürlich nicht!" werden Sie nun sagen. Nun, so natürlich ist dies nicht, denn in Disneyland gehört(e) dies zum Alltag. Es ist keine Frage, dass sich der Perfektionist Walt Disney daran massiv störte und auch dies wollte er in seinem "Ostküsten Disneyland" besser machen. Das Geheimnis nennt sich "Utilidors" und ist ein Fantasiewort zusammengesetzt aus "Utility" [sinngemäß: Versorgung] und "Corridors" [Korridore].

Diese Versorgungsgänge befinden sich unter großen Teilen des Magic Kingdoms und sind bis zu 5 Meter hoch. In den Utilidors befinden sich Garderoben, Cafeterias, Friseure, Kostümschneidereien und vieles mehr für die Cast Members. Außerdem verlaufen hier sämtliche Ver- und Entsorgungsleitungen für Strom, Wasser und Gas, sowie die Leitungen und die Steuereinheiten für DACS. Das **D**igital **A**nimation **C**ontrol **S**ystem kontrolliert nicht nur hunderte von Audio-Animatronics, sondern auch sämtliche automatische Theatertüren, Lichter und Effekte.

Die Utilidors wurden ebenerdig gebaut und dann mit Sand und Erde aus der Seven Seas Lagoon und dem Bay Lake überdeckt. Obendrauf wurden dann die Gebäude des Magic Kingdoms errichtet. Das heißt, dass das komplette Magic Kingdom eigentlich schon im "ersten Stock" liegt. Treppen und Aufzüge führen aus den Tunneln hinauf zu Restaurants, Läden, Attraktionen und "geheimen" Zugängen zum Onstage-Bereich des Parks.

Ein Tag im Magic Kingdom

Zwei Vorschläge für einen Tag im magischen Königreich

Action und Thrillrides pur

Sie starten morgens, circa 30 Minuten vor der offiziellen Öffnungszeit, vom Parkplatz aus in Richtung Magic Kingdom.

Nach Öffnung der Tore gehen Sie zügig die Main Street herunter und biegen dann rechts zum Tomorrowland ab. Bei **Buzz Lightyear** holen Sie sich jeder einen Fastpass und stellen sich dann bei **Space Mountain** an. Danach folgt **Stitch** und anschließend sollte die Zeit für Ihren Fastpass gekommen sein. Nun verlassen Sie das Tomorrowland und gehen am Schloss vorbei zum Frontierland. Hier holen Sie sich einen Fastpass bei Splash Mountain und stellen sich dann bei der **Big Thunder Mountain Railroad** an.

Je nach Fastpass-Zeit geht es nun zu **Splash Mountain** oder zum Mittagessen. **Pecos Bill Cafe** hat eine gute Auswahl an Fast Food und viele Sitzplätze. Fahren Sie nun mit Splash Mountain, falls Sie den Fastpass noch haben. Dann geht es weiter zum **Haunted Mansion** und danach ins Adventureland zu den **Pirates Of The Caribbean** (wenn Sie mögen, dann holen Sie sich vorher **Jungle Cruise** Fastpässe).

Den Rest des Nachmittags und des Abends haben Sie Zeit, um die besten Attraktionen noch einmal zu genießen (bei langen Schlangen die Fastpass-Benutzung nicht vergessen).

Ansonsten fehlt noch die recht harmlose Achterbahn **The Barnstormer** in Mickey's Toontown Fair (die Sie ruhigen Gewissens auslassen können) und die drei recht ähnlichen Attraktionen **Astro Orbiter**, **Dumbo** und **The Magic Carpets Of Aladdin**, wobei hier am ehesten der Teppichflug zu empfehlen ist, denn hier können Sie wenigstens ein bisschen nass werden.

Ein Erlebnis für jeden ist **Mickey's PhilharMagic** im Fantasyland, für das es auch einen Fastpass gibt. Den Ausklang des Tages bilden dann die **Lichterparade** und das **Feuerwerk**.

Mit Kindern unterwegs

Sie starten natürlich auch mindestens 30 Minuten vor der offiziellen Öffnungszeit und fahren dann mit der Monorail oder der Fähre zum Parkeingang. Die Main Street sollte nicht zuviel Zeit in Anspruch nehmen. Steuern Sie direkt auf das Schloss zu, dahinter versteckt sich das Fantasyland.

Nutzen Sie die Fastpass-Möglichkeit und holen Sie sich Ihr Ticket bei **Winnie The Pooh**. Danach erkunden Sie gründlich das **Fantasyland**, folgen Sie einfach den Wünschen Ihres Nachwuchses. Wenn die Zeit für den Fastpass gekommen ist, holen Sie sich schnell einen neuen bei **Peter Pan** und fahren Sie dann mit Winnie Pooh.

Die dritte Fantasyland-Attraktion mit Fastpass ist **Mickey's PhilharMagic**. Sie können sich dieses Highlight auch für später aufsparen.

Da Sie sowieso im Fantasyland sind, können Sie hier auch am Mittag essen. Das **Pinocchio Village Haus** ist ein guter Tipp.

Anschließend können Sie **Mickey's Toontown Fair** erkunden. Verpassen Sie keinesfalls **Mickey's Country House** und gehen Sie anschließend bei **Judge's Tent** vorbei, um einmal Mickey Maus persönlich zu treffen.

Wenn Sie genug von Mäusen und fliegenden Elefanten haben, dann starten Sie Ihren Rundgang durch den Rest des Parks (falls Sie das Gefühl haben, dass das Fantasyland oder der Toontown Fair unerträglich voll werden, dann gehen Sie schon früher in ein anderes Themenland und kehren später wieder zurück).

Für Kinder geeignet ist die **Jungle Cruise**, der **Tiki Room**, ein Trip zu **Tom Sawyers Insel**, die Fahrt mit den kleinen **Rennwagen** im Tomorrowland, sowie die Rundfahrt mit der **Eisenbahn** und der **Tomorrowland Transit Authority**.

Den Abschluss bildet dann die **Lichterparade** auf der Main Street mit anschließendem **Feuerwerk**.

Park-Planer Highlights

Magic Kingdom - magisch!

Shows & Filme

Carousel Of Progress (68)
Enchanted Tiki Room (50)
Hall Of Presidents (57)
Mickey's PhilharMagic (61)
Monsters, Inc. Laugh Floor (67)

Thrillrides

Space Mountain (69)

Tolle Fahrten

Haunted Mansion (58)
It's A Small World (63)
Jungle Cruise (51)
Pirates Of The Caribbean (51)
Winnie The Pooh (63)

Aufregende Attraktionen

Astro Orbiter (67)
Big Thunder Mountain (55)
Splash Mountain (54)
Stitch's Great Escape (66)

Kinder mögen

Das Fantasyland von A bis Z (59)
Buzz Lightyear's Space Ranger Spin (67)
Jungle Cruise (51)
Magic Carpets Of Aladdin (49)
Mickey's Toontown Fair komplett (64)
Tomorrowland Indy Speedway (69)
Tom Sawyer Island (53)

Fastpass

Big Thunder Mountain (55)
Buzz Lightyear (67)
Jungle Cruise (51)
Mickey's PhilharMagic (61)
Peter Pan's Flight (60)
Space Mountain (69)
Splash Mountain (54)
Stitch's Great Escape (66)
Winnie The Pooh (63)

Fast Food Favoriten

Cosmic Ray's Starlight Cafe (70)
El Pirata Y El Perico (53)
Pecos Bill Tall Tale Inn (56)
Pinocchio Village Haus (64)

Die schnellste Attraktion: Space Mountain, mit 45 km/h durch die Dunkelheit fliegen.

Die wildeste Attraktion: Space Mountain gehört auch hier auf Platz eins, dicht gefolgt von der Big Thunder Mountain Railroad.

Die längste Attraktion: Bei Walt Disney's Carousel Of Progress können Sie 20 Minuten lang eine typisch amerikanische Familie beobachten.

Die nasseste Attraktion: Splash Mountain! Hier ist der Name wirklich Programm!

Epcot

Experimental Prototype Community Of Tomorrow

Was ist "Epcot"?

EPCOT – diese fünf Buchstaben stehen für den größten von Walt Disneys vielen Träumen. Es war der Traum von einer "**E**xperimental **P**rototype **C**ommunity **O**f **T**omorrow", also einer experimentellen Prototyp-Gemeinschaft der Zukunft. EPCOT sollte ursprünglich kein Themenpark, sondern eine richtige Stadt werden, in der Menschen zusammen leben, arbeiten, spielen und die neuesten Fortschritte der Technik testen sollten. Doch über Planungsskizzen kam dieses gewaltige Bauprojekt nie hinaus. Ein Modell der Stadt können Sie bei der Fahrt mit der TTA im Magic Kingdom sehen. Nach Walt Disneys Tod wurde die Vorstellung von EPCOT wieder aufgegriffen und die Idee entstand, EPCOT als zweiten Themenpark des Walt Disney World Resorts anzulegen.

Die ursprünglichen Pläne, die im Juli 1975 der Öffentlichkeit präsentiert wurden, sahen vor, dass zunächst der "Courtyard of Nations" gebaut werden sollte. Hier hätten die Nationen der Welt die Möglichkeit bekommen, ihr Land zu präsentieren. Die geplanten 30 Länderpavillons sollten innerhalb zweier großer, halbkreisförmiger Gebäudekomplexe angelegt werden, zwischen denen ein Aussichtsturm stehen sollte. Die Länder waren komplett mit allen Attraktionen, Geschäften und Restaurants im Inneren der beiden Hallen geplant. Dieser Parkteil sollte dann später durch eine futuristische Parkerweiterung ergänzt werden.

Es fanden sich jedoch nicht genügend internationale Sponsoren für diese Idee und daher beschloss man, Future World zusammen mit den Länderpavillons zu bauen, um mit den Sponsorengeldern von großen Firmen beide Parkteile zu finanzieren.

Der Bau begann im Oktober 1979 und sollte das bis dahin größte privat finanzierte Bauprojekt der Welt werden, an dem 10.000 Arbeiter mitarbeiteten. Das Budget war mit 600 Millionen US$ angesetzt, doch am Ende wurden die Ausgaben auf 800 Millionen bis 1,2 Milliarden US$ geschätzt.

Der zweite Disney-Themenpark, der am 1. Oktober öffnete und offiziell am 24. Oktober 1982 um 11 Uhr eingeweiht wurde, ist wie eine Sanduhr angelegt. Der nördliche Teil, Future World, ist der Kommunikation, der Energie, dem Menschen und dessen Gesundheit, dem Transport, der Vorstellungskraft, der technologischen Zukunft, der Raumfahrt, dem Land und dem Meer gewidmet. Alle Pavillons sind um das eindrucksvolle Spaceship Earth herum angeordnet, in dessen Inneren Sie bis zu den Wurzeln der Menschheit reisen können.

Im Süden sind die Pavillons des World Showcase um die World Showcase Lagoon angelegt. Um diesen gut 16 Hektar großen See sind an der etwa zwei Kilometer langen Promenade elf verschiedene Nationen mit Attraktionen, Filmen, Restaurants, Läden und Tourismusinformationen vertreten. Hier können Sie an einem halben Tag eine Reise um die Welt erleben.

Der ursprünglich von Walt Disney erdachte Name "EPCOT" wurde mit der Idee des Themenparks zu "EPCOT Center". Ab 1994 wurde der Name "Epcot" mit der jeweiligen Jahreszahl dahinter (Epcot 94) verwendet, wodurch die andauernden Veränderungen des Parks zur Geltung kommen sollten. Mittlerweile ist Disney aber wieder dazu übergegangen, den Park einfach nur noch "Epcot" zu nennen.

Die Veränderungen der letzten Jahre haben das eher nüchterne "Epcot Center" zu einem Park mit aufregenden Top-Attraktionen gemacht. Angefangen bei Test Track (1999), über Mission: Space (2003) bis hin zur neuesten Attraktion Soarin' (2005) sind mittlerweile in Future World mehr Neuheiten vertreten, als in den anderen drei Themenparks. Trotzdem bildet der Anteil von informativen Attraktionen (The Seas, Listen To The Land, Spaceship Earth) immer noch einen wichtigen Bestandteil von Epcot - man kann also immer noch etwas lernen (wenn man möchte). Nicht zuletzt bietet das World Showcase vielfältige Eindrücke und kleine Einblicke in fremde Länder - selbst wenn diese Einblicke vom Standpunkt eines amerikanischen Touristen aus geschehen.

Epcot

Spaceship Earth und Monorail

Mit über 100 km/h in die Kurve bei Test Track

Das International Space Training Center schickt Sie auf eine Reise von der Erde bis zum Mars bei Mission: Space

Mit einem solchen "Flugdrachen" fliegen Sie bei Soarin' im "The Land" Pavillon über Kalifornien

Der Blick auf die World Showcase Lagoon mit den USA, Japan, Marokko und Frankreich

Auch diese drei Länder besuchen Sie bei Ihrer "Weltreise": China, Italien und Kanada

Epcot Park-Plan

World Showcase

Abk.	Attraktion
Mx	Mexiko können Sie mit Donald Duck auf einer Bootsfahrt erkunden.
No	Norwegen aus Sicht der Wikinger bei der Bootsfahrt "Maelstrom".
Ch	China zeigt den 360°-Film "Reflections Of China".
De	Deutschland wäre ohne einen zünftigen Biergarten nicht komplett.
It	In Italien können Sie ein Stück durch Venedig bummeln.
US	Die USA präsentieren sich mit der American Adventure Show.
Jp	Japan lädt mit dem riesigen Laden "Mitsukoshi" zum Shoppen ein.
Ma	Marokkos Medina (Altstadt) hat einige verwinkelte Gassen.
Fr	Frankreich präsentiert den Film "Impressions De France".
Int	Der International Gateway ist Epcots Hintereingang für Hotelgäste.
GB	In Großbritannien finden sich typische Läden und Pubs.
Ka	Kanada erleben Sie während des 360°-Films "O Canada!".
WSL	Über der World Showcase Lagoon findet IllumiNations statt.

Future World

Nr.	Attraktion
1	Spaceship Earth: Eine Reise durch die Geschichte der Kommunikation.
2	Universe Of Energy: Mit der Spielshow "Jeopardy" zu den Dinosauriern.
3	Wonders Of Life: Falls der Pavillon offen ist, erleben Sie "Body Wars".
4	Mission: Space: Die perfekte Simulation eines Mars-Fluges.
5	Test Track: Mit Highspeed geht es eine Auto-Teststrecke entlang.
6	Imagination!: Eine Reise in die Welt der Vorstellungskraft.
7	The Land: Mit Soarin' erheben Sie sich in die Lüfte über Kalifornien.
8	The Seas: Hier geht es mit dem Clownfisch Nemo hinab ins Meer.
9	Innoventions West: Ein Blick auf die Technik von morgen und...
10	...der Club Cool mit der International Tasting Station.
11	Innoventions East: Die neuesten technischen Errungenschaften.

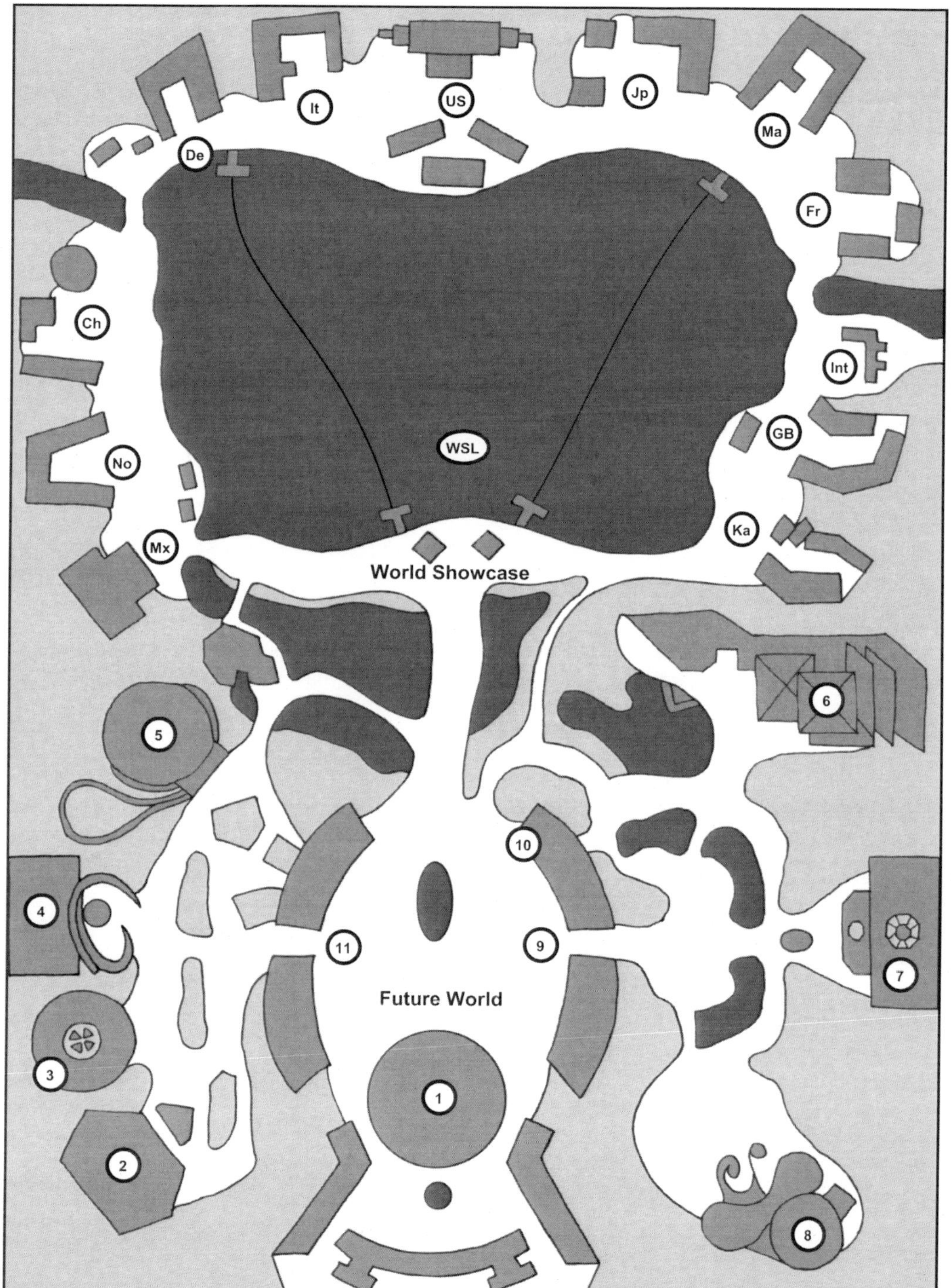
It
US
Jp
Ma
De
Fr
Ch
Int
GB
No
WSL
Ka
Mx
World Showcase
6
5
10
4
11
9
7
Future World
3
1
2
8

Epcot - das Wichtigste zuerst

Herzlich Willkommen bei einem Trip um die Erde, in die Zukunft und wieder zurück

Öffnungszeiten

Epcot hat von allen Parks die konstantesten Öffnungszeiten, der Park hat fast immer von 9 bis 21 Uhr geöffnet. Der zweite Teil des Parks, das World Showcase, öffnet normalerweise erst um 11 Uhr. Einige Attraktionen in Future World schließen schon vor 21 Uhr, aber nicht die Top-Attraktionen.

Timing Tips

Egal, ob Sie nun Frühaufsteher oder Langschläfer sind, seien Sie spätestens zur offiziellen Öffnungszeit da, am besten 20 Minuten früher. Früher konnte man dann häufig auch schon in die Attraktionen, doch zur Zeit sieht es so aus, dass Sie um circa 8:45 Uhr durch den Eingang gelassen werden und bis zur Innoventions-Plaza gelangen. Hier warten Sie dann bis exakt 9 Uhr, werden von Mickey und seinen Freunden begrüßt und gehen dann einigen Cast Members hinterher zu Ihrer erster Attraktion.

Auch wenn Sie die Sache generell langsam angehen möchten: Kommen Sie pünktlich um 9 Uhr und unternehmen Sie viel am Morgen! Sie können lieber gegen Mittag eine ausgedehnte Pause machen und sich gemütlich in eines der vielen guten Restaurants im World Showcase setzen. Der Morgen sollte auf jeden Fall den Attraktionen gehören, denn jetzt sind die Schlangen noch am kürzesten!

Außerdem können Sie überall mit kürzeren Schlangen rechnen, während die anderen Besucher an der World Showcase Lagoon die besten Plätze für das Feuerwerk besetzen (ab etwa 20 Uhr). Andererseits wollen Sie sich dies sicher auch nicht entgehen lassen und gute Sicht haben! Die Attraktionen schließen zu Beginn des Feuerwerks.

Vor einem ähnlichen Problem stehen Sie, wenn es um das Essen geht. Natürlich sind die Restaurants zwischen 12 und 14 Uhr und abends zwischen 18 und 20 Uhr am vollsten, aber wahrscheinlich werden auch Sie dann Hunger haben.

Die meisten Besucher sehen sich zuerst alle Attraktionen in Future World an, um dann am Nachmittag den Rundgang durch das World Showcase zu unternehmen. Überlegen Sie sich daher, ob Sie schon gleich nach Öffnung des World Showcase um 11 Uhr hierhin gehen, um dann am Nachmittag noch einmal nach Future World zurückzukehren. Dementsprechend sollten Sie auch mittags im World Showcase und abends in Future World essen (oder auch zweimal in den Länder-Pavillons).

Vom Parkplatz zum Park

Schon auf dem Parkplatz strahlt Ihnen am Morgen das Spaceship Earth entgegen. Lassen Sie sich nicht zu sehr ablenken, sondern folgen Sie einfach den Anweisungen der Einweiser zu Ihrem Parkplatz, nachdem Sie die 12$ Parkgebühr bezahlt haben. Sie parken hier in Parkabschnitten mit Namen wie "Discover", "Explore", "Amaze", "Journey" und "Imagine".

So, was jetzt kommt, das wissen Sie schon: Schreiben Sie sich Ihre Parkreihe auf! Sie können sie jedem Familienmitglied fünfmal gesagt haben, die Chance, dass nach 12 Stunden aufregendem Weltenbummeln keiner mehr die Reihe weiß, sind groß. Und Sie glauben gar nicht, wie viele Mietwagen genauso aussehen wie Ihrer.

Am Morgen haben Sie meist nur einen kurzen Spaziergang vom Auto zum Parkeingang. Ansonsten nehmen Sie auch hier die Tram, die Sie bis vor den Eingang bringt. Sie müssen hier nicht wie im Magic Kingdom mit anderen Transportmitteln, wie Monorail oder Fähre, anreisen.

Es folgt eine kurze Sicherheitskontrolle, bei der Disney-Mitarbeiter einen schnellen Blick in Ihre Tasche werfen möchten.

Falls Sie schon Karten haben, dann können Sie sich in eine der langen Schlangen vor dem Eingang einreihen. Sonst müssen Sie vorher noch vor einem der Kassenhäuschen in der Schlange stehen.

Hinter den Drehkreuzen stehen Sie auf einem großen Vorplatz vor Spaceship Earth. Hier befinden sich auch die großen Granitblöcke der "Leave A Legacy"-Aktion. Während der Millenniumsfeier konnten sich Besucher (gegen Gebühr) mit ihrem Porträt auf den großen Metallplatten verewigen lassen. Den Autor dieses Buches finden Sie hier übrigens auch. Die "Adresse" ist irgendwo im Buch versteckt.

Epcot ist wirklich großartig, aber vor allem wirklich groß!

Epcot hat die doppelte Größe des Magic Kingdoms, Sie werden also einige Kilometer an diesem Tag zurücklegen. Dies ist einer der Gründe, warum man die Abkürzung EPCOT auch mit "**e**very **p**erson **c**omes **o**ut **t**ired" [jeder kommt müde heraus] übersetzt.

Was brauche ich?

Ein nicht zu schwerer Rucksack stört in diesem Park nicht zu sehr, da Epcot keine wirklich wilden Fahrten bietet, in denen man Angst um das Gepäck haben müsste. Selbst in den recht intensiven Top-Attraktionen Test Track und Mission: Space besteht keine ernsthafte Gefahr. Bei Soarin' kann man notfalls etwas auf dem Fußboden stehen lassen oder die Netze unter den Sitzen benutzen.

Shopping Tips

Sie brausen gleich am Morgen mit 65 Meilen in der Stunde durch Test Track und finden bei Ihrem anschließenden Besuch im passenden Shop ein Disney-Straßenschild, das Sie unbedingt haben möchten? Denken Sie darüber nach, wie viele Stunden Sie Ihre Einkäufe durch den Park tragen müssen. Es hat sich bewährt, in jeden Laden, in den man hineinsehen möchte, auch gleich hineinzugehen. Denn nach allen Attraktionen noch einmal in alle Läden zu gehen, das ist nicht zu schaffen. Sehen Sie sich um, gucken Sie, was Sie gerne haben möchten und merken Sie sich gut, in welchem Laden Sie waren. Vielleicht malen Sie sich ja auch ein Zeichen auf den Parkplan, denn es gibt nicht überall alle Souvenirs zu kaufen (vor allem nicht die landestypischen Dinge). Preise vergleichen lohnt nicht, denn diese sind überall gleich. Wenn Sie dann am späten Nachmittag Ihre Attraktionen hinter sich haben, steuern Sie noch einmal gezielt die Läden an, in denen Ihnen etwas gefallen hat oder Sie lassen sich gleich Ihre Einkäufe zum Eingang oder in Ihr Disney-Hotel schicken.

Der beste Ort für einen kleineren oder größeren Einkauf in Epcot ist Mouse Gear, zu finden im linken Innoventions-Gebäude. Hier gibt es die meisten Epcot-Souvenirs.

Das ganze World Showcase ist ein Shopping-Paradies, denn jedes Land bietet auch landestypische Souvenirs. Wie wäre es also mit einem kleinen Eiffelturm aus Frankreich, einem Kimono aus Japan, einer Pinata aus Mexiko, Nudeln aus Italien, einem Holzfällerhemd aus Kanada oder soll es doch eine Kuckucksuhr aus Deutschland sein???

Schließfächer

Im Eingangsbereich finden Sie Schließfächer, die Sie gegen eine Gebühr den ganzen Tag lang nutzen können, um so vielleicht Ihre Regenponchos einzuschließen. Die Fächer kosten 5$ plus 2$ Pfand.

Durch den Eingang und los!

Wenn Sie auf der Entrance Plaza von Epcot angekommen sind, sollten Sie dank dieses Buches eigentlich schon längst wissen, wo es als erstes hingehen soll, denn wer sich jetzt zum ersten Mal Gedanken darüber macht, der hat etwas grundlegend falsch gemacht.

Gehen Sie also direkt zu der Attraktion, die Sie am meisten interessiert. Da Soarin' die neueste Attraktion ist, strömen hier die meisten Besucher hin - es lohnt sich auf jeden Fall, mit diesem ersten Schwung mitzugehen. Für diejenigen, die gegen ein wenig Action nichts einzuwenden haben, kann es auch morgens zu Test Track oder Mission: Space gehen. Alle drei Attraktionen sind normalerweise den ganzen Tag über gut gefüllt und der Fastpass lohnt sich!

Für diejenigen ohne Lust auf Geschwindigkeitsrausch sind die ruhigeren Attraktionen in The Land (wenn Sie möchten natürlich auch mit der nicht allzu turbulenten Drachenflugattraktion Soarin') und The Living Seas (am besten beide in dieser Reihenfolge) geeignet. Danach können Sie sich dann die beiden Attraktionen im Imagination-Pavillon ansehen.

Um 11 Uhr geht es dann in Richtung World Showcase, um eine Weltreise zu unternehmen. Ob Sie nun lieber links- oder rechtsherum den See umrunden möchten, das ist Geschmackssache. Hauptsache, Sie planen ausreichend Zeit ein.

Was erwartet mich in der Zukunft?

Die Antwort liegt in Future World

Das World Showcase öffnet normalerweise um 11 Uhr. Sie können also ohne Bedenken in Future World starten und den Vormittag hier verbringen. Die Pavillons bieten für jeden etwas! Es gibt hier Thrillrides, Filme, langsame Fahrten, aufregende Simulatoren, Fahrten für Kinder... Jeder Pavillon hat dabei ein eigenes Thema: Sie reisen durch die Geschichte der Kommunikation, erkunden den Ursprung unserer Energiequellen, fliegen von der Erde zum Mars, testen neue Auto-Prototypen, besuchen das Imagination Institute, gleiten in einem Drachenflieger über Kalifornien und tauchen mit Nemo ins Meer.

Park-Planer Highlight

SPACESHIP EARTH
Der weltgrößte "Golfball" ist das Raumschiff Erde

Schon bei der Ankunft sieht man vom Parkplatz aus "den Ball", das Wahrzeichen von Epcot am Eingang zu den Future World Pavillons. Im Inneren können Sie an einer gemächlichen Fahrt teilnehmen. Diese Reise führt Sie durch die Zeit und zeigt Ihnen so die Geschichte der menschlichen Kommunikation. Starten Sie bei den Cro-Magnon Menschen und werfen Sie am Ende einen Blick auf Ihr eigenes Leben in der Zukunft.

Die Warteschlange führt rechts und links unter der Kugel entlang, welche auf riesigen Pfeilern über Ihnen ruht. Der Eingang liegt genau unter der Mitte des "Balls". Wenn Sie erst einmal hier drin sind, können Sie auch schon einen der Wagen besteigen und fahren in die Dunkelheit. Vor Ihrem Sitz flackert ein Bildschirm auf und fragt Sie zunächst nach Ihrem Sprachwunsch. Seit dem großen Umbau 2007 können Sie tatsächlich die gesamte Attraktion auf deutsch erleben! Die Erzählung wurde toll synchronisiert und irgendwie ist es merkwürdig, eine Disney World Attraktion in der eigenen Sprache zu erleben - aber dies ist ein toller Service!

Klicken Sie noch schnell auf einer Landkarte an, wo Sie herkommen, dann wird ein kleiner Schnappschuss von Ihnen gemacht und schon starten Sie Ihre Zeitreise.

Sie fahren durch einen dunklen Tunnel, weit zurück durch die Zeit in die Vergangenheit der Menschheit.

Im schwachen Licht einer Feuerstelle sehen Sie die ersten Formen der Kommunikation: Hier sitzen Geschichten erzählende Steinzeitmenschen vor einigen Höhlenmalereien. Dann geht es weiter, vorbei an den Pharaonen Ägyptens mit den Hieroglyphen, den Phöniziern mit dem ersten Alphabet, den großen Mathematikern der Griechen bis zu den Boten des alten Roms, welches dann brennend untergeht (hier wird sogar Ihrer Nase ein Eindruck des Geschehens geboten).

Eben noch mussten Mönche im Skriptorium jedes Buch handschriftlich vervielfältigen und schon ein kleines Stückchen weiter auf Ihrer Zeitreise erfindet Gutenberg den Buchdruck.

Sie fahren unter Michelangelo in der Sixtinischen Kapelle hindurch und erreichen bald die Neuzeit mit den großen, industriellen Druckerpressen. Der Telegraph, das Radio, das Kino, das Telefon... diese Erfindungen geschehen geradezu in einem Augenblick, wenn man bedenkt, wie viele Jahrtausende Sie gerade hinter sich gelassen haben.

Ende der 1960er gucken Sie in ein typisches Wohnzimmer dieser Zeit, in dem eine Familie gerade die Mondlandung im Fernsehen sieht. Der nächste Meilenstein in der Geschichte der Kommunikation ist der Computer, der hier in der Anfangszeit noch einen ganzen Raum einnimmt. Sie fahren nun auf eine kleine Garage zu. Hier sitzt jemand vom Typ eines Steve Jobs (Apple-Gründer) gerade vor einem der ersten Personal Computer.

Nach 30.000 Jahren Geschichte heben Sie am Ende ab und haben einen gigantischen Blick auf unser eigenes

"Raumschiff Erde", den blauen Planeten, wie er vom Weltall aus zu sehen ist.

Ihr Gefährt dreht sich und Sie beginnen mit dem Rücken voran einen recht steilen Abstieg. Nun flackert der Monitor vor Ihnen wieder auf. Sie beantworten per Touchscreen einige Fragen zu Ihren Vorstellungen Ihrer Zukunft, zuallererst die Frage, welcher Aspekt Ihrer Zukunft Sie denn gerade besonders interessiert. Dies können Ihre Arbeit, Ihre Freizeit oder zum Beispiel auch die Fortschritte der Medizin sein.

Einen kurzen Moment später bekommen Sie nun einen Zeichentrickfilm Ihrer Zukunftsvision präsentiert - und nun raten Sie mal, wer hier wohl die Hauptrolle spielen könnte...?!

Nach der Fahrt landen Sie beim "Project Tomorrow" des Sponsors Siemens. Hier sehen Sie auf einer riesigen Weltkugel Ihr Foto an Ihren Heimatort fliegen und können danach an einigen futuristischen Spielstationen die neuesten Zukunftsideen hautnah erleben.

Attraktionstyp: interaktive Fahrt
Dauer: 16 Minuten
Plätze: Endlosbahn mit je 2 (3) Plätzen
Für Kids: Die Fahrt ist recht dunkel, aber sehr beeindruckend und nie unheimlich. Aufgrund der deutschen Sprachfassung ist dies unvergesslicher Geschichtsunterricht.

Minis	2	Genießer	5			Park-Planer
Kids	4	Abenteurer	2			
Teens	4	Thrill-Rider	0	1 von 5	0 von 5	5 von 5

Das Spaceship Earth gehört ins Pflichtprogramm eines jeden Epcot-Besuches. Sie wollen doch sicherlich auch wissen, wie es im Inneren eines Golfballes aussieht, oder?

Der zu diesem "Golfball" passende Golfschläger wäre übrigens über einen Kilometer lang!

Die Szenen sind so detailliert gestaltet, dass Sie auch bei einem wiederholten Besuch im Spaceship Earth immer wieder etwas Neues entdecken.

Viele Epcot Gäste werden gleich am frühen Morgen von der riesigen Kugel angezogen. Sie haben morgens eigentlich nur eine Chance auf eine kurze Wartezeit, wenn Sie gleich nach Einlass hierher kommen. Aber heben Sie sich den Besuch besser für später auf und besuchen Sie zunächst die Top-Attraktionen.

Im Inneren von Spaceship Earth gibt es keine Warteschlange mehr, Sie können daher bevor Sie sich anstellen schon einmal die gesamte Schlange überblicken. Wundern Sie sich nicht, häufig ist hier später am Tag gar keine Warteschlange!

Nach 26 Monaten Bauzeit stand die gigantische Geosphäre des Spaceship Earth. Die Kugel hat einen Durchmesser von mehr als 50 Metern und eine Gesamthöhe von etwa 55 Metern. Diese Ausmaße reichen, um die Kugel an einem schönen Tag von einem Flugzeug aus zu sehen, welches entlang der Atlantik- oder Golfküste fliegt. Die 7000 Tonnen liegen auf 6 Pylonen, die teils über 50 Meter tief im Boden versenkt wurden. Die Sphäre besteht aus zwei ineinander liegenden Kugeln. Die Außenhaut ist selbst reinigend und witterungsbeständig. In dem circa halben Meter Zwischenraum bis zur inneren Kugel wird unter anderem das Regenwasser abgeleitet, welches dann in die World Showcase Lagoon fließt. Doch auch das Kugelinnere hat es in sich: Um die Authentizität der einzelnen Szenen zu gewährleisten, arbeiteten die Disney Imagineers eng mit dem Smithonian Institute und einigen Universitäten zusammen. Das Ergebnis sind zum Beispiel echte Hieroglyphen in der Ägyptenszenerie.

Sehen Sie am Anfang der Szene mit dem Maler auf den Tisch ganz links. Dort hat jemand wohl drei weiße Farbtöpfe abgestellt.
Zwei Mönche sitzen vor ihren Schreibpulten, der zweite ist eingenickt. Auf seiner Arbeit sehen Sie einen Mickey.

Shopping

Gateway Gifts bietet Epcot Souvenirs vom T-Shirt bis zum Becher. Im **Camera Center** finden Sie Foto- und Videozubehör, Einwegkameras, Filme und Batterien. Sie können sich Fotoapparate und Kameras leihen, die PhotoPass-Fotos ansehen und Fotoabzüge machen lassen.

UNIVERSE OF ENERGY

"Dieser Epcot Pavillon beschäftigt sich mit Energie." - "Was ist das Universe Of Energy?"

Diese Attraktion ist eine der zeitaufwendigsten in Epcot und auch nur in vollen Zügen zu genießen, wenn Sie gute Englischkenntnisse mitbringen. Eine lange Schlange ist hier eher selten, denn die Attraktion fasst eine ganze Menge Besucher gleichzeitig.

Im ersten Raum, in den Sie auch noch hineingelassen werden, während die Preshow schon läuft, erfahren Sie, worum es eigentlich geht. Die junge Dame, der Sie auf den großen Leinwänden begegnen, heißt Ellen und ist zumindest den Amerikanern aus der gleichnamigen Fernsehserie und durch ihre Talkshow wohlbekannt. Auch bei uns lief die Serie mit Ellen DeGeneres, die Schauspielerin ist hier aber eher unbekannt.

Ellen sitzt in ihrem Wohnzimmer und sieht die Quizsendung Jeopardy im Fernsehen. Sie wissen schon, das ist die Sendung, bei der man zu vorgegebenen Antworten die Frage formulieren muss. Eine der Kandidaten ist Ellens ehemalige College-Mitbewohnerin Judy (Jamie Lee Curtis), die sie noch nie ausstehen konnte. Ellen rät von der Couch aus fleißig mit, versagt aber kläglich, vor allem in der Kategorie "Energie".

Vorm Fernseher eingeschlafen träumt Ellen, dass Sie bei Jeopardy gegen Judy und Albert Einstein antreten muss. Ihr großes Problem ist aber nun, dass sich alle Kategorien um Energie drehen. Nachdem Ellen auch hier in der ersten Raterunde keine gute Figur macht, friert sie kurzerhand ihren Traum ein und fragt ihren Nachbarn und Wissenschaftler Bill Nye um Hilfe.

Sie verlassen den ersten Raum, in dem Sie bis hierhin gestanden haben und nehmen in einer von vielen Sitzreihen Platz. Dann geht der Film weiter: Bill möchte Ellen alles über Energie erzählen und schlägt daher vor, einfach in der Zeit zurückzureisen, um die Anfänge unserer fossilen Energiequellen zu sehen. Die Sitzreihen teilen sich in sechs große Gefährte auf und rollen langsam unter den Leinwänden hindurch, hinein in einen urzeitlichen Wald. Auf beiden Seiten gibt es viele verschiedene Dinosaurier zu entdecken.

Sie fahren so durch mehrere Räume, erleben die Geschichte unserer fossilen Brennstoffe vom Anfang beim Urknall bis durch die Urzeit hindurch. Nach weiteren Filmausschnitten und einer Radiosendung (mit einem Bericht aus der Zeit der Dinosaurier) sitzt Ellen wieder bei Jeopardy und weiß nun zu jeder Frage die passende Antwort, was sie bis ins Finale bringt.

Attraktionstyp: Fahrt
Dauer der Attraktion: 8 Minuten Film, 27 Minuten Fahrt
Für Kids eher ungeeignet, sehr dunkel und Englischkenntnisse sind erforderlich.

Minis	0	Genießer	4			Park-Planer
Kids	1	Abenteurer	2			
Teens	2	Thrill-Rider	0	1 von 5	0 von 5	2 von 5

Um diese Attraktion zu verstehen, sind Englischkenntnisse wirklich erforderlich, denn der Abschnitt der Fahrt mit den audio-animatronischen Dinosauriern nimmt einen eher geringen Teil im Vergleich zu den Filmausschnitten ein. Außerdem müssen Sie immer bedenken, dass Sie für diese Attraktion viel Zeit benötigen. Sie sollten das Universe of Energy nicht an die Spitze Ihrer Liste schreiben, aber schlecht gemacht ist es sicher nicht. Vor allem die Geschichte um die Hauptdarstellerin Ellen herum wird (besonders im ersten Raum) sehr unterhaltsam erzählt.

Insider INFOS

Ein voll beladener Wagen wiegt circa 13 Tonnen und wird durch ein dünnes Kabel (nur 3 Millimeter dick) im Boden die Strecke entlang geführt. Circa 15% der benötigten Energie wird durch die großen Solarzellen auf dem Pavillondach produziert, was immerhin dem Stromverbrauch von sechs Einfamilienhäusern entspricht.

1996 öffnete nach einer Renovierung die aktuelle Version des Universe of Energy mit "Ellen's Energy Adventure". Die Attraktion wurde hierdurch deutlich aufgewertet. Vorher wurde die gesamte Attraktion eher nüchtern präsentiert. Dies begann mit einer Vorstellung der Energie-Typen im ersten Raum und zog sich eher lehrreich als unterhaltend durch alle Abschnitte.

Wonders Of Life
Eine Reise in den menschlichen Körper

Timing Tip: Zwischen dem Universe Of Energy und Mission: Space liegt etwas versteckt die goldene Kuppel dieses Pavillons, in dem es seit 1989 um den menschlichen Körper geht. 2004 stellte der Pavillon seinen regulären Betrieb ein und ist höchstens noch in der Hochsaison geöffnet. Bei Ihrem Besuch wird der Pavillon höchstwahrscheinlich geschlossen sein und wird daher hier nur kurz beschrieben:

Body Wars

Sie sind kurz davor eine ungewöhnliche Reise durch den menschlichen Körper, wie Sie sie vielleicht aus den Filmen "Fantastic Voyage" (1966) oder "Inner Space" (1987) kennen, zu unternehmen. Schon in der Warteschlange bekommen Sie die neuesten Fortschritte der Firma präsentiert, die Sie verkleinern und in einen Menschen injizieren wird. Ihr Pilot begrüßt Sie an Bord, Sie werden samt Ihres "U-Boots" geschrumpft und in die Blutbahn eines Menschen gespritzt. In einer Ader sehen Sie, wie die Wissenschaftlerin Dr. Cynthia Lair einen Splitter untersucht. Doch sie wird plötzlich von weißen Blutkörperchen angegriffen und muss von Ihrem Mini-U-Boot gerettet werden. Die Fahrt geht weiter, durch Lunge und Herz bis ins Gehirn hinein. Ihr Simulator ist bei dieser Attraktion der gleiche wie bei "Star Tours" in Disney's Hollywood Studios.

Attraktionstyp: Simulator
Dauer der Attraktion: Video-Einführung 5 Minuten, Fahrt 6 Minuten
Plätze: 5 Reihen für insgesamt 40 angehende Mediziner
Für Kids: ab 102 cm. Sehr turbulent!

Minis	0	Genießer	1			
Kids	1	Abenteurer	3			
Teens	5	Thrill-Rider	4	4 von 5	0 von 5	3 von 5

Cranium Command

In dem Preshow-Film begegnet Ihnen General Knowledge, der Piloten für neue Gehirne sucht (denn Sie wissen ja, dass jedes Gehirn von einem kleinen Piloten kommandiert wird...). Buzzy ist ein solcher Pilot und bekommt das Gehirn eines zwölfjährigen Jungen zugeteilt. Im zweiten Raum nehmen Sie in einem Theater mitten in dem Kopf des Jungen Platz. Vor Ihnen schwebt Buzzy umher und versucht alle Körperteile unter Kontrolle zu bringen. Sie können durch die Augen des Jungen nach draußen sehen und erlebt so einen typischen Tagesablauf... na ja, so typisch ist dieser Tag vielleicht doch nicht.

Attraktionstyp: Show
Dauer der Attraktion: Film 4:30 Minuten, Show 12 Minuten
Für Kids: Englischkenntnisse sind hilfreich.

Minis	2	Genießer	4			
Kids	4	Abenteurer	3			
Teens	4	Thrill-Rider	0	Sitzen	0 von 5	2 von 5

Mission: Space
Ein Flug zum Mars

Wir schreiben das Jahr 2036. Willkommen im International Space Training Center (ISTC). Sehen Sie sich nicht zu lange auf dem Vorplatz der Attraktion um! Natürlich ist diese gigantische leuchtendrote Kugel faszinierend, aber Sie sollten sich besser beeilen! Ihr Training beginnt gleich. Drinnen sehen Sie ein 12 Meter hohes Segment einer Raumstation, das sich gemächlich im Kreis dreht. Sie werden in Vierer-Teams zusammengestellt und jeder erhält einen Posten zugeteilt: Commander, Pilot, Navigator oder Ingenieur. Dann besteigen Sie den Simulator. Vier Sitzplätze sind jeweils in einer engen Kabine nebeneinander. Nachdem Sie sich angeschnallt haben, wird es noch enger, denn die Vorderwand mit einem "Fenster" nach draußen kommt auf Sie zu. Dank guter Klimatisierung wird es aber nie stickig in der Kabine (was Platzangst vorbeugt).

Die Kabine Ihrer X-2-Rakete kippt langsam nach hinten, so dass Sie auf dem Rücken liegen. Über Ihnen sehen Sie Vögel über die Abschussrampe fliegen, dann donnern die Motoren, Sie werden in den Sitz gedrückt und heben ab ins Weltall. Mit einem Flug um den Mond herum beschleunigen Sie, es geht an der ISS vorbei in Richtung Mars. Da der Flug zu lange dauern würde, versetzt der Ingenieur die Mannschaft in einen Schlafzustand. Nachdem Sie ein Asteroidenfeld durchquert haben, setzen Sie zur Landung auf dem roten Planeten an. Mit Hilfe Ihres Steuerknüppels legen Sie eine filmreife Landung hin.

Nach dem Flug landen Sie im **Advance Training Lab**, wo Sie an mehreren Stationen an aufwendigen Computerspielen teilnehmen können.

Die Intensität dieser Attraktion ist enorm - und nicht für jeden geeignet. Dies hat auch Disney bemerkt und lässt Sie nun selbst den Intensitätsgrad bestimmen: Wenn Sie sich am Eingang für das "Team Orange" entscheiden, dann erleben Sie die vollen Kräfte (so wie die Attraktion eigentlich gedacht war). Das "Team Green" erlebt die gleiche Attraktion, allerdings ohne die hohen einwirkenden Kräfte - und selbst so ist die Attraktion noch aufregend! Falls Sie unsicher sind, nehmen Sie erst einmal die mildere "grüne" Fahrt!

Attraktionstyp: Zentrifugen-Flug-Simulator
Dauer der Attraktion: 4 Minuten Flug
Plätze: 4 Simulatoranlagen mit jeweils 10 Kapseln für je 4 zukünftige Astronauten
Für Kids: Ab 113 cm. Die Fahrt ist nichts für Personen, die zu Platzangst neigen!

Minis	0	Genießer	2			Park-Planer
Kids	0	Abenteurer	3			
Teens	5	Thrill-Rider	5	3-4 von 5	0 von 5	5 von 5

Mission: Space ist schlicht einmalig. Das Attraktionsprinzip ist einmalig, das Gefühl ist einmalig - und sehr intensiv! Es ist die einzige Attraktion, die mit kleinen Papiertüten für "Notfälle" ausgestattet wurde!

Shopping

Am Ende kommen Sie in der **Mission: Space Cargo Bay** an, wo es allerlei Astronauten-Zubehör gibt. Der Eingang zum Laden befindet sich links vom Attraktionseingang und von hier gelangen Sie auch ins Advance Training Lab ohne die Fahrt mitmachen zu müssen.

An der Decke des Ladens und links an der Wand beim Ausgang befinden sich gut erkennbare Hidden Mickeys.

EXPRESS Park-Planer Highlight

TEST TRACK

Ihr Auto: Keine Bremsen, kein Lenkrad.
Ihre Rolle: Crashtest Dummy.
Ihre Geschwindigkeit: Über 100 km/h.

Test Track ist Walt Disney Worlds schnellste Attraktion. Sehen Sie sich hier an, wie Autos getestet werden. Aber warum nur zusehen, dies ist Epcot! Steigen Sie doch einfach selbst einmal in eines der Testvehikel ein - im Test Track Pavillon haben Sie die einmalige Gelegenheit!

Schon auf dem Weg zum Pavillon kommen Sie an zahlreichen Verkehrsschildern vorbei bis Sie vor einer fabrikähnlichen Halle stehen, an deren Außenfassade Autos vorbeirauschen. Die Warteschlange ist eine der interessantesten in Walt Disney World: In der großen Fabrikhalle sehen Sie, wie Autoteile getestet werden. Dies fängt bei Reifen und Bremsen an, geht weiter bei Airbags und führt dann von den Sitzen zu den Tests von Crashtest Dummys. Da dies eine der Top-Attraktionen ist, müssen Sie mit längeren Wartezeiten rechnen, aber hier wird einem die Zeit wirklich nicht lang. Zur Einstimmung auf das Kommende sehen Sie einen kurzen Videofilm, in dem Sie gezeigt bekommen, welchen Tests Ihr Auto ausgesetzt sein wird. Unter der Anleitung des Cheftesters Bill McKim wählt eine nette Dame diese Tests exklusiv für Sie aus und zeigt Ihnen in kleinen Videoschnipseln, wie diese Versuche in Wirklichkeit aussehen. Na, ob wirklich alle ausgewählten Tests so richtig sind?

Die Gefährte sehen wie Cabrios aus und haben zwei Reihen mit je drei Sitzen. Zwar gibt es Videomonitore und Lautsprecher, aber ein Lenkrad suchen Sie ebenso vergeblich wie Bremsen. Computer kontrollieren den gesamten Fahrtablauf.

Nachdem Sie sich angeschnallt haben, geht es auch schon für einen Beschleunigungstest bergauf. Als nächstes wird die Aufhängung und Federung auf unebener Straße getestet. Es folgen zwei Bremsentests mit und ohne ABS. In drei Umwelttests werden das Auto, und damit auch Sie, Hitze und Kälte ausgesetzt. In der letzten Testkammer besprühen Roboterarme den Wagen mit Wasser, um ihn auf Korrosion zu testen.

Im Straßenlagentestsegment fahren Sie eine simulierte Bergstraße entlang, hinein in einen dunklen Tunnel, in dem Ihnen dann auch noch ein Truck entgegenkommt.

Links neben Ihnen gehen Lichter an und Sie sehen im Vorbeifahren das Ergebnis eines Crashtests, doch im gleichen Moment müssen Sie feststellen, dass auch Sie auf eine Wand zurasen...

...auf dem Außengelände fahren Sie eine Gerade entlang, um mehrere Kurven herum und auf eine weitere Gerade, auf der Ihr Testvehikel zeigt, was in ihm steckt. Mit 65 mph (ca. 105 km/h) fliegt die Landschaft an Ihnen vorbei.

Nach der Fahrt landen Sie zuerst in einer Autoausstellung von General Motors und dann in dem passenden Souvenirladen.

Attraktionstyp: Autotestfahrt
Dauer der Attraktion: Video 2:30 Minuten, Fahrt 6 Minuten
Plätze: Testautos mit 2 Reihen für je 3 "Dummys"
Für Kids ab 102 cm, die Geschwindigkeit mögen.

Minis	0	Genießer	2			Park-Planer
Kids	3	Abenteurer	4			
Teens	5	Thrill-Rider	5	3 von 5	1 von 5	5 von 5

In der ersten Reihe erleben Sie den Geschwindigkeitsrausch intensiver.

Test Track hat nicht nur die normale Warteschlange und den Fastpass-Eingang, sondern auch noch eine Schlange für "Single Rider". Wenn Sie nichts dagegen haben Ihre Reisegruppe für die Fahrt aufzuteilen, dann stellen Sie sich hier an. Die Wartezeit ist erheblich kürzer!

Test Track ist schon jetzt ein Klassiker und eine der beeindruckendsten Fahrten in ganz Walt Disney World. Falls Sie keine Probleme mit schnellen Attraktionen haben, dann fahren Sie Test Track! Sie werden diese abwechslungsreiche und rasante Fahrt einfach lieben!

In der Ausstellungshalle von General Motors gibt es die neuesten Modelle und Prototypen des Autoherstellers zu bestaunen. Sie können sich hinter das Lenkrad eines "Hummer" setzen, stromlinienförmige Zukunftsfahrzeuge bestaunen oder sich die Funktionsweise einer Brennstoffzelle an einem Modell erläutern lassen. Hinterher führt Sie Ihr Weg noch in den Test Track Shop.

Beim Korrosionstest können Sie direkt nach der Einfahrt in den Raum (sowohl links als auch rechts) auf einer Autotür einen Rostfleck in Form der Maus entdecken. Kurz vor Ihrem eigenen "Crash" liegt ein Schlauch auf der linken Seite in Mickey-Form aufgerollt. Diesen sehen Sie auch auf den Souvenirfotos.

Shopping

Im **Test Track Shop** gibt es Artikel zu der Test Track Fahrt, wie Disney-Straßenschilder und Spielzeugautos, sowie General Motors Produkte zu kaufen. Echte Autos können Sie hier aber nicht ordern.

Die beiden Stichwörter "education" und "entertainment", also Bildung und Unterhaltung, werden im Test Track Pavillon groß geschrieben. Um den hohen Grad an Realismus zu erreichen, sahen sich die Imagineers einige Teststrecken [proving grounds] von General Motors in den gesamten USA an. So hat realistisches Test-Equipment Einzug in diese Attraktion gefunden.

Auf dem jetzigen Test Track Gelände erfreute früher die "World Of Motion" die Besucher. Hier konnte man von einer Endlosbahn aus die geschichtliche Entwicklung der Transportmittel erkunden, dies alles unter dem Motto "it's fun to be free".

INNOVENTIONS EAST & WEST
Erfindungen, die in einigen Jahren in Ihrem Wohnzimmer stehen könnten

Hinter dem Spaceship Earth befinden sich um den Brunnen "Fountain Of Nations" herum die beiden Innoventions Gebäudeteile. Präsentiert werden hier die neusten Erfindungen großer Firmen. IBM und Segway sind beispielsweise Aussteller. Hier werden Produkte präsentiert, die Sie vielleicht erst in den nächsten Jahren im Laden wieder sehen werden und Sie können vieles schon einmal ausprobieren. Die Ausstellungen wechseln ab und zu.

Shopping

Früher hieß der Laden Centorium und war riesig. Jetzt heißt er **Mouse Gear** und Sie finden hier sogar noch mehr Disney-Artikel als zuvor. Seien es nun Kleidung, Uhren, Bücher, Süßigkeiten, Hüte... dies ist DER Stopp, um sich mit Souvenirs einzudecken! Der einzige Nachteil: Der Laden ist groß genug, um sich darin zu verlaufen.

Bei **The Art of Disney Epcot Gallery** können Sie viel Geld lassen, denn im Angebot sind Zeichentrickkunstwerke, echte Animationsfolien, Sammelfiguren sowie limitierte Ausgaben und Drucke.

Restaurants

bis ca. 10 $

Selbstbedienung: Den lustigen Namen **Electric Umbrella** [elektrischer Regenschirm] trägt ein großes Restaurant mit einer ebenso großen Terrasse. Im Angebot sind Burger, Sandwiches und Salate.

Gleich gegenüber vom Electric Umbrella finden Sie bei **Fountain View** eine reichhaltige Auswahl an Eissorten, Smoothies und Sundaes.

Park-Planer Highlight

Der **Club Cool** ist auf jeden Fall einen Besuch wert! Sie finden den Eingang am Ende von Innoventions West. Neben zahlreichen Artikeln mit dem rot-weißen Schriftzug finden Sie hier die International Tasting Station. An mehreren Zapfständen können Sie Coca-Cola Produkte aus aller Welt probieren. Darunter sind "Krest Ginger Ale" aus Mozambique, "Fanta Kolita" aus Costa Rica, "Beverly" aus Italien, "Vegitabeta" aus Japan, "Kinley Lemon" aus Israel, "Lift" aus Mexiko und "Smart Watermelon" aus China. Einige Sorten schmecken etwas schräg, aber zum Glück ist auch deutscher "Mezzo Mix" vertreten. Das Beste ist natürlich, dass das Probieren hier absolut kostenlos ist! Wenn Ihnen also nach einer Erfrischung zumute ist, dann schauen Sie hier doch einmal herein... oder zweimal... oder dreimal...

Insider INFOS

Früher hießen die beiden Gebäudeteile Communicore East & West und die beiden Restaurants "Stargate" und "Sunrise Terrace". Alles wurde 1994 umgestaltet und umbenannt.

Hören Sie einmal genau hin. Im Electric Umbrella Restaurant gibt es sprechende Mülleimer und vor Imagination! sprechen die Wasserspender mit Ihnen.

TIMING TIP

Innoventions ist ein zeitraubendes Erlebnis. Wenn Sie sich für die Neuerungen interessieren, dann verbringen Sie hier leicht und locker ein bis zwei Stunden. Eigentlich zu viel, wenn man bedenkt, was Epcot noch zu bieten hat. Riskieren Sie einen Blick, aber behalten Sie Ihre Uhr im Auge. Vor allem die Videospiele können die jüngeren Besucher längere Zeit fesseln.

IMAGINATION!
Reisen Sie in die Welt Ihrer eigenen Vorstellungskraft

Vor dem Pavillon schießen Wasserfontänen in die Luft und über mutige Besucher hinweg. Im Inneren des pyramidenartigen Komplexes warten zwei Attraktionen. Vor allem der 3D-Film ist sehr beliebt. Die zweite Attraktion im Pavillon hat dagegen fast nie eine Wartezeit.

EXPRESS

HONEY, I SHRUNK THE AUDIENCE

Das Imagination Institute lädt Sie herzlich ein, an der Preisverleihung des "Erfinder des Jahres" Preises teilzunehmen. In diesem Jahr soll Professor Wayne Szalinski den begehrten Preis erhalten. Sie kennen den Herrn sicherlich aus den "Liebling, ich habe die Kinder geschrumpft" Filmen. Während eines Vorfilmes bekommen Sie schon einmal einen kleinen Vorgeschmack darauf, was Sie im Theater erwartet. Vor dem Eintreten bekommt jeder Gast eine Schutzbrille ausgehändigt, die Sie gegen herumfliegende Teile schützen soll. Ausgerüstet mit dieser 3D-Brille nehmen Sie im Theater Platz.

Leider ist der Professor nirgends zu finden, bis er dann auf einem Hoverpad über die Zuschauerköpfe hinweg fliegt. Sein Sohn Nick stellt unterdessen auf der Bühne eine Vervielfältigungsmaschine vor, die jeden Gegenstand kopieren kann.

Versehentlich kommt die Maus seines kleinen Bruders Adam in die Maschine und dann steht die Anzahl auch noch auf 999...

...aber keine Panik, Nick vertreibt die Mäuse mit einer holographischen 3D-Katze, die sich jedoch auch ein wenig verändert...

...nach diesem Schrecken bekommen Sie endlich die neue Verkleinerungsmaschine präsentiert, doch auch hier geht etwas schief: Der gesamte Zuschauerraum wird auf die Größe eines Schuhkartons geschrumpft und von Adam durch die Gegend getragen. Kaum sind Sie wieder vergrößert worden, da müssen Sie feststellen, dass der Hund der Familie in den Vergrößerungsstrahl geraten ist...

...hier reiht sich ein (amüsantes) Missgeschick ans nächste.

Attraktionstyp: 3D-Film
Dauer der Attraktion: 14 Minuten
Für Kids und Erwachsene ohne Angst vor Schlangen und Mäusen.

Minis	2	Genießer	4			Park-Planer
Kids	5	Abenteurer	3			
Teens	4	Thrill-Rider	0	Sitzen	1 von 5	2 von 5

Zu den starken visuellen Eindrücken des 3D-Filmes kommen noch Effekte im Zuschauerraum. Wenn Sie Mäuse und Schlangen überhaupt nicht mögen, dann bleiben Sie draußen oder machen einfach zeitweise die Augen zu.

Timing Tip: Der Fastpass ist nicht immer verfügbar.

Journey Into Imagination With Figment

Sie betreten das Imagination Institute durch die Empfangshalle, gehen an einigen Bürotüren vorbei und sind auch schon im Einstiegsbereich. Ja, dies geht tatsächlich meistens so schnell, denn lange Schlangen sind hier eine Seltenheit. Der Leiter des Instituts, Doktor Nigel Channing, begrüßt Sie auf musikalische Art zu einer Fahrt durch die Welt der Sinne. Doch schon zu Beginn wird seine Präsentation von dem kleinen lila Drachen Figment gestört, der Sie durch die Attraktion hindurch begleitet. Es geht ums Sehen, ums Hören und ums Riechen, wobei letzteres besonders eindrucksvoll ist (Stichwort: Stinktier). Bevor die Fahrt zu den anderen Sinnen weitergehen kann, leitet Figment Sie in sein Haus um, welches im wahrsten Sinne des Wortes auf dem Kopf steht. An der Decke hängen das Wohnzimmer, die Küche und das Bad.

Attraktionstyp: Fahrt
Dauer der Attraktion: 6 Minuten
Plätze: zu zweit oder dritt sitzen Sie in einer Reihe des Gefährtes
Für Kids eine lustige Attraktion.

Minis	3	Genießer	4			Park-Planer
Kids	5	Abenteurer	2			
Teens	3	Thrill-Rider	0	1 von 5	0 von 5	2 von 5

Insider Infos: Der Pavillon hieß ursprünglich "Journey Into Imagination Pavilion". Im Magic Eye Theater lief zunächst "Magic Journeys". Vom 12. September 1986 an folgte "Captain EO", ein Film mit Michael Jackson und Anjelica Huston, an dem George Lucas und Francis Ford Coppola mitarbeiteten. Seit dem 24. November 1994 läuft hier "Honey, I Shrunk The Audience".

Die Fahrt durch die Welt der Vorstellungskraft hat schon einige Veränderungen durchlebt. Die erste Fahrt eröffnete am 5. März 1983 und handelte von Figment und seinem Freund Dreamfinder. Die Fahrt wurde dann 1998 geschlossen und bis Oktober 1999 komplett umgebaut. Leider fanden diese Umbauten nur wenig Freunde und so wurde die Attraktion 2002 zur heutigen Form umgebaut. Die Fahrt ist sicherlich immer noch kein großer Hit, aber da es hier nie eine Wartezeit über 5 Minuten gibt, sollten Sie die Attraktion mitmachen.

The Land
Drachenflieger, Gewächshäuser der Zukunft und variationsreiches Essen

Im "The Land" Pavillon finden Sie gleich drei lehrreiche und lustige Attraktionen für die ganze Familie. Außerdem haben Sie hier eine große und gute Auswahl, wenn Sie auf der Suche nach einer Mahlzeit sind. Das Thema des Pavillons ist natürlich das Land, die Umwelt sowie die Tier- und Pflanzenwelt. Das Innere des größten Future World Pavillons ist mit seinen zwei Ebenen recht beeindruckend.

The Circle Of Life: An Environmental Fable

Dieser Film läuft im "Harvest Theater", gleich rechts hinter dem Eingang von The Land. In einer Mischung aus realen Bildern und Zeichentrickelementen wird von dem Umgang der Menschen mit der Natur berichtet. Akteure sind drei Figuren aus dem Film "Der König der Löwen".

Das Erdmännchen Timon und das Warzenschwein Pumbaa holzen die Bäume der Savanne ab, um Platz für die geplante Hakuna Matata Lakeside Ferienanlage zu schaffen. Der Löwe Simba kommt hinzu und erzählt den beiden von einer merkwürdigen Spezies namens "Mensch" und dem vernichtenden Umgang der Menschen mit den Ressourcen Erde, Wasser und Luft.

Attraktionstyp: Film
Dauer der Attraktion: 12:30 Minuten
Für Kids: Englischkenntnisse hilfreich

Minis	1	Genießer	3			Park-Planer
Kids	3	Abenteurer	1			
Teens	3	Thrill-Rider	0	Sitzen	0 von 5	2 von 5

Ein sehr schöner Film mit beeindruckenden Tierszenen und einer interessanten Mischung aus Zeichentrick- und Realfilm. Es wird aber auch die Zerstörung der Natur durch den Menschen (verschmutzte Luft in den Städten, Ölkatastrophen an den Küsten) völlig ungeschönt gezeigt und so der mahnende Zeigefinger gehoben.

!! In den ersten Sitzreihen des oberen Sitzbereiches versperrt eine Stange die freie Sicht auf die Leinwand.

Living With The Land

Die ehemalige Hauptattraktion des "The Land" Pavillons ist eine gemächliche Bootsfahrt, vorbei an einigen künstlichen Szenen, Filmausschnitten und durch echte Gewächshäuser hindurch. Unterwegs bekommen Sie über Lautsprecher viele interessante Informationen.

Die ersten Szenen sind künstlich: Sie fahren durch eine Sturmszene, durch den Regenwald, die Wüste, die Prärie und an einem Farmhaus vorbei.

Alle Pflanzen (und Tiere), die Sie in den anschließenden Gewächshäusern sehen können, sind echt und wachsen wirklich unter den hier gezeigten Umständen. Sie kommen an vielen Pflanzenarten vorbei, die mit neuartigen Bewässerungsmethoden versorgt werden und teilweise ganz ohne Erde wachsen. Pflanzroboter kümmern sich um die Pflanzen und die NASA zeigt, wie im Weltall gepflanzt wird. Ein Teil des im Garden Grill angebotenen Gemüses stammt tatsächlich aus diesen Gewächshäusern.

Attraktionstyp: Bootsfahrt
Dauer der Attraktion: 12:30 Minuten
Plätze: Ein Boot mit Anhänger, jeweils 4 Reihen für je 4 Botaniker

Minis	4	Genießer	4			Park-Planer
Kids	4	Abenteurer	1			
Teens	3	Thrill-Rider	0	1 von 5	0 von 5	3 von 5

Park-Planer Highlight

Soarin'

Kalifornien in Florida? Nun, die neueste Top-Attraktion in Epcot stammt ursprünglich aus Disney's California Adventure, heißt dort mit ganzem Titel "Soarin' Over California" und wurde dank des großen Erfolges auch hier in Disney World gebaut.

Setzen Sie sich in den Sitz Ihres Segelflugdrachens, schnallen Sie sich an und schon erheben Sie sich in die Wolken. Ihr erstes Ziel ist die Golden Gate Brücke, doch schon wenige Sekunden später fliegen Sie entlang eines Flusslaufes durch einen Redwood Wald. Atmen Sie tief den Duft der Pinien-Bäume ein, der Ihnen entgegenweht, während Sie unter sich die Skifahrer in den Gebirgen um Lake Tahoe beobachten. Im Yosemite sind einige Bergsteiger unterwegs und auch ein anderer Segelflieger fliegt neben Ihnen her. Dann geht es über duftende Orangenplantagen und einen Golfplatz weiter über die Wüste. Eben noch sehen Sie auf die Reiter unter Ihnen, als plötzlich eine Jet-Staffel dröhnend angeflogen kommt. Der Flugzeugträger USS Stennis in San Diego ist Ihr nächstes Ziel, bevor es über die Küste von Malibu und durch das nächtliche L.A. nach Disneyland geht. Sie fliegen über die beleuchtete Main Street, unter Ihnen läuft gerade die Parade. Vor dem Schloss bleiben Sie in der Luft stehen und können zum Abschluss das Feuerwerk ansehen.

Attraktionstyp: simulierter Drachenflug
Dauer der Attraktion: 5 Minuten Preshow-Video und 4:50 Minuten Drachenflug
Plätze: Pro Flug können 87 Drachenflieger über Kalifornien abheben
Für Kids und Erwachsene ohne Höhen- oder Flugangst geeignet. Ab 1m Größe.

Minis	2	Genießer	5	2 von 5	0 von 5	5 von 5
Kids	5	Abenteurer	5			
Teens	5	Thrill-Rider	3			

Ein absolutes Muss für alle ohne Flug- und Höhenangst! Der Flug ist nicht turbulent!

Dort wo sich nun der Eingang zur Attraktion befindet, war früher ein kleines Theater. Hier lief zunächst das "Kitchen Kabaret" und anschließend "Food Rocks". In beiden Shows ging es um singende und tanzende Küchenutensilien und Lebensmittel. Soarin' bietet da sicherlich wesentlich mehr Nervenkitzel!

Das Attraktionsprinzip hat eine sehr eigenwillige Geschichte: Der Imagineer Mark Sumner setzte sich an einem Wochenende mit seinem alten Metallbaukasten hin und bastelte einen funktionsfähigen Prototypen des Flugsystems. Das Original muss nun bei jedem Flug ein Gewicht von 37 Tonnen hochheben. Die Zuschauer schweben dabei zwischen 3 und 10 Meter hoch über dem Boden vor einer riesigen gewölbten Leinwand. Der projizierte IMAX-Film läuft dabei mit 48 Bildern pro Sekunde doppelt so schnell, wie ein normaler Kinofilm.

Das Prinzip der Attraktion lässt es zu, dass der präsentierte Film relativ leicht geändert werden kann. Es kann also sein, dass Sie in den kommenden Jahren über Florida oder sogar die ganze Welt schweben!

Die besten Plätze befinden sich eindeutig in der vordersten Reihe des mittleren der drei Blöcke! Hier fliegen Sie am höchsten und sehen nichts von den anderen "Mitfliegern". Dies ist auch in der Boarding-Zone die erste Reihe.

Wenn Sie über das Golfturnier fliegen, kommt Ihnen ein Golfball mit einem Hidden Mickey entgegen. Am Anfang der Golfszene ist ganz rechts ein blauer Mickey-Ballon. Sie sehen Mickey leinwandfüllend während des Feuerwerks am Ende des Films.

Shopping

Am Rande des Pavillons verkauft ein unscheinbarer Laden namens **Green Thumb Emporium** Pflänzchen aus den Gewächshäusern und Gartenutensilien.

Restaurants

über 15 $

Tischbedienung: Beim Essen im Drehrestaurant **Garden Grill** ziehen unter Ihnen die Prärie- und Regenwald-Szenen der "Living with the Land"-Tour vorbei und häufig drehen hier auch Characters ihre Runde. Serviert werden Geflügel-, Fisch- und Fleischgerichte - und natürlich auch vegetarische Menüs.

bis ca. 15 $

Selbstbedienung: **Sunshine Seasons**. Der ehemalige "Sunshine Season Food Fair" wurde mit der Eröffnung von Soarin' komplett umgebaut. Der Food Court bietet nun vier verschiedene Theken, an denen sich die Gäste etwas Leckeres zusammenstellen können. Die vier Stände symbolisieren die vier Jahreszeiten. Beim **Wood-Fired Grill Shop** gibt es über offenem Feuer gegrilltes Hühnchen, Rindfleisch und Lachs mit verschiedenen Beilagen. Im **Sandwich Shop** können Sie sich ein Sandwich so zusammenstellen lassen, wie es Ihnen beliebt. Asiatische Gerichte kommen vom mongolischen Barbecue oder frisch aus dem Wok und warten beim **Asian Shop** auf Sie. Beim **Soup And Salad Shop** gibt es, wie der Name schon sagt, eine große Auswahl an verschiedenen Salaten und Suppen.

Fast Food Favorit

Im Green Thump Emporium kann man sich zu einer einstündigen "Behind the Seeds"-Tour durch die vier Gewächshäuser anmelden. Kosten: 6$ (Kinder: 4$), die erste Tour startet um 11 Uhr, die Anmeldung beginnt eine Stunde davor.

Der gesamte "The Land"-Pavillon wurde im Laufe der Jahre kräftig renoviert: Living With The Land eröffnete mit einer neuen Sturmszene im Dezember 1993. Vorher hieß die Attraktion "Listen To The Land".

Früher übernahmen Cast Members an Bord jedes Bootes die Erklärungen.

Das "Kitchen Kabaret", in dem über die vier grundlegenden Nahrungsmittelgruppen gesungen wurde, wurde zunächst durch Food Rocks (Eröffnung 26. März 1994) und dann durch Soarin' ersetzt. Hiermit einher ging die gesamte Renovierung des The Land Pavillons.

Im Harvest Theater lief vom Oktober 1982 bis zum 21. Januar 1995 ein Film namens "Symbiosis".

Der "Land" Pavillon ist sicherlich einen Besuch wert. Schließlich hat hier nach Test Track und Mission: Space die dritte Epcot Top-Attraktion eröffnet. Die Bootsfahrt "Living With The Land" ist sehenswert, aber nicht übermäßig spannend. Dafür sorgt "Circle Of Life" für Unterhaltung. Sie sollten den "Land" Pavillon auch als Möglichkeit zum Essen im Hinterkopf behalten. Gerade am Abend, wenn viele Besucher sich in die World Showcase Restaurants drängen, ist Sunshine Seasons eine gute Wahl.

So wie das Land durch die vier Jahreszeiten beeinflusst wird, so finden sich diese auch im Pavillon wieder. Vier der großen Ballons unter der Decke symbolisieren die Jahreszeiten und schweben um den fünften Ballon, die Erde. Auch die vier Restaurants stehen jeweils für eine Jahreszeit.

The Seas With Nemo & Friends
Finden Sie Nemo!

Insider INFOS

Dieser Pavillon mit Einblicken in die Tiefen der sieben Weltmeere hat in den letzten Jahren größere Veränderungen durchgemacht. Seit dem Kinohit "Findet Nemo" wurde der Pavillon immer mehr an dem Pixar-Film orientiert. So wurde der gute, aber nüchterne Pavillon zu einem tollen, lehrreichen Erlebnis für alle.

The Seas

Schon vor dem Pavillon werden Sie an einem Klippenstück mit aufbrausenden Wellen von Möwen begrüßt. Hinter dem Eingang gehen Sie zunächst durch eine Strandlandschaft und steigen dann ins Meer hinab. Über sich sehen Sie die Wasseroberfläche und auch ein Ruderboot ist dort oben. Hier, unter dem Meer, besteigen Sie ein Clamobile (eine Sitzbank in einer Muschel) und fahren weiter ins Meer hinein. Hier gehen Sie auf die Suche nach dem kleinen Clownfisch Nemo und begegnen dabei all seinen Freunden, wie Marlin, Dory und den Schildkröten, mit denen Sie ein Stückchen schwimmen. Aber in den Tiefen lauern auch Quallen, Haie und andere düstere Tiere, an denen Sie vorbei müssen. Wirklich unglaublich wird die Fahrt, wenn sich plötzlich ein riesiges Aquarium vor Ihnen auftut, in dem echte Delphine und Fische zusammen mit den animierten Nemo -Charakteren zu schwimmen scheinen!

Am Ende der Fahrt befinden Sie sich in einer Unterwasserforschungsstation, der Seabase Alpha, und sind hier am Fuße eines der weltgrößten Seewasseraquarien. In fast 23 Millionen Litern Wasser tummeln sich mehrere tausend Tiere, die zu über 60 Spezies gehören. In dem künstlichen Korallenriff schwimmen Seeschildkröten, Barrakudas, Haie, Delphine und zahllose Fische. Wenn Sie etwas Glück haben, dann können Sie einigen Tauchern bei der Arbeit im Aquarium zusehen.

In der Sea Base Alpha, die sich über zwei Stockwerke erstreckt, können Sie sich in sechs Räumen Informationstafeln ansehen, aus mehreren Blickwinkeln in das Aquarium hinein sehen, aber auch Manatees in einem gesonderten Becken beobachten.

Ein Bereich widmet sich den Fischen aus "Findet Nemo". Der Hai Bruce hat sogar einen eignen Ausstellungsbereich mit vielen Informationen über seine Artgenossen.

Technisch absolut beeindruckend ist der **Turtle Talk With Crush**. Sie sitzen vor einer großen Leinwand, die einen Blick ins Meer hinaus erlaubt. Auf einmal kommt die Schildkröte Crush angeschwommen, unterhält sich angeregt mit dem Publikum und beantwortet Fragen. Voll abgefahren, *Dude*!

Attraktionstyp: Fahrt durch ein Meereswasseraquarium mit vielen Ausstellungen
Dauer: je nach Interesse an den Tieren, mindestens etwa 30 Minuten
Für Kids gibt es hier vieles zu sehen.

Minis	5	Genießer	5			Park-Planer
Kids	5	Abenteurer	3			
Teens	5	Thrill-Rider	1	1 von 5	0 von 5	4 von 5

Die Fahrt mit den "Muschel-Mobilen" ist beeindruckend, die Ausstellungen sind toll gemacht und lehrreich, der Turtle Talk ist technisch sehenswert - was will man mehr?

Restaurant

über 15 $

Tischbedienung: Von Ihrem Tisch aus können Sie durch die großen Panoramafenster des **Coral Reef Restaurants** in das Aquarium sehen. Doch keine Angst, 20 cm dickes Glas sorgt dafür, dass Sie trocken bleiben. Zu essen gibt es natürlich Meerestiere, wie den Florida Snapper, Shrimps oder Lachs. Die Speisekarte bietet aber auch Gerichte ohne Fisch. Das Angebot ist saisonabhängig.

The Living Seas bietet Besuchern weitere Angebote an. So gibt es für ausgebildete Taucher die Möglichkeit im Aquarium zu tauchen (DiveQuest), sowie die Möglichkeit mit Delphinen zu schwimmen (Dolphins in Depth oder D.E.E.P. – Disney's Dolphin Exploration and Education Program). Alle diese Programme kosten extra und erfordern eine vorherige Reservierung.

Einmal um die Welt in einigen Stunden?

Das World Showcase macht's möglich!

Sie sind einer der ersten tausend Besucher im Park und laufen direkt zum World Showcase, um in kürzester Zeit die ganze Welt kennen zu lernen? Nein! Das World Showcase öffnet erst um 11 Uhr, bleiben Sie daher erst einmal in Future World und kommen Sie später hierher. Das tun natürlich auch alle anderen, daher wird am Nachmittag das World Showcase zunehmend voller, Future World langsam leerer.

Die Runde um die World Showcase Lagoon von Kanada bis Mexiko ist zwei Kilometer lang. Die Promenade, die vor den Pavillons der einzelnen Länder entlang führt, verleitet dazu, den See im Eiltempo zu umrunden - aber genau dies sollten Sie nicht tun. Obgleich der Blick von der Promenade auf die Länderpavillons beeindruckend ist, sehen Sie die vielen kleinen Details erst dann, wenn Sie sich Zeit lassen und weiter in die Pavillons hinein gehen.

Schauen wir uns die einzelnen Länder doch einmal genauer an. Die Tour führt dabei gegen den Uhrzeigersinn um die Lagune herum. Die Richtung spielt aber beim Besuch keine Rolle.

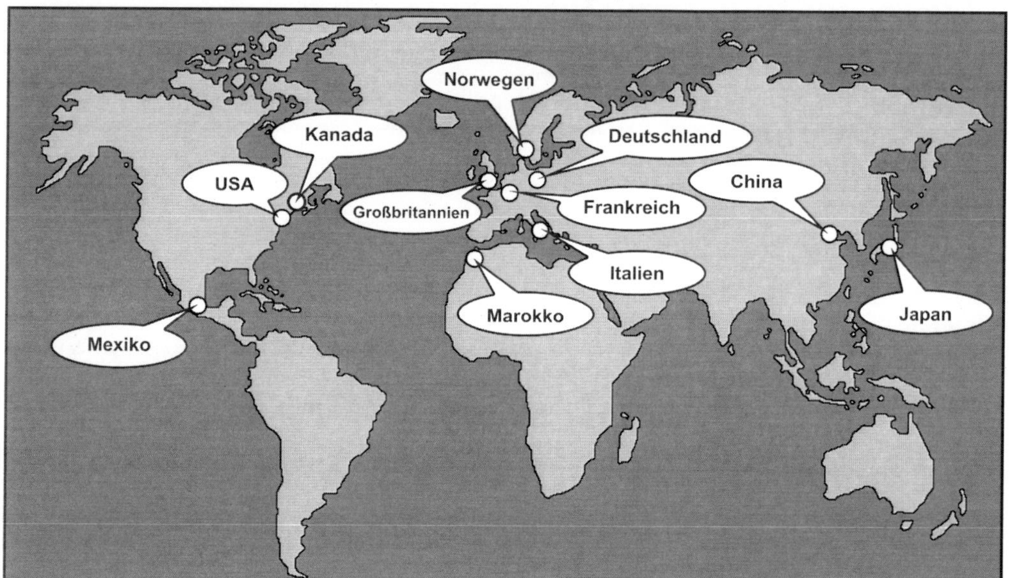

CANADA - KANADA

Den Mittelpunkt von Epcots Kanada bildet das Hôtel du Canada, welches dem Château Laurier in Ottawa nachempfunden wurde. Davor stehen einige Totempfähle, wie man sie im Nordwesten des Landes findet. Rechts vom Hôtel wurde eine Miniatur der Butchart Gardens angelegt, im Hintergrund dürfen natürlich die Rocky Mountains nicht fehlen, komplett mit einem 10 Meter hohen Wasserfall, der zum Eingang des "O Canada"-Kinos hinabfällt.

Insider INFOS: Beim Hôtel du Canada kann man besonders eindrucksvoll das Prinzip der künstlichen Perspektive sehen. Das Gebäude scheint sechs Stockwerke hoch zu sein, in Wirklichkeit ist es aber nur so hoch wie drei Stockwerke. Die Fenster und Mauersteine werden nach oben hin immer kleiner und so entsteht der Eindruck einer größeren Höhe.

O CANADA!

Sie müssen zunächst die Treppe hinauf steigen, am Hôtel du Canada vorbei und bis zum Ende des Pavillons gehen. Durch einen Minenschacht gelangen Sie dort in den Berg hinein. Unten angekommen erwartet Sie ein Circle Vision 360° Film, der auf neun Leinwände um Sie herum projiziert wird.

Während des Filmes nimmt Sie der Schauspieler Martin Short auf eine Tour durch Kanada mit: Von den Niagara Fällen aus geht es durch Kanadas Städte wie Toronto, Vancouver, Quebec und Montreal. Dann folgen die Rocky Mountains und begleitet von dem Titellied "Canada (You`re a Lifetime Journey)" sehen Sie weitere Impressionen des nördlichen Nachbarn der USA.

Attraktionstyp: 360° Kino
Dauer der Attraktion: 14 Minuten
Für Kids nicht sonderlich spannend.

Minis	1	Genießer	4				Park-Planer
Kids	2	Abenteurer	2				
Teens	3	Thrill-Rider	0	Stehen	0 von 5		3 von 5

Seit September 2007 läuft die aktuelle Version des Filmes mit Martin Short.

Shopping

Links von der großen Treppe finden Sie bei **Northwest Mercantile** Holzfällerhemden und viele andere "typisch kanadische" Souvenirs. Der Laden geht nahtlos in die **Trading Post** über. In diesem Bereich gibt es Ahornsirup, Plüschtiere (Bären, Elche und Biber) und andere kanadische Geschenkartikel.

Restaurant

Tischbedienung: Den Eingang von **Le Cellier Steakhouse** finden Sie im unteren Pavillonteil bei den sogenannten "Victoria Gardens". Die Inneneinrichtung erinnert an einen Weinkeller, auf den Tisch kommt die ganze Vielfalt kanadischer Speisen. Natürlich gibt es Steaks und Lachs, aber auch Prime Ribs, Salate, Sandwiches, dazu kanadische Biere und Weine.

über 15 $

UNITED KINGDOM - GROSSBRITANNIEN

Das Vereinigte Königreich präsentiert keine Attraktionen, sondern lebt von der Atmosphäre, den Läden und Restaurants. Viele Baustile finden sich hier wieder und lassen den Besucher vergessen, dass dies Florida ist. Auch die typischen roten Telefonzellen dürfen nicht fehlen.

Shopping

In **The Toy Soldier** gibt es britische Spielzeuge sowie zahllose Dinge mit Winnie the Pooh darauf zu kaufen. **The Crown & Crest** verkauft Pub-Ausstattung wie Dart Boards und Gläser, aber auch Sammelbares wie Bierdeckel. Sportbekleidung mit den Logos englischer Clubs finden Sie im **Sportsman Shoppe**. Falls Sie eher Parfum, Seifen oder andere duftende Dinge suchen, schauen Sie einmal bei **The Queen's Table** vorbei. **The Magic of Wales** ist zwar ein kleiner Laden, er lädt aber viele Besucher zum Kauf von Töpferwaren, Schmuck und Souvenirs aus Wales ein. **The Tea Caddy** bietet schließlich englischen Tee, Teekannen und Tassen, Kekse und Süßigkeiten an.

Restaurant

Tischbedienung: Direkt an der World Showcase Lagoon liegt der **Rose & Crown Pub and Dining Room**. Hier gibt es typisch englische Gerichte wie Fish And Chips, Meat Pies und Roast Prime Rib. Dazu können Sie sich ein Ale oder Guinness bestellen. Im Pub nebenan gibt es kleine Snacks.

über 15 $

Wenn Sie den ganzen Tag durch Epcot gelaufen sind und den Abend im Sitzen ausklingen lassen möchten, so versuchen Sie im Rose & Crown einen Tisch an der Lagune zu bekommen; Sie haben hier beim Essen einen wunderbaren Blick auf das Feuerwerk. Gutes Timing ist hierfür ebenso gefragt, wie eine Reservierung. Da die Plätze begehrt sind, sollten Sie hier auch wirklich ausgiebig etwas essen wollen.

International Gateway

Der International Gateway dient als zweiter Epcot-Eingang, vor allem für Gäste der nahen Walt Disney World Resort Hotels. Von hier aus fahren Boote auf den Wasserstraßen von der World Showcase Lagoon zu einigen Hotels. Außerdem gibt es einen Fußweg von den Epcot Area Resort Hotels direkt zur World Showcase Promenade.

Shopping

Das International Gateway Gebäude besteht eigentlich nur aus den beiden Läden **Gateway Gifts** und **World Traveller**. Sie finden hier eine gut sortierte Auswahl von Disney-Artikeln. Meistens sind die Läden nicht so voll, da das Gebäude etwas versteckt liegt. Kinderkarren und Rollstühle können hier außerdem gemietet werden.

Der International Gateway wurde zusammen mit dem Epcot Resort 1990 gebaut.

Das Swan And Dolphin Hotel liegt direkt hinter dem Frankreich-Pavillon. Da man von den Hotels aus die Rückseite von "Paris" sehen kann, sind diese Gebäude auch auf der Rückseite ansprechend gestaltet und nicht bloß Kulissenvorderfronten.

France - Frankreich

Willkommen in Paris! Die Stadt an der Seine hat den Frankreich-Pavillon maßgeblich geprägt und zeigt Ihnen Teile von Paris, die Sie nun nur noch im World Showcase sehen können. Hierzu gehört der Nachbau von "Les Halles", sowie die Brücke "Ponts des Arts", die sich früher am Louvre befand und hier in Epcot den Übergang nach England bildet. Beide wurden in Paris abgerissen und sind heute nur noch hier zu bewundern.

Impressions De France

Dieser Film im "Palais du Cinéma" ist kein Circle Vison 360° Film, sondern bietet "nur" einen 200° Blickwinkel, der mit fünf Kameras gefilmt wurde. Dafür dürfen Sie sich hier in die gut gepolsterten Sessel fallen lassen und die achtzehnminütige Reise im Sitzen genießen. Der Eiffelturm, Versailles, die Normandie, Cannes, die französischen Alpen und die Riviera sind einige Orte, die Ihnen gezeigt werden. Die Bilder sind mit klassischer Musik unterlegt.

Attraktionstyp: 200° Kino
Dauer der Attraktion: 18 Minuten
Für Kids ein bisschen zu langweilig.

Minis	1	Genießer	3			Park-Planer
Kids	1	Abenteurer	0			
Teens	1	Thrill-Rider	0	Sitzen	0 von 5	1 von 5

Da für die europäischen Touristen Frankreich ja praktisch um die Ecke liegt, ist der Film für diese vielleicht weniger von Interesse als für die amerikanischen Besucher.

Von den drei Filmen im World Showcase (die anderen beiden laufen in Kanada und China) ist dieser am unspektakulärsten.

Der Eiffelturm ist nur ein Zehntel so hoch wie das Original. Um zu verhindern, dass Vögel auf dem Turm landen, ist er mit einer klebrigen Flüssigkeit bestrichen. Wer schon einmal in Paris war, wird eine weitere Detailverliebtheit wieder erkennen: Es gibt weder im richtigen Paris noch hier im Frankreich-Pavillon eine öffentliche Toilette...

Shopping

Plume Et Palette und **Guerlain Paris** verschönern Sie mit Düften und Kosmetik, **Souvenirs De France** verkauft Ihnen den Eiffelturm im Kleinformat oder auch französische CDs. **L'Esprit De Provence** hat Küchenutensilien und bei **Les Vins De France** können Sie sich eine Flasche französischen Wein mit nach Hause nehmen oder auch an einer Weinprobe teilnehmen.

Restaurants

bis ca. 10 $

Selbstbedienung: Wenn Sie immer Ihrer Nase folgen, stehen Sie am Ende in der **Boulangerie Patisserie**, wo Sie Croissants und andere Backwaren kaufen können.

über 15 $

Tischbedienung: Die französischen Köche Paul Bocuse, Roger Vergé und Gaston Lenôtre haben die Menüs für **Les Chefs de France** und das **Bistro de Paris** kreiert. Dementsprechend französisch (und teuer) sind auch die angebotenen Gerichte.

Morocco - Marokko

Der marokkanische Pavillon ist in zwei Teile geteilt. Im vorderen Teil befindet sich die Neustadt mit dem Koutoubia Minarett, dessen Vorbild in Marrakesh steht. Im Innenhof steht der Nejjarine Brunnen, dahinter kommen Sie durch das Bab Boujouloud Tor (das Original steht in Fez) in die Medina, die Altstadt.

Shopping

Die Angebote sind so vielfältig, wie die Waren auf einem marokkanischen Bazar. **Tangier Traders** stattet Sie mit Fez, Sandalen, Gürteln und marokkanischen Gewändern aus. Im **Marketplace In The Medina** gibt es handgemachte Körbe, Strohhüte, Taschen, Trommeln und kleine Teppiche. **The Brass Bazar** verkauft verschiedene Gefäße und Bilder.

An der Lagune liegt noch der kleine Laden **Souk Al Magreb**, an dessen Seite sich ein Wasserrad langsam im Kreis dreht. Hier werden Lederwaren, Körbe und Messingschalen (Hidden Mickey!) feilgeboten.

Restaurant

über 15 $

bis ca. 15 $

Tischbedienung: Im **Restaurant Marrakesh** können Sie die vielfältige Auswahl der traditionellen und modernen marokkanischen Küche probieren - unterhalten von Bauchtänzerinnen. Das **Tangierine Cafe** (*Selbstbedienung*) hat verschiedene Gerichte mit Lamm, Hühnchen und Hummus (Kichererbsenbrei).

Insider INFOS

Nachdem marokkanische Architekten den Pavillon geplant hatten, legten 19 marokkanische Künstler die riesigen Mosaike. Die Mosaike zeigen nur geometrische Formen, keine Menschen und keine Tier- oder Pflanzenmotive, denn nur Allah darf Leben erschaffen. Neun Tonnen Mosaiksteinchen wurden hierzu handgefertigt und nach Epcot gebracht. Daher ist es nicht verwunderlich, dass Marokko erst am 7. September 1984, fast zwei Jahre nach der World Showcase Eröffnung, eröffnet wurde.

Für besonders Interessierte gibt es eine kleine Tour durch den Pavillon, bei der Sie mehr über die Kultur, die Geschichte und die Architektur des Landes erfahren können. Die Tour ist kostenlos und dauert zwischen 20 und 45 Minuten. Informationen gibt es beim Tourismusstand.

Für den Marokko-Pavillon sollten Sie sich ein paar Minuten mehr Zeit nehmen und einmal die verwinkelten Gassen der Medina erkunden.

Japan

Das Land der aufgehenden Sonne bietet Ihnen keine Fahrattraktionen oder Filme, dafür aber mit der Bijutsu-Kan Gallery ein kleines Kunstmuseum, sowie mehrere Möglichkeiten, einzukaufen oder die japanische Küche zu kosten. Vor dem Pavillon steht im Wasser ein Torii-Tor, das Tor der Ehre. Dahinter befindet sich ein Nachbau des Itsukushima Schreins aus der Hiroshima Bucht und eine 25 Meter hohe Pagode, die dem Horyuji Schrein in Nara nachempfunden ist. Die 5 Stockwerke der Pagode symbolisieren die fünf Elemente Erde, Wasser, Feuer, Wind und Himmel. Ein japanischer Garten mit kleinen Bachläufen und einem Teich laden dazu ein, hier eine ruhige Minute zu verweilen. Wenn Sie zum Pavillonende gehen, kommen Sie durch ein großes Tor in eine japanische Festung. Hier ist die **Bijutsu-Kan Gallery**, die eine kleine Ausstellung zu einem Aspekt der japanischen Kultur beherbergt. Die letzten Ausstellungen beschäftigten sich mit dem in Japan sehr beliebten Baseball-Spiel und es gab eine Sammlung von Blechspielzeugen, darunter auch viele ältere Disney-Blechfiguren, zu sehen.

Obwohl die Imagineers größten Wert auf Authentizität legen, sind die meisten Pflanzen nicht echt-japanisch, da diese im Klima Floridas nicht gedeihen.

Shopping

Der **Mikosukoshi Department Store** nimmt die volle Länge des Japan-Pavillons ein. Ein Eingang ist vorne rechts unter dem Restaurant, der andere ganz am anderen Ende in der Festung. Sie sollten hier auf jeden Fall einmal durch bummeln, das vielfältige Angebot ist beeindruckend. Es gibt unter anderem Kimonos, japanische T-Shirts, Fächer, Vasen, Bonsais, Schmuck, Porzellan, Origami, Samurai-Schwerter, Essstäbchen, japanische Sammelkartenspiele, Bücher und Tee. Der Originalladen blickt auf eine über 300-jährige Tradition zurück, wie das Schild "Since 1673" am Eingang belegt. Das Gebäude ist sogar noch älter (zumindest das Vorbild hierfür), es wurde von dem Gosho Palast in Kyoto inspiriert.

Restaurants

Tischbedienung: Hinter dem Namen **Mitsukoshi** verbergen sich zwei Restaurants, die die gesamte obere Etage des Gebäudes einnehmen: Bei **Teppan Edo** wir das Essen vor Ihren Augen am Tisch zubereitet.

Tokyo Dining hat sich vor allem auf Sushi spezialisiert. Beide Restaurants vermitteln einen guten Eindruck von der japanischen Küche.

über 15 $

Selbstbedienung: Das **Yakitori House** befindet sich in der linken Pavillonhälfte, oberhalb der kleinen Gartenanlage mit einem Koi-Karpfen-Teich. Inspiriert wurde das Gebäude von dem kaiserlichen Katsura Sommerpalast in Kyoto. Neben Teriyaki-Hühnchen gibt es hier auch andere japanische Snacks.

bis ca. 10 $

The American Adventure
Die Geschichte der USA erleben

Die USA präsentieren sich mit einem im Kolonialstil gehaltenen Haus, das neben einem kleinen patriotischen Laden und einem echt amerikanischen Fast Food Restaurant noch eine aufwendige Präsentation der amerikanischen Geschichte beherbergt. Gegenüber an der Lagune im American Gardens Theater laufen ständig wechselnde Vorstellungen. Schauen Sie in Ihrem Parkplan nach, wann hier etwas läuft.

The American Adventure Show

In multimedialer und audio-animatronischer Perfektion bekommen Sie hier die gesamte amerikanische Geschichte präsentiert. Filmszenen wechseln sich mit insgesamt 35 Audio-Animatronics ab und zeigen so die Ankunft der Siedler mit der Mayflower, die Boston Tea Party und viele andere bedeutende Ereignisse. Als Erzähler fungieren Benjamin Franklin und Mark Twain, die Sie durch die bewegte Geschichte führen und am Ende auf der Fackel -Plattform der Freiheitsstatue stehen.

Attraktionstyp: multimediale Show
Dauer der Attraktion: 30 Minuten
Für Kids ist die Show viel zu langweilig, Englischkenntnisse sind erforderlich.

Minis	0	Genießer	5		Park-Planer
Kids	1	Abenteurer	2		
Teens	2	Thrill-Rider	0	Sitzen	0 von 5	3 von 5

Wenn Sie Glück haben, dann erleben Sie vor der Show in der beeindruckenden Eingangshalle die A-Capella-Gruppe "Voices Of Liberty", die patriotische amerikanische Lieder zum Besten gibt. Die genauen Showzeiten finden Sie in Ihrem Parkplan.

Alle Plätze im American Adventure sind gut, doch versuchen Sie ruhig, möglichst weit vorne zu sitzen. Auch die erste Reihe ist ein Erlebnis!

Alle Stimmen wurden so realitätsnah wie möglich aufgenommen. Entweder wurden Tonaufnahmen herangezogen oder die Stimmen anhand von Beschreibungen der Sprechweise rekonstruiert.
Das American Adventure Gebäude wurde aus etwa 110.000 handgefertigten Lehmziegeln gemauert. Der Lehm hierfür wurde extra aus Georgia herbeigeholt.

Das American Adventure ist technisch perfekt inszeniert, doch zeigt es für den Nicht-Amerikaner vielleicht ein bisschen zu viel Nationalstolz. Sie haben aber immerhin eine gute halbe Stunde in einem gut klimatisierten Raum Zeit, um Ihre Füße zu entspannen. Die Audio-Animatronics sind wirklich sehenswert und die Show ist perfekt gestaltet.

Shopping

Heritage Manor Gifts verkauft patriotische Souvenirs: Bücher über die amerikanische Geschichte, Flaggen und viele Artikel zu den US-Präsidenten.

Restaurant

Selbstbedienung: Im **Liberty Inn** gibt es das Essen, das für viele Besucher typisch amerikanisch ist. Dazu gehören Burger, Hot Dogs und Pommes, genauso wie Salate, Sandwiches, Eis, Kuchen und Kekse. Sitzplätze gibt es im klimatisierten Innenraum und auch draußen unter Sonnenschirmen. Bemerkenswert ist, dass es ausgerechnet hier kein Restaurant mit Tischbedienung gibt. Die **Fife & Drum Tavern** an der Promenade verkauft kleine Snacks, wie Hot Dogs, Brezeln, Eis und kalte Getränke.

bis ca. 10 $

ITALY - ITALIEN

Italien bedeutet in Epcot ganz klar Venedig. Sie fühlen sich wie auf einer verkleinerten Version des Markusplatzes, komplett mit dem Dogenpalast und der Neptun Statue. Und natürlich schwimmen auch einige Gondeln in der Lagune. Auf dem Platz tritt eine Theatertruppe auf und unterstützt das italienische Flair. Dieser Pavillon ist vielleicht der realitätsnaheste des World Showcase.

Shopping

Rot- und Weißwein bekommen Sie zusammen mit anderen italienischen Spezialitäten bei **Enoteca Castello**. Lederwaren, Taschen, Portemonnaies und Schmuck können Sie bei **La Bottega Italiana** kaufen und bei **Il Bel Cristallo** gibt es Keramik- und Glasartikel.

Restaurant

über 15 $

Tischbedienung: Im **Tutto Italia** sind Freunde der italienischen Küche genau an der richtigen Adresse. Fisch- und Fleischgerichte und Pasta in verschiedenen Variationen stehen auf der Speisekarte.

Wer den echten Markusplatz kennt, der hat vielleicht bemerkt, dass die Lage des Dogenpalastes verändert wurde.

FRIENDSHIP BOOTE

Von zwei Anlegern an der Showcase Plaza (zwischen Mexico und Canada) fahren kleine Boote über die World Showcase Lagoon zu Anlegern in Deutschland und Marokko. Sie sparen auf dieser gemütlichen Fahrt kaum Zeit, können jedoch Ihren Beinen eine Pause gönnen.

GERMANY - DEUTSCHLAND

Von Italien aus gehen Sie an einer Modelleisenbahnanlage vorbei und sehen im Hintergrund schon die Häuser des deutschen Pavillons. Da sind Sie also. So lange geflogen um zu sehen, wie es bei Ihnen zu Hause aussieht. Und, haben Sie es wieder erkannt? Inspiriert wurde der Deutschland-Pavillon von Städten der Rheinregion; Frankfurt, Freiburg und Rothenburg standen Pate. Doch am Ende ist dies dann doch eine mittelalterliche Märchenstadt geworden, wie man sie nirgendwo in Deutschland finden wird. Die Gebäude sind um den St. Georg Platz angeordnet. In der Mitte steht eine Statue, die zeigt, wie Georg den Drachen tötet. Alle Stunde ertönt aus dem Turm ein Glockenspiel.

Shopping

Deutschland hat die meisten Geschäfte auf engstem Raum anzubieten; mit Ausnahme des Biergartens besteht der Pavillon ja aus nichts anderem. Zu kaufen gibt es natürlich "Deutschland-typische" Artikel.

Die Vorderfront von **Das Kaufhaus** ist in Freiburg abgeschaut, verkauft werden Glaswaren und Krüge. In **Volkskunst** gibt es Bierkrüge und Kuckucksuhren, **Der Teddybär** verkauft Steiff-Tiere, Holzspielzeuge und Puppen. Schmuck, Weingläser und Glasgravuren bekommen Sie bei **Kunstarbeit in Kristall** geboten. Wenn Ihnen nach heimatlichen Süßigkeiten der Sinn steht, besuchen Sie "**Süssigkeiten**" und nehmen sich ein paar Kekse, Brezeln, Lebkuchen oder Gummibärchen mit (so bunt sehen bei uns die Gummibärchen aber nicht aus). Nach einer Weinprobe im **Weinkeller** können Sie in **Die Weihnachtsecke** noch Nussknacker und Räuchermännchen mitnehmen, bevor Sie in **Glas und Porzellan** zusehen, wie Hummel-Figuren bemalt werden.

Restaurant

Tischbedienung: Im hinteren Teil Deutschlands ist der **Biergarten**, in dem das ganze Jahr hindurch echte Oktoberfeststimmung herrscht. Was darf hier nicht fehlen? Natürlich lange Tische, große Bierkrüge, dazu Musiker, Tänzerinnen in Dirndln und Jodler in Lederhosen. Das Büffet bietet verschiedene Würste, Brathühnchen, Spätzle und Kartoffelsalat.

Etwas Nachhilfe in amerikanisch? Folgende Worte haben die Amerikaner bei uns abgeschaut: Zu essen gibt es bratwurst, kraut, frankfurters, spaetzle und Bier trinkt man aus "steins".

über 15 $

Zusammen mit dem Deutschland-Pavillon war auch eine Rhein-Attraktion geplant. Die Holztore links vom Pavillon lassen erahnen, dass hier etwas entstehen sollte.

Ebenso sahen die ursprünglichen Pläne von Epcot einen Afrika-Pavillon mit einer Attraktion vor. Von der Idee ist nur noch der afrikanische Outpost übrig geblieben.

Restaurant

Selbstbedienung: Zwischen Deutschland und China wartet in einer "afrikanischen Ecke" der **Cool Post** mit kleinen Snacks und Eis.

bis ca. 10 $

CHINA

Durch ein Tor an der Promenade betreten Sie China und gehen direkt auf den Nachbau des Himmelstempels in Beijing zu. Wenn Sie mehr über die chinesische Kultur erfahren möchten, dann besuchen Sie im House of Whispering Willows die Ausstellung mit chinesischen Artefakten und Kunstgegenständen.

REFLECTIONS OF CHINA

Genauso wie in Kanada können Sie auch China während eines Circle Vision 360° Filmes bewundern. Sitzplätze gibt es dementsprechend auch hier nicht, aber Sie wollen sich ja sicherlich während des Filmes umsehen, ohne sich den Hals verrenken zu müssen. Der Film zeigt Beijings verbotene Stadt, die Mongolei, die große Mauer, den großen Buddha in Leshan, Hong Kong, Beijing, Shanghai und den Jangtsekiang.

Gezeigt wird der Film in der "Gebetshalle für eine gute Ernte", deren Original seit 1420 steht.

Ein Erzähler erklärt einiges zu den vielen Eindrücken, aber die Bilder sind so überwältigend, dass man ihn nicht unbedingt verstehen muss.

Attraktionstyp: 360° Kino
Dauer der Attraktion: 18 Minuten
Für Kids nicht unbedingt spannend.

Minis	1	Genießer	5		Park-Planer
Kids	2	Abenteurer	2		
Teens	3	Thrill-Rider	0	Stehen	0 von 5	3 von 5

Dieses ist der zweite Film (nach "Wonders Of China"), der hier gezeigt wird. Seit der Entstehung des ersten Filmes hatte sich viel in China getan, so dass diese Neuauflage dringend nötig war. Bei den Dreharbeiten zum ersten Film waren die Disney-Filmteams die ersten westlichen Filmemacher, die an einige der Drehorte gelassen wurden.

Shopping

Chinesische Artikel aller Art finden Sie bei **Yong Feng Shangdian**. Der Laden ist absolut imposant und auf jeden Fall einen Besuch wert, auch wenn Sie nichts kaufen.

Restaurants

Tischbedienung: Im **Nine Dragons Restaurant** können Sie die ganze Palette der verschiedenen regionalen Küchen probieren. Diese stammen aus den Regionen Mandarin, Hunan, Szechuan oder Kanton. Die Spezialität sind Ente und Huhn, dazu gibt es chinesisches Bier, Wein und natürlich Tee.

über 15 $

Selbstbedienung: Das **Lotus Blossom Café** serviert an einem Tresen Schweinefleisch süß-sauer, Orange Chicken, Suppen und andere China-Snacks, die Sie auf einer überdachten Außenterrasse genießen können. Sehr schmackhaft!

bis ca. 10 $

Norway - Norwegen

Norwegens Pavillon präsentiert sich in Anlehnung an Städte wie Bergen, Alesund und Oslo. Auch die Burg Akershus, deren Vorbild im Hafen von Oslo steht, darf in Epcot nicht fehlen. In der Stave Church Gallery auf der linken Seite gibt es eine Wikinger-Ausstellung zu bestaunen. Norwegen bietet aber nicht nur die üblichen Restaurants und Läden, hier steht außerdem die aufregendste Fahrattraktion des World Showcase.

EXPRESS

Maelstrom

Der Eingang befindet sich am hinteren Ende des kleinen norwegischen Dorfes, manchmal stehen die Besucher sogar bis draußen an. Die Warteschlange ist eintönig, es geht einfach immer eine Halle entlang bis Sie in eines der kleinen Drachenboote einsteigen.

Glücklicherweise geht es wesentlich spannender weiter: Sie fahren zunächst an einem Wikingerdorf vorbei. Die Fahrt führt dann durch einen mystischen norwegischen Wald, der von Trollen bewohnt wird. Diese mögen die Eindringlinge nicht besonders und schicken Ihr Boot rückwärts weiter, bis Sie fast einen kleinen Wasserfall herunterfallen. Doch Ihr Boot wendet wieder und weiter geht es einen kleinen Berg hinunter in die stürmische Nordsee. Blitze zucken überall und über Ihnen erhebt sich eine Ölplattform, an deren großen Beinen vorbei Sie in ein abendlich beleuchtetes Dorf einfahren.

Hier steigen Sie aus den Booten aus und bekommen nach kurzer Wartezeit noch einen fünfminütigen Film über Norwegen zu sehen.

Attraktionstyp: Bootsfahrt und Film
Dauer der Attraktion: 4 Minuten Fahrt und 5 Minuten Film
Plätze: Drachenboote mit 4 Reihen für 2 bis 3 Wikinger
Für Kids ein bisschen unheimlich.

Minis	2	Genießer	3				Park-Planer
Kids	5	Abenteurer	4				
Teens	4	Thrill-Rider	2	2 von 5	1 von 5	3 von 5	

Die Maelstrom Fahrt ist gelungen, besonders die letzte Szene in der Nordsee wirkt sehr beeindruckend. Erwarten Sie hier jedoch keine Wildwasserbahn, es ist nur ein kleiner Hügel, den Sie hinunterfahren. Wirklich nass werden die Besucher nicht, aber kleinere Wasserspritzer gibt es schon.

TIMING TIP

Sie müssen mitunter recht lange nach der Fahrt warten, bis Sie ins Kino gelassen werden. Wenn der Film kurz vor Ihrer Ankunft begonnen hat, stehen Sie hier fünf Minuten herum. Es gibt aber leider keinen anderen Weg hinaus, als den durch das Kino. Falls Sie nicht den recht schönen Film über die Menschen und die Kultur der Norweger sehen möchten, dann können Sie geradeaus durch das Kino zum Ausgang gehen, bevor Ihre Filmvorführung beginnt.

Insider INFOS

Der Norwegen-Pavillon eröffnete lange nach den anderen World Showcase Ländern am 6. Mai 1988 und wurde von einigen norwegischen Firmen gesponsert.

In Norwegen wird eine kostenlose Tour durch den Pavillon angeboten. Anmelden können Sie sich am Tourismusinfostand.

In der Warteschlange befindet sich über dem Einstieg ein großes Gemälde. Auf der linken Seite sieht man ein Wikingerschiff. Einer der Wikinger trägt Mickey-Maus-Ohren. Ein Arbeiter auf der rechten Seite trägt eine Mickey-Uhr.

Shopping

Norwegische Geschenke, Kleidung, Schmuck, Lederwaren, Spielzeug und Trolle finden Sie in **The Puffin's Roost**.

Restaurant

Tischbedienung: Das norwegische Epcot-**Restaurant Akershus** ist vor allem für sein "koldtbord" Buffet bekannt. Hier finden Sie Fisch- und Fleischgerichte, Salate, Käse und Brot.

über 15 $

Mexico

Falls Sie aus Future World in Richtung World Showcase gehen und sich dabei links halten, wird Ihnen sofort die große Pyramide in tropischer Vegetation auffallen. Erklimmen Sie ruhig die Stufen und kommen Sie herein, das Innere ist einen Blick wert. Der Eingangsbereich beherbergt eine wechselnde Ausstellung über die Kunst und Kultur Mexikos. Wenn Sie hier geradeaus hindurchgehen, ist es plötzlich Abend und Sie stehen auf einem mexikanischen Marktplatz. Um einen Brunnen herum sind Marktstände aufgebaut und in den Häusern drum herum befinden sich kleine Läden. Hinter dem Marktplatz ragt eine Pyramide in den sternenklaren Nachthimmel auf und an dem Fluss davor liegt ein kleines Restaurant.

Gran Fiesta Tour Starring The Three Caballeros

Zu der Bootsfahrt im "The Land" Pavillon und der Fahrt in Norwegen gesellt sich hier die lustigste von Epcots Bootstouren.

Die Idee der Attraktion ist es, das nahe Mexiko als Urlaubsland zu präsentieren. Mit dabei sind die drei schrägen Vögel Panchito, José Carioca und Donald Duck. Auf ihrer Mexiko-Tournee verschwindet Donald und wird fortan von den beiden anderen kreuz und quer in Mexiko gesucht. Am Ende der Fahrt geben die drei Sänger ein gemeinsames Konzert.

Attraktionstyp: Bootsfahrt
Dauer: 6 Minuten
Plätze: 6 Reihen für je 3 bis 4 Mexikaner
Für Kids super geeignet.

Minis	4	Genießer	4			Park-Planer
Kids	5	Abenteurer	2			
Teens	3	Thrill-Rider	0	1 von 5	0 von 5	2 von 5

Die Attraktion ähnelt ihrem Vorgänger "Rio Del Tiempo" in ihrem Aufbau, allerdings war diese Fahrt damals langweilig und wenig ansprechend. Dank der drei Caballeros kann nun die ganze Familie eine lustige Tour durch das Land im Süden der USA unternehmen.

TIMING TIP: Die Attraktion kann sehr viele Besucher aufnehmen, liegt aber eher versteckt. Warteschlangen sind daher sehr selten.

Shopping

Der Marktplatz **Plaza De Los Amigos** nimmt einen Großteil des nächtlichen Mexikos ein. An verschiedenen Ständen werden Papierblumen, Sombreros, Bekleidung und Töpferwaren verkauft. **El Ranchito Del Norte** bietet Geschenkartikel und Souvenirs aus Mexikos Norden und wenn Sie Ihre Familie neu einkleiden möchten, dann schauen Sie bei **La Familia Fashions** herein.

Restaurant

Tischbedienung: An einem Flusslauf im Inneren des Pavillons liegt die Terrasse des **San Angel Inn**. Hier können Sie unter dem Sternenhimmel, mit Blick auf die Pyramide und den Marktplatz, mexikanische Speisen genießen. Hierzu gehören Tacos, Tortillas und Enchiladas.

über 15 $

Selbstbedienung: Draußen vor der Pyramide finden Sie an der Lagune die **Cantina de San Angel**. Gäste können sich Tortillas, Tacos oder Churros kaufen und sich an der World Showcase Lagoon ein wenig ausruhen. Die Speisekarte gleicht größtenteils der des San Angel Inns, nur sind die Preise hier draußen moderater.

Fast Food Favorit

bis ca. 15 $

IllumiNations: Reflections Of Earth

Die World Showcase Lagoon stellt ihre Nationen vor

"Wir haben uns hier um das Feuer herum versammelt - genauso, wie Menschen aller Länder schon tausende und abertausende von Jahren zuvor - um das Licht und die Geschichten zu teilen."

Es ist kein Wunder, dass kurz vor dieser Show mit Feuerwerk, Lichtern, großen Fackeln, Wasserfontänen, Lasern und Musik fast alle Attraktionen leer sind, denn IllumiNations ist ein absolutes Muss!

Um den See herum brennen schon seit dem Sonnenuntergang 19 riesige Fackeln entlang der World Showcase Promenade. Nach und nach füllen sich die Plätze am Lagunenufer - vor allem die wenigen Bänke direkt am niedrigen Zaun sind sehr begehrt. Im Laufe der Zeit füllen sich dann auch alle anderen Plätze um die Lagune herum.

Es bietet sich Ihnen ein faszinierender Blick über den See mit den einzelnen Länderpavillons, deren Konturen mit unzähligen Lichtern illuminiert sind und den Fackeln davor, die sich im Wasser spiegeln.

Pünktlich um 21 Uhr gehen die Lichter der Pavillons aus und eine dunkle Stimme verkündet den Beginn der Show... und pustet am Ende die 19 Fackeln rund um die Lagune herum aus.

Dann steigen auch schon die ersten hell leuchtenden Raketen wie Kometen in den schwarzen Nachthimmel.

Das erste Segment der Show erzählt von der Entstehung des Universums, beginnend beim Urknall. Es trägt den Titel "Chaos".

Es folgt die "Ordnung". Dabei schwimmt eine Weltkugel in die Mitte der Lagune und das Feuerwerk "erzählt" von der Entstehung der Erde. Auf den Kontinenten der Kugel werden dabei Szenen aus aller Welt gezeigt.

Am Ende (im Segment namens "Bedeutung") öffnet sich die Kugel und heraus kommt die 20. Fackel.

Obwohl sich vieles in der Luft abspielt, sind auch einige Effekte auf dem Wasser und auf der Kugel in der Mitte der Lagune zu sehen. Daher ist ein Platz auf der Promenade direkt am Wasser am schönsten.

Richten Sie sich darauf ein, dass diese Plätze auch dementsprechend schnell belegt sind. Wer sich eine halbe Stunde vor dem Feuerwerk einen Platz sucht, ist oft schon (viel zu) spät dran!

Nach dem Feuerwerk haben Sie zwei Möglichkeiten: Entweder, Sie drängeln sich mit Tausenden von anderen Besuchern auf das Spaceship Earth und damit dem Ausgang zu, oder Sie drängeln sich mit einer Unmenge von Menschen in die Läden, die noch nach dem Feuerwerk geöffnet sind.

Zu empfehlen ist die erste Variante: Langsam zum Ausgang gehen (immer der Strömung folgen) und dabei kein Familienmitglied verlieren. Ihre Einkäufe sollten Sie schon vorher erledigt haben!

Genießen Sie diesen Abschied von Epcot und versuchen Sie nicht den Park fluchtartig zu verlassen. Der nächtliche Park ist ein fantastischer Anblick, die erleuchtete Kugel des Spaceship Earth bietet noch einmal ein wunderschönes Fotomotiv (benutzen Sie z.B. einen Mitreisenden als Stativersatz) und während Sie langsam heraus schlendern, fallen Ihnen sicher auch die funkelnden Lichter im Gehweg auf.

Seit der Einführung des Feuerwerks 1988 war für lange Zeit das Spektakel IllumiNations die einzige allabendliche Attraktion in Epcot. Dies sollte sich zu der Millenniumsfeier von Walt Disney World ändern, denn 1999 und 2000 zog zweimal am Abend die stimmungsvolle Parade "Tapestry Of Nations" (bzw. "Tapestry Of Dreams") um die World Showcase Lagoon und bot so ein Vorprogramm zu dem seit dem 1. Oktober 1999 folgenden Feuerwerk mit dem Titel "Reflections Of Earth 2000". Nach der Millenniumsfeier blieb das Feuerwerk, lediglich die "2000" verschwand aus dem Titel.

Ein Tag in Epcot

Epcot an einem oder an zwei Tagen erleben

EPCOT AN EINEM SPANNENDEN TAG

Seien Sie kurz vor der offiziellen Öffnungszeit am Epcot-Eingang. Strömen Sie sofort mit der breiten Masse zu The Land und fliegen Sie dort mit **Soarin'**.

Gehen Sie zu **Test Track**, holen Sie sich einen Fastpass und gehen Sie dann sofort ein paar Meter nach links zu **Mission: Space**. Mit dem Fastpass erleben Sie danach, wie bei Test Track Autos getestet werden.

Falls es schon 11 Uhr ist, seien Sie einer der Ersten im **World Showcase**. Starten Sie in Kanada und gehen Sie gegen den Uhrzeigersinn herum. Wenn Ihnen irgendwo das landestypische Essen gefällt, dann machen Sie hier eine Mittagspause. Auf dem Weg nach **Mexiko** sollten Sie auf jeden Fall die **Maelstrom**-Fahrt in **Norwegen** und vielleicht einen der Filme mitnehmen (**Kanada** oder **China**). Bummeln Sie durch die vielen tollen Läden und schauen Sie sich noch die **American Adventure Show** an, wenn Sie diese interessiert. Nach dem Mexiko-Besuch (mit der lustigen Bootsfahrt) geht es wieder nach Future World.

Keinesfalls fehlen darf der Besuch im **Spaceship Earth**, nachdem Sie dann vielleicht bei **Sunshine Seasons** in The Land etwas essen können. Hier fehlt auch noch die Bootsfahrt **Living With The Land**.

Je nach Uhrzeit können Sie vorher oder hinterher noch **Imagination!** oder **The Seas** besuchen oder Souvenirs einkaufen gehen.

Spätestens eine dreiviertel Stunde vor dem **Feuerwerk** sollten Sie sich einen Platz an der Lagune suchen. Zum Beispiel von Kanada aus hat man einen guten Blick auf das Feuerwerk und einen nicht allzu weiten Weg zum Ausgang.

Bummeln Sie nach dem Feuerwerk gemütlich Richtung Spaceship Earth. Sehen Sie dabei auch einmal nach unten: Die Gehwegplatten bei Innoventions funkeln Ihnen zum Abschied zu.

EPCOT AN ZWEI (ENT-) SPANNENDEN TAGEN

Die Unterteilung von Epcot in Future World und das World Showcase macht eine Zwei-Tage-Planung leicht:

Am ersten Tag ist **Future World** pur angesagt! Sie starten pünktlich zur offiziellen Öffnungszeit und gehen dann gleich zu **Test Track**. Falls Sie schnelle Fahrten mögen, können Sie sich auch noch vor der Fahrt einen Fastpass für eine zweite Runde holen. Weiter geht es zu **The Land** und dort mit einem Fastpass ab in die Lüfte mit **Soarin'**, nachdem Sie sich in der Zwischenzeit den übrigen Pavillon angesehen haben.

Hinterher geht es hinüber zum **The Seas** Pavillon, in dem die Fahrt sehenswert ist. Für die übrigen Future World Pavillons haben Sie nun genug Zeit. Machen Sie, wonach Ihnen gerade ist. Vergessen Sie auf keinen Fall die kostenlosen Erfrischungen beim **Club Cool**!

Falls Sie am Abend nicht allzu erschöpft sind, können Sie ja schon einmal das **Feuerwerk** über der World Showcase Lagoon ansehen.

Der zweite Tag startet wieder in Future World. Es fehlt auf jeden Fall noch **Mission: Space** (wenn dieses extreme Erlebnis etwas für Sie ist). Dann können Sie bis 11 Uhr noch einmal Ihre Lieblingsattraktionen mitmachen.

Pünktlich um 11 Uhr geht es dann zur **World Showcase Lagoon**. Starten Sie rechts bei Kanada, nehmen Sie sich Zeit und schauen Sie sich jeden der Länderpavillons ausgiebig an.

Verpassen Sie nicht die Filme in **Kanada**, **Frankreich** und **China**, sowie die Bootsfahrten in **Norwegen** (**Maelstrom**) und **Mexiko** (**Gran Fiesta Tour**).

Den Epcot Abschluss bildet dann das **Feuerwerk** über der Lagune.

Epcot

Walt Disney über seine ursprünglichen Pläne für EPCOT:

"EPCOT ist so wie die Stadt der Zukunft sein sollte."

Park-Planer Highlights

Epcot - futuristisch und touristisch!

Shows & Filme

American Adventure (97)
Circle Of Life (90)
Honey, I Shrunk The Audience (88)
IllumiNations (102)
Impressions de France (95)
O Canada! (94)
Reflections Of China (99)

Thrillrides

Mission: Space (85)
Test Track (86)

Tolle Fahrten

Journey Into Imagination (89)
Living With The Land (90)
The Seas With Nemo (92)
Spaceship Earth (82)

Aufregende Attraktionen

Maelstrom (100)
Soarin' (90)

Kinder mögen

Gran Fiesta Tour (101)
Journey Into Imagination (89)
Living With The Land (90)
The Seas With Nemo (92)

Fastpass

Honey, I Shrunk The Audience* (88)
Living With The Land (90)
Maelstrom (100)
Mission: Space (85)
Soarin' (90)
Test Track (86)

* Fastpass nicht immer verfügbar.

Fast Food Favoriten

Cantina De San Angel (101)
Getränke im Club Cool (88)
Sunshine Seasons (91)

Die schnellste Attraktion: Test Track, mit 105 km/h eine Straße entlang brausen, schneller geht es in Disney World nirgends!

Die wildeste Attraktion: Mission: Space, ein realitätsgetreuer Flug quer durch den Weltraum inklusive dem Gefühl von Schwerelosigkeit.

Die längste Attraktion: Universe of Energy, eine gute dreiviertel Stunde etwas über Energie erfahren.

Die nasseste Attraktion: Maelstrom in Norwegen, obwohl man auch hier nicht wirklich nass wird, sondern nur ein paar Tropfen abbekommt.

Disney's Hollywood Studios

Eine Prise Hollywood und eine große Portion Disney-Zeichentrick

"Das Hollywood, so wie es niemals war und immer sein wird" ["The Hollywood that never was and always will be."], so beschrieb Michael Eisner, Vorstandsvorsitzender der Disney Company, den dritten Disney-Themenpark namens "**Disney-MGM Studios Park**" bei der Eröffnung am 1. Mai 1989.

Und dabei sollte dies zunächst gar kein neuer Themenpark werden. Geplant war eine Erweiterung von Epcots Future World durch einen Pavillon zum Thema "Film". Dieser Pavillon sollte zwischen "Journey Into Imagination" und "The Land" angelegt werden.

Die Epcot-Besucher sollten durch verschiedene Filmszenen fahren und diese miterleben können. Doch neben dieser Idee, die Sie nun als "The Great Movie Ride" besichtigen können, fielen den Disney Imagineers noch viele andere Dinge ein, die zu dem Thema Film passten. Eigentlich waren es zu viele Ideen, um diese alle in einem einzigen Pavillon zu vereinen.

Unter der Leitung von Disney-Chef Michael Eisner wurde die Idee zu einem kompletten Themenpark weiterentwickelt, dem dritten auf dem Walt Disney World Resort Gelände.

Das ursprüngliche Wahrzeichen dieses neuen Parks steht allerdings nicht im Zentrum, wie das Cinderella Schloss und das Spaceship Earth, sondern ein wenig abseits. Es handelt sich hierbei um den Nachbau eines Wasserturms, von denen es zahlreiche bei den Filmstudios in Hollywood gab. Dieser Turm hier hatte allerdings zwei runde Mickey Maus Ohren, was ihm auch den Namen "Earful Tower" oder auch "Earffel Tower" einbrachte.

Der neue Disney-Park hatte von Anfang an unerwartet großen Publikumserfolg. Schon nach kurzer Zeit musste der Parkplatz erweitert werden und auch neue Attraktionen folgten bald. Aus dem Tomorrowland in Disneyland Anaheim holte man Star Tours nach Florida und später zogen dann auch die Muppets in ihr eigenes Theater ein und sorgten für allerlei Trubel.

Ein neues "Themenland" begrüßte 1994 die ersten Besucher. Der Sunset Boulevard wurde eröffnet, überschattet von einem alten Hotel, um das sich so manche merkwürdige Geschichten ranken. Man sagt, hier seien Hotelgäste verschwunden - mitsamt einem ganzen Gebäudeteil. Die Legende vom Tower Of Terror war geboren.

1998 feierte "Fantasmic!" Premiere an der Ostküste. Das Vorbild hatte schon in Kalifornien großen Erfolg. Dort läuft das unglaubliche Spektakel mitten im Frontierland auf Tom Sawyer Island und die Besucher müssen an den Rivers Of America stehen. Die Besucher der Fantasmic-Show in den Disney-MGM Studios sollten es da besser haben. Hier wurde extra eine riesige Arena nur für diesen Zweck gebaut und die Show aus Disneyland wurde komplett überarbeitet.

Es dauerte nur ein weiteres Jahr, bis noch eine Top-Attraktion neben dem Tower Of Terror am Sunset Boulevard einzog. Der neue Nachbar, namens Rock `n` Roller Coaster, war die erste Attraktion in einem amerikanischen Disney-Park, in der die Besucher durch Loopings fuhren. Dies war für die amerikanischen Disney-Parks, die Unterhaltung für die *ganze* Familie bieten wollten, eine Neuerung. Doch schon vorher wurden Disney-Besucher auf den Kopf gestellt und zwar im Space Mountain in Disneyland Paris.

Eine andere Attraktion wurde dann gleich komplett aus Paris importiert, nämlich die Auto-Stunt-Show "Lights, Motors, Action!". Diese läuft in fast identischer Fassung in beiden Parks.

Das Jahr 2008 brachte dann den Studios den neuen Namen "**Disney's Hollywood Studios**". Es folgte die Eröffnung zweier neuer Top-Attraktionen: Die Videospiel-Fahrattraktion "Toy Story Mania!" und die Talentshow "American Idol Experience".

Disney's Hollywood Studios

Ein riesiger Eisstand: Dinosaur Gerti

Disney · PIXAR

TOY STORY MANIA!

Eine der beliebtesten Attraktionen für Besucher jeden Alters!

Explosionen, Motorradsprünge, Schüsse - Action pur!

Alle Fotos: © Disney

Lights, Motors, Action! Die explosive Stunt-Show wurde direkt aus Paris importiert.

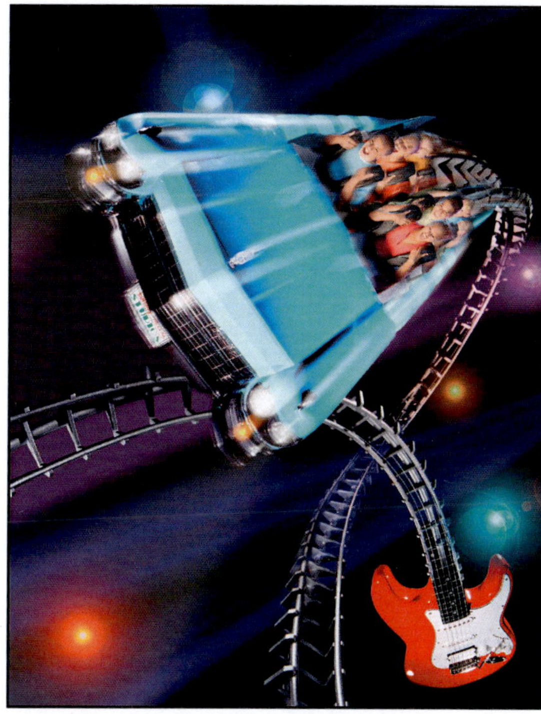

Mit Aerosmith geht es kopfüber im Rock 'n' Roller Coaster durch Los Angeles.

Während der Backlot Tour fährt die Tram auch durch den Catastrophe Canyon.

Disney's Hollywood Studios Park-Plan

Nr.	Attraktion
1	Beauty And The Beast - Die Geschichte um "Die Schöne und das Biest" als Musical-Aufführung.
2	Fantasmic! - Ein allabendliches Show-Spektakel, das Sie keinesfalls verpassen dürfen!
3	Tower Of Terror - 13 Stockwerke in einem Fahrstuhl dem Erdboden entgegen fallen!
4	Rock 'n' Roller Coaster - Mit der Rockgruppe Aerosmith geht es durch das nächtliche L.A.
5	Indiana Jones - Der Mann mit Hut und Peitsche in seinem neuesten Abenteuer.
6	Star Tours - Fliegen Sie mit einem Starspeeder zum Mond von Endor.
7	Muppet Vision 3D - Jetzt tanzen alle Puppen, macht auf der Bühne Licht...
8	Lights, Motors, Action! - Wilde Action-Stunts in einem kleinen französischen Dorf.
9	Backlot Tour - Blicken Sie hinter die Kulissen des Filmbusiness.
10	One Man's Dream - Für alle Disney-Fans die ultimative Ausstellung zur Parkgeschichte.
11	Ariel The Little Mermaid - Zauberhafte Unterwassershow mit der kleinen Meerjungfrau Arielle.
12	Magic Of Disney Animation - Ein kurzer Einblick in die Entstehung eines Zeichentrickfilms.
13	The Great Movie Ride - Erleben Sie die berühmtesten Szenen der Filmgeschichte.
14	Playhouse Disney - Die Stars aus dem Mickey Mouse Clubhouse laden Sie herzlich ein.
15	Honey, I Shrunk The Kids Movie Set Adventure - Ein Spielplatz im Riesenformat.
16	Sounds Dangerous - Das klingt nicht nur gefährlich, sondern vor allem lustig!
17	Die neueste Studio-Attraktion für Gesangstalente: American Idol Experience
18	Journey Into Narnia - Einblicke in die Entstehung von "Prince Caspian".
19	Toy Story Mania! - Ein virtueller Jahrmarktbesuch mit den Freunden aus "Toy Story".

Hollywood Studios

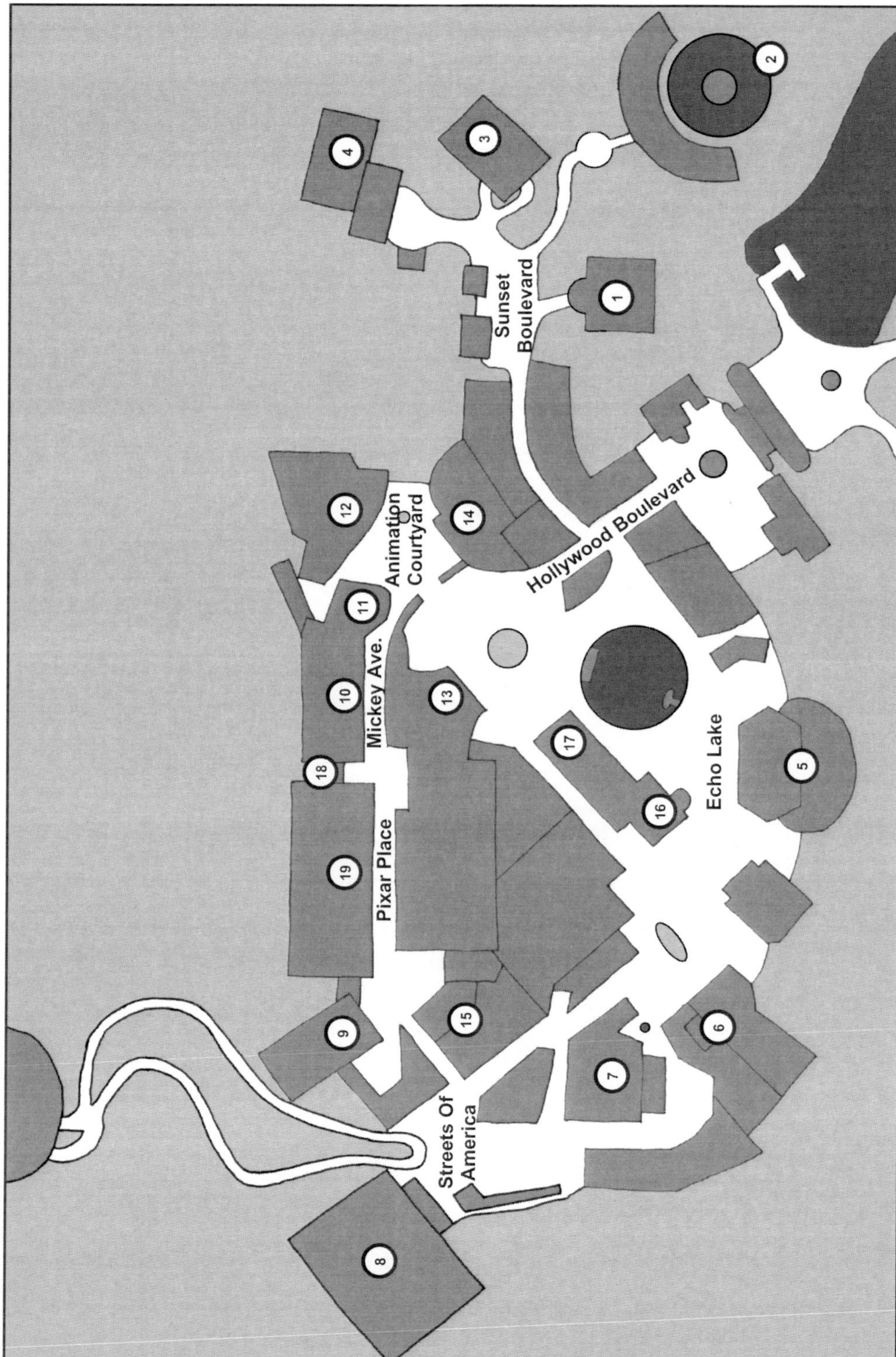
Sunset Boulevard
Hollywood Boulevard
Animation Courtyard
Mickey Ave.
Pixar Place
Echo Lake
Streets Of America
1
2
3
4
5
6
7
8
9
10
11
12
13
14
15
16
17
18
19

Das Wichtigste über Disney's Hollywood Studios

Herzlich Willkommen in Hollywood!

Öffnungszeiten

Die Studios sind normalerweise von 9 Uhr morgens bis etwa eine Stunde nach Sonnenuntergang geöffnet. In der Saison kann der Park aber durchaus bis Mitternacht oder sogar noch länger geöffnet sein!

Timing Tips

Seien Sie etwa eine Viertelstunde vor der offiziellen Öffnungszeit da. Sie können dann schon einmal den Hollywood Boulevard erkunden und vielleicht einen ersten Blick in die Läden werfen. Über den Hollywood Boulevard hinaus kommen Sie jedoch nicht. Weiter in den Park und in die Attraktionen werden die Besucher erst pünktlich um 9 Uhr gelassen.

Der Park hat auf den ersten Blick nicht allzu viele Attraktionen, doch verschlingen besonders die Shows übermäßig viel Zeit! Nutzen Sie den Fastpass für die Fahr-Attraktionen und nicht für die Shows (Ausnahme: Arielle) und planen Sie die Shows sparsam in Ihr Tagesprogramm ein.

Vom Parkplatz zum Park

Auch hier wieder der Hinweis, dass es sich am späten Abend (denn Fantasmic! startet meistens recht spät) als nützlich erweist, sich am frühen Morgen die Parkreihe notiert zu haben. Sie stellen hier Ihren Mietwagen auf Parkplätzen mit Namen wie Music, Stage, Television oder Film ab - und finden ihn dort am Abend hoffentlich schnell wieder. Ihre Reise zu den Toren des Parks treten Sie mit der gewohnten Tram an - und auch während der kurzen Fahrt erzählt man Ihnen die Sache mit Ihrer Parkreihe noch mehrmals.

Shopping Tips

Viele schöne Läden gibt es auf dem Hollywood Boulevard und am Anfang des Sunset Boulevards. Ansonsten finden Sie thematisch passende Souvenirs bei allen Attraktionen. Wie wäre es mit einem echten Indiana Jones Hut? Oder Star Wars Sammelfiguren? Oder vielleicht kaufen Sie sich einen Bademantel aus dem Tower Of Terror? Bei jeder Attraktion findet sich irgendwo mindestens ein Laden, der ungewöhnliche und exklusive Dinge anbietet.

Sie suchen Mickey Maus oder einen anderen Character?

Es gibt viele verschiedene Character Treffpunkte, die im ganzen Park verteilt sind. Wo genau Sie welche Disney-Stars treffen, steht im offiziellen Parkplan. Bei "The Magic Of Disney Animation", unter dem großen Zaubererhut, in der Nähe der Backlot Tour und bei Luigi's Garage (hinter den Muppets) sind einige der Treffpunkte.

Im Restaurant Hollywood & Vine treffen Sie auch einige Disney-Figuren bei "Play 'n Dine at Hollywood & Vine", falls Sie hier essen möchten.

Schliessfächer

Ihr "Übergepäck" können Sie gleich rechts hinter dem Eingang einschließen.

Durch den Eingang und los!

Die Studios sind kleiner als Epcot, doch ist das Park-Layout nicht so klar wie das der anderen Parks. Daher werden Sie hier häufiger Ihren Parkplan zu Rate ziehen müssen. Denken Sie daran, sich am Eingang einen Plan zu nehmen.

Die Main Street heißt hier Hollywood Boulevard und führt direkt auf einen gigantischen Zaubererhut zu. Dahinter versteckt sich Grauman's Chinese Theater. Vom Hollywood Boulevard geht nach rechts der Sunset Boulevard ab. Hier werden alle, die den maximalen Nervenkitzel suchen, als erstes hinunter gehen. Am Ende warten der Rock \`n\` Roller Coaster und der Tower Of Terror. Also sollten Sie sich gleich am Morgen einen Fastpass für den Fahrstuhl holen und dann Loopingbahn fahren - oder andersherum. Wer ruhiger starten möchte, für den bietet sich "The Great Movie Ride" und die Backlot Tour an. Mit Kindern sollten Ihre Ziele des Tages zunächst Toy Story Mania und später Arielle, die Schöne und das Biest und Playhouse Disney sein. Da die Shows zu bestimmten Zeiten laufen, ist Timing gefragt.

Hollywood Boulevard

Den Eingang zu Disney's Hollywood Studios bildet die Reproduktion der Fassade des Pan-Pacific Auditoriums in Los Angeles. Allerdings gibt es das Original seit 1989 nicht mehr, so dass Sie nur hier noch die Möglichkeit haben, durch diese Torbögen zu gehen. Direkt dahinter, auf der Entrance Plaza, finden Sie einen Informations- und Souvenirstand, der auch ein Vorbild in L.A. hat. Das Original steht beim Shopping-Center "Crossroads of the World" am Sunset Boulevard. Dieses Vorbild steht noch, allerdings trägt es nur hier im Park die Mickey Maus oben auf der Weltkugel.

Auf dem Hollywood Boulevard finden Sie in erster Linie viele schöne Läden und ein paar Restaurants. Am Ende des Boulevards wartet ein anderes Hollywood Wahrzeichen auf Sie: Eine originalgetreue Nachbildung des berühmten Grauman's Chinese Theater, dem bekannten Kino, in dem viele Hollywood-Premieren stattfinden und das besonders durch die Hand- und Fußabdrücke vor dem Eingang bekannt geworden ist. Leider ist die Fassade des Theaters hinter Mickeys Zaubererhut aus "Fantasia" verschwunden. Dieses neue Wahrzeichen bildet nun den visuellen Mittelpunkt des Parks.

The Great Movie Ride

Das Grauman's Chinese Theater am Hollywood Boulevard in Los Angeles ist eines der berühmtesten Premierenkinos. Hier stehen Sie nun vor einem Nachbau der Fassade. Im Vorhof sind zahlreiche Hand- und Fußabdrücke im Zement verewigt. Weiter geht es in das Theater hinein. Sie gehen durch die Lobby hindurch in einen großen Kinosaal, durch den sich die Warteschlange immer weiter Richtung Leinwand schlängelt. Während Sie hier etwas Wartezeit verbringen, flimmert über die Leinwand ein bunter Zusammenschnitt aus vielen Filmklassikern (Casablanca, Indiana Jones und viele andere). Gut eingestimmt geht es in den Einstiegsbereich, den ein riesiges nächtliches Hollywood-Panorama ziert. Dort nehmen Sie in einem der großen Wagen Platz. Ihr Tourguide ist auch schon mit an Bord und begrüßt Sie recht herzlich im Kino. Nun heißt es "Licht, Kamera, Action" und Sie fahren durch einen strahlenden Kinoeingang in die Welt des Films hinein. Es geht los mit dem Musical "Footlight Parade", gefolgt von Gene Kelly, der hier im Regen singt. Die Musik hinter der nächsten Biegung kennen Sie bestimmt, genauso wie die beiden Hauptdarsteller über den Dächern Londons: Julie Andrews und Dick Van Dyke als Mary Poppins und der Kaminkehrer Bert. Eine düstere Gasse ist der nächste Schauplatz, dies ist Gangster Alley. Es kann sein, dass Sie hier überfallen werden. Wenn Sie etwas Glück haben, bleiben Sie jedoch verschont und Sie fahren in den Wilden Westen. John Wayne sitzt auf seinem Pferd und begrüßt Sie, bevor Sie über die Hauptstraße einer kleinen Westernstadt fahren. Spätestens jetzt werden Sie Zeuge eines Überfalls. Ihr Tourguide wird gekidnappt und der Gangster übernimmt Ihr Gefährt.

Es wird dunkel. Sie sind in einem Raumschiff, der Nostromo. Auf der linken Seite sehen Sie, wie Officer Ripley (alias Sigourney Weaver) sich auf den Alien-Angriff vorbereitet... schon geht es weiter, an Indiana Jones mit der Bundeslade vorbei, durch ein ägyptisches Grab voller Mumien zu einem Schatz. Da kann Ihr Kidnapper nicht widerstehen... nun, der Fluch wird sich seiner annehmen.

Kurz geht es durch den Urwald, an Tarzan und Jane vorbei nach Afrika. Um genau zu sein, sind wir auf einem Flugplatz in Casablanca. Der Rotor des Flugzeuges läuft schon, Humphrey Bogard sieht Ingrid Bergman noch einmal tief in die Augen und schon geht es wieder weiter. In einem kleinen bunten Dörfchen taucht mit viel Qualm eine böse Hexe auf. Wie geht es für Sie weiter? Folgen Sie der Yellow Brick Road, vorbei an Dorothy und den anderen Helden aus dem Zauberer von Oz, in einen Kinosaal. Drei Minuten lang sehen Sie nun noch einmal einen phantastischen Zusammenschnitt der berühmtesten Filmszenen, bevor Sie wieder in den Hollywood

Hills ankommen. Und: "Cut"!

Attraktionstyp: filmreife Fahrt
Dauer der Attraktion: 19 Minuten
Plätze: große Wagen mit 12 Reihen für je 4 bis 5 Filmfreunde
Für Kids zeitweise dunkel und stellenweise etwas unheimlich.

Minis	1	Genießer	5
Kids	3	Abenteurer	3
Teens	4	Thrill-Rider	0

Park-Planer: 1 von 5 | 0 von 5 | 4 von 5

TIMING TIP: Lange Schlangen bilden sich hier häufig am Morgen und nach der Parade. Wenn Sie beim Schlangestehen im Kinosaal angekommen sind, verbringen Sie hier noch etwa 20 kurzweilige Minuten.

Insider INFOS: Das ursprüngliche Grauman's Chinese Theater wurde 1973 von Ted Mann übernommen und heißt seitdem Mann's Chinese Theater.

Shopping

Zum Shoppen ist die große Ansammlung von Läden am Hollywood Boulevard ideal. Beim Betreten des Parks finden Sie auf der Mitte der Eingangsplaza den Kiosk **Crossroads Of The World**. Oben auf der hohen Spitze steht Mickey auf einer Kugel. Der Kiosk verkauft eine kleine Auswahl an Souvenirs und hier können Sie sich auch noch einen Parkplan mitnehmen, falls Sie dies am Eingang verpasst haben. Auf der rechten Seite können Sie bei einer Tankstelle eine Kinderkarre oder einen Rollstuhl mieten, auf der linken Seite befindet sich der sehr ungewöhnliche Laden **Sid Cahuenga's One-Of-A-Kind**. Hier finden Sie Autogramme, Filmplakate und andere Filmandenken, alles zu einem nicht ganz günstigen Preis. Bei **Keystone Clothiers** finden Sie und Ihre Familie Kleidung mit dem Disney Touch. **Mickey's Of Hollywood** hat das volle Souvenirprogramm anzubieten – und was das heißt, wissen Sie ja. Die Art Deco Fassade von **The Darkroom** zeigt einen überdimensionalen Fotoapparat. Dementsprechend finden hier Fotofreunde das passende Zubehör. Spielzeug, Kinderkleidung und Stofftiere gibt es bei **L.A. Cinema Storage**.

Restaurant

Tischbedienung: Der Hollywood Boulevard bietet nur ein einziges Restaurant, dieses ist dafür umso exklusiver. Das Original des **Hollywood Brown Derby** finden Sie auf der Vine Street in Los Angeles, doch soweit müssen Sie natürlich nicht reisen, denn diese Kopie ist ebenso stilecht. An den Wänden finden sich Kopien der Original-Karikaturen vieler bekannter Schauspieler, mit denen ein Zeichner seine Mahlzeiten bezahlt hatte. Die Inneneinrichtung ist sehr elegant und auf der Speisekarte findet der hungrige Gast natürlich auch den berühmten Cobb Salat, benannt nach Bob Cobb, dem in den 1930ern das Restaurant gehörte. Der Salat ist eine Mischung aus fein gehacktem Salat, Tomaten, Speck, Truthahn, Eiern, Blue Cheese und Avocados, serviert mit einem French Dressing. Aber es gibt auch andere Salate, Shrimps, Pasta, Lamm und zum Abschluss eine Auswahl verschiedener Desserts.

über 15 $

Sunset Boulevard

Mit der Super-Stretchlimo in die Twilight Zone? Fantasmic!

Auf dem Weg zum großen Zaubererhut aus Fantasia geht rechts vom Hollywood Boulevard der Sunset Boulevard ab. Neben einigen Geschäften und verschiedenen kleinen Ständen, an denen es etwas zu essen gibt, sind hier zwei der beliebtesten und schnellsten Attraktionen des Parks untergebracht: Die Rockgruppe Aerosmith lädt zu einer nächtlichen Tour durch L.A. ein und anschließend können Sie im Hollywood Tower Hotel absteigen. Neben dem Musical zu "Die Schöne und das Biest" finden Sie hier den Eingang zu der Arena, in der jeden Abend das faszinierende Spektakel "Fantasmic!" stattfindet. Dies alles macht den Sunset Boulevard zu einem absoluten Muss für jeden Parkbesucher!

EXPRESS

Park-Planer Highlight

Minis	0	Genießer	1			Park-Planer
Kids	0	Abenteurer	4			
Teens	4	Thrill-Rider	5	5 von 5	0 von 5	5 von 5

THE TWILIGHT ZONE TOWER OF TERROR

Am Ende des Sunsets liegt ein altes Hotel, welches hoch über den anderen Gebäuden aufragt. Zu Halloween im Jahre 1939 schlug hier während eines heftigen Sturmes ein Blitz ein. Dabei verschwanden ein ganzer Gebäudeflügel und mit ihm zusammen ein Fahrstuhl mit fünf Personen.

Sie betreten das Hotel durch die pompöse Lobby, in der seit mehr als 70 Jahren nichts verändert wurde, sogar die Koffer stehen noch vor der Rezeption. Dann werden Sie in die kleine Bibliothek des Hotels geführt, wo Ihnen Rob Serling, der Moderator der Serie "The Twilight Zone", noch einmal die Geschichte des Hotels erzählt und Sie herzlich einlädt zu einem Besuch... der Twilight Zone!

Als nächstes betreten Sie den Heizungskeller des Hotels und besteigen von hier aus einen der vier Service-Fahrstühle. Dieser fährt hoch und stoppt, die Türen öffnen sich und der Blick auf einen langen Korridor wird frei. In ihm sieht man eine Gruppe von Hotelgästen, die plötzlich verschwindet. Weiter geht es nach oben. Der nächste Stopp ist noch ungewöhnlicher, nämlich die fünfte Dimension (in Anlehnung an die TV-Serie). Hier bewegt sich der Fahrstuhl auf einmal vorwärts.

Bis hierhin war die Fahrt zwar ungewöhnlich, aber ruhig. Doch das ändert sich schlagartig, denn es folgt eine Sequenz aus Aufwärtsfahrten und Abstürzen in die Tiefe. Oben, im 13. Stockwerk (in etwa 50 Metern Höhe), öffnen sich dann die Türen und man hat einen schönen Blick über den Park, allerdings nicht viel Zeit diesen zu genießen, denn der Fahrstuhl saust danach sofort wieder in die Tiefe, wobei die langen Abwärtsfahrten nur 2½ Sekunden dauern, aber wie eine Ewigkeit erscheinen können.

Attraktionstyp: Freefall-Turm
Dauer der Attraktion: Preshow Video 1:30 Minuten, Fahrt 3 Minuten
Plätze: Fahrstühle mit 3 Reihen für insgesamt 22 Hotelgäste
Für Kids ab 102 cm ein sehr, sehr intensives Erlebnis und nicht gut geeignet!

Insider INFOS

Der Tower wurde am 22. Juli 1994 eröffnet, doch noch im Nachhinein wurde die computergesteuerte Fallsequenz insgesamt drei Mal komplett überarbeitet, damit noch mehr Thrill in die Fahrt kommt. Die letzte Veränderung (die Planungen hierfür haben 2 Jahre gedauert) hat den Tower im wahrsten Sinne des Wortes "unberechenbar" gemacht: Seit dem 31.12.2002 ist die komplette Fallsequenz zufallsgesteuert. Niemand kann vorhersagen, wie der "Fall" abläuft und jeder Besuch im Hollywood Hotel ist anders! Der Tower alleine weiß, wie Ihr Besuch im Hotel ablaufen wird.

Der Tower ist mit 199 Fuß (ca. 60m) das höchste Gebäude der Disney-Parks. Diese Höhe ist kein Zufall. Die amerikanische Flugaufsichtsbehörde schreibt vor, dass Gebäude ab 200 Fuß rote Warnlampen auf dem Dach haben müssen. Damit wollten die Imagineers ihr Hotel nicht verunstalten.

Zu den Vorbereitungen der Imagineers gehörte eine Menge Fernsehen. Jede der 156 Originalfolgen der Serie haben sie mindestens zweimal gesehen, um das richtige Gefühl für die Atmosphäre zu bekommen.

TIMING TIP

Nehmen Sie im Heizungskeller den linken Weg, dieser führt Sie etwas schneller zu den Fahrstühlen!

Die erste Sitzreihe hat beim Einsteigen die Nummern 1 und 2.

Im Souvenirladen gibt es die Geschichte des Hollywood Tower Hotels als Spielfilm auf DVD zu kaufen.

Achten Sie während des Videos in der Bibliothek auf das kleine Mädchen. Sie trägt eine Mickey Maus Puppe in der Hand.

TIMING TIP

Falls die Wartezeitanzeige am Eingang "13 minutes" anzeigt, dann gibt es meistens keinerlei Schlange vor dem Betreten der Bibliothek.

Park-Planer Highlight

ROCK 'N' ROLLER COASTER STARRING AEROSMITH

Gleich links neben dem Tower of Terror liegt ein anderer Thrill-Ride. Sie besuchen zuerst einmal die Produktionsräume von G-Force Records. Im Aufnahmeraum begegnen Sie der Rockband Aerosmith, die gerade zu einem Konzert aufbrechen will und letzte Dinge mit der Managerin klärt. Doch der Leadsänger Steven Tyler möchte die Besucher nicht zurücklassen und daher sollen Sie der Band zum Konzert folgen – allerdings sind Sie ja in L.A., es ist Rush-hour auf den Highways und Sie haben nicht viel Zeit. Sie klettern in eine lange Stretch-limousine und rasen durch das nächtliche Los Angeles An jedem Sitzplatz sind fünf Lautsprecher angebracht, die die rockige Fahrt mit einem ebenso rockigen Soundtrack unterlegen. Wie schon gesagt, Sie haben es eilig und daher beschleunigt Ihre Limo in nur 2,8 Sekunden auf einen Topspeed von 95 km/h. Unterwegs rasen Sie am nächtlichen Hollywood mit bunter Leuchtreklame vorbei und mitten durch zwei Loopings und einen Korkenzieher hindurch.

Attraktionstyp: Indoor Loopingbahn
Dauer der Attraktion: Preshow 1:30 Minuten, Fahrt 2 Minuten
Plätze: Stretchlimousine mit 12 Reihen für je 2 Aerosmith-Fans
Für Kids ab 122 cm. Achtung: Wild!!

Minis	0	Genießer	0			
Kids	1	Abenteurer	2			
Teens	4	Thrill-Rider	5	5 von 5	0 von 5	5 von 5

Insider INFOS: Seit dem Sommer 1999 rockt diese Loopingbahn und war damit die erste Disney-Attraktion auf amerikanischem Boden, die ihre Mitfahrer auf den Kopf stellt. Eine leicht veränderte Kopie steht in den Walt Disney Studios, Paris.

An der Seitenwand des Gebäudes ist ein großes Bild mit drei Hidden Mickeys: Ein Junge trägt Mickey-Ohren, der Gitarrist hat eine Mickey-Kette und der Sänger hat sich eine Mickey-Weste angezogen.

BEAUTY AND THE BEAST LIVE ON STAGE

Im "Theater Of The Stars", einem 1500 Sitze umfassenden Amphitheater am Sunset Boulevard, wird während einer zwanzigminütigen Show die Geschichte um die Schöne und das Biest präsentiert. Mit dabei sind natürlich die Hauptdarsteller des Disney-Zeichentrickfilms, wie Belle, Gaston, Mrs. Potts und das Biest. Genauso wenig darf die berühmte Filmmusik fehlen.

Attraktionstyp: Show
Dauer der Attraktion: 20 Minuten
Plätze: 1500 Sitzplätze
Für Kids geeignet, wenn sie den Film kennen.

Minis	2	Genießer	4			
Kids	4	Abenteurer	0			
Teens	2	Thrill-Rider	0	0 von 5	0 von 5	2 von 5

Park-Planer Highlight

FANTASMIC!

Das Hollywood Hills Theater wurde extra für dieses allabendliche Spektakel gebaut. Dieses Amphitheater fasst dabei insgesamt 10.000 Besucher, die eine einmalige Show in Anlehnung an den Disney-Film "Fantasia" zu sehen bekommen. Während der 26minütigen Show bekommen Sie einen Einblick in die Träume von Mickey Maus. Doch sein Traum verwandelt sich in einen bösen Alptraum, in dem viele bekannte Disney-Bösewichte auftreten. Außerdem werden mit Feuerwerkseffekten, Wasserfontänen, Lasern, Spezialeffekten, Filmausschnitten, Musikuntermalung und vielen Darstellern Szenen aus bekannten Zeichentrickfilmen zum Leben erweckt. Darunter sind zum Beispiel Arielle, der König der Löwen, das Dschungelbuch und Schneewittchen. Am Ende tritt dann der kleine Mickey gegen die geballte Kraft des Bösen in Form eines riesigen Feuer speienden Drachens an.

Attraktionstyp: Abend-Show
Dauer der Attraktion: 26 Minuten
Plätze: 10.000 Plätze im Theater
Für Kids ist die Show sicher ein Erlebnis, allerdings läuft sie spät am Abend und ist vielleicht ein bisschen zu laut und unheimlich.

Minis	1	Genießer	5		
Kids	4	Abenteurer	2		
Teens	4	Thrill-Rider	0	Sitzen 0 von 5	5 von 5

TIMING TIP: Das Theater öffnet schon zwei Stunden vor der Show und die "besten Plätze" vorne in der Mitte der Arena sind schnell besetzt. Dafür stehen dann auch schon die ersten Besucher zweieinhalb Stunden vor der Show an. Doch es ist nicht weiter schlimm ein wenig weiter hinten zu sitzen, da man so einen guten Überblick über die gewaltige Anlage hat. Falls Sie so spät kommen, dass alle 6500 Sitzplätze besetzt sind (und dies kann auch schon 45 Minuten vor der Show soweit sein), dann gibt es immer noch 3500 Stehplätze.

Alle Plätze in den Mittelblocks bieten einen guten Ausblick. Achten Sie nur darauf, dass Ihnen keiner der Lichtmasten die gute Sicht versperrt!

Nach der Show wird es wirklich voll, wenn auf einmal zehntausend Besucher gleichzeitig zum Ausgang strömen; also nehmen Sie sich hierfür ein wenig mehr Zeit.

TIMING TIP: Falls zwei Shows am Abend laufen, ist die zweite bedeutend leerer als die erste, und die Attraktionen sind während der ersten Show angenehm leer. Bei Regen und Gewitter findet die Show aus Sicherheitsgründen nicht statt.

Insider INFOS: Das Original läuft seit 1992 in Disneyland, Anaheim. Für die Disney Studios wurde extra das Hollywood Hills Amphitheater am Sunset Boulevard errichtet. Da das Theater nur für diese Show bestimmt ist, bietet es viel mehr Platz auf der Bühne und spektakulärere Showeffekte, als das Original. Seit dem 15. Oktober 1998 strömen ein- bis zweimal am Abend die Studio-Besucher hierher.

Auf drei fächerförmige Wasserfontänen werden immer wieder Filmszenen projiziert. Wenn Pinocchio in einer Luftblase ins Bild fliegt, bilden zwei andere Blasen mit seiner zusammen einen Hidden Mickey.

Shopping

Nachdem Sie die fünfte Dimension hinter sich gelassen haben und nicht in der Twilight Zone verschwunden sind, landen Sie im **Tower Of Terror Shop**, wo es Hotel-Souvenirs zu kaufen gibt. Ein Laden voller Bösewichte aus den Disney-Filmen und der Fantasmic-Show ist **Villains In Vogue** im Beverly Sunset Gebäude auf der linken Seite des Boulevards. Eine kunterbunte Mischung verschiedenster Souvenirs finden Sie gegenüber in **Legends Of Hollywood**. Kleidung und Golfzubehör hat **Mouse About Town**, Hüte verkauft ein Stand auf der **Sunset Ranch**, Schmuck und Uhren bekommen Sie bei **Sunset Club Couture**. Die Fassade von **Once Upon A Time** ist dem Carthay Circle Theater in Hollywood nachempfunden, in dem Schneewittchen Premiere feierte. Drinnen gibt es Geschenkartikel, Haushaltswaren und Weihnachtsdekoration und Sie haben die Möglichkeit, sich eine Zeichentrickfigur malen zu lassen. Im **Planet Hollywood Superstore** gibt es natürlich Planet Hollywood Artikel, wie T-Shirts, Gläser, Pins und ähnliches.

Restaurants

bis ca. 10 $

Selbstbedienung: Für ein schnelles Frühstück am Morgen bietet das **Starring Rolls Café** eine ofenfrische Auswahl an Backwaren, Brötchen, Muffins, Croissants, sowie Kaffee, Tee und Soft-Drinks. Zum Mittag gibt es Sandwiches und Salate.

Fast Food Favorit

An den Farmer's Market in L.A. erinnert der **Sunset Ranch Market**. Diese kleinen Stände direkt am Sunset bieten verschiedene Gerichte und viele Sitzmöglichkeiten unter Sonnenschirmen. Es gibt Hot Dogs und Truthahn-Keulen bei **Toluka Legs Turkey Co.** Nebenan hat **Rosie's All-American Cafe** Burger, Sandwiches und Suppen. **Catalina Eddie's** serviert verschiedene Pizzasorten, Salate und Kuchen. Bei **Anaheim Produce** werden frische Früchte und Säfte verkauft. Der Market ist bei schönem Wetter eine gute Wahl, allerdings wird es hier zu den Hauptzeiten meist sehr voll.

Animation Courtyard, Mickey Ave.

Ein Blick hinter die Kulissen des Filmbusiness

Der Animation Courtyard beginnt gleich rechts von Grauman's Theater hinter einem großen Torbogen. Arielle und einige andere Zeichentrickfreunde sind hier zu Hause. Von hier führt die Mickey Avenue an einer Walt Disney Ausstellung vorbei zum Pixar Place mit der neuen Toy Story Mania Attraktion und zum Start der Backlot Tour, die Sie hinter die Kulissen führt.

Studio Backlot Tour

Im Backlot-Bereich eines Filmstudios werden alte Kulissenteile und Großrequisiten aufbewahrt. Bei dieser Tour haben Sie nun die Möglichkeit, einen Blick in diese Kulissensammlung zu werfen.

Sie starten Ihre Tour durch den Backstage Bereich des Studios zunächst zu Fuß. An einem großen Wasserbecken werden Ihnen einige Spezialeffekte demonstriert, dabei kann eine kleine Gruppe von Zuschauern diese Effekte sogar hautnah miterleben. In einer Seeschlacht sitzt einer der Freiwilligen unter Deck und erlebt einen Wassereinbruch, während die anderen oben mitten in eine Schlacht, komplett mit Flugzeugangriffen und Torpedobeschuss, geraten.

Ihr Weg führt Sie anschließend durch eine große Requisiten-Lagerhalle und dann besteigen Sie eine Tram, die durch den Backlot-Bereich fährt. Die Bahn fährt durch die Kostümschneiderei und die Kostümsammlung - mit etwa 2,5 Millionen Kleidungsstücken die größte der Welt. Es folgt der Bereich des Kulissenbaus. Links und rechts stehen einige Fahrzeuge und Kulissenteile herum, die Ihnen sicher aus vielen Filmen bekannt vorkommen werden.

Der nächste Stopp ist der Catastrophe Canyon, eine Felsenlandschaft, in der Öl gefördert wird. Leider fängt es an zu regnen, ein Strommast knickt ab und entzündet einen Tanklastzug, es folgt eine Explosion, ein Erdbeben und eine Flutwelle, die den Berg hinab donnert und die Tram ganz schön durchschaukelt.

Die ganze Tour dauert etwa 35 Minuten, davon sind 20 Minuten Fahrt.

Attraktionstyp: Show und Fahrt
Dauer der Attraktion: Effektshow 10 Minuten, Tram-Tour ca. 20 Minuten
Für Kids: Der Catastrophe Canyon wirkt mit Feuer und den Explosionen sehr real!

Minis	1	Genießer	5			Park-Planer
Kids	3	Abenteurer	4			
Teens	5	Thrill-Rider	3	2 von 5	0-2 v. 5	4 von 5

Wenn Sie bei der Special Effects Show in der ersten Reihe stehen möchten, so stellen Sie sich in der ganz rechten Warteschlange an!

Den besten Blick haben Sie, wenn Sie in Fahrtrichtung links sitzen. Sie können zwar ein wenig nass werden, erleben aber die "Katastrophe" hautnah. Für das Einsteigen bedeutet dies, dass Sie in den jeweiligen Sitzreihen als erstes einsteigen.

Falls Sie nicht die Thrill-Rides mitmachen möchten, dann kommen Sie morgens nach Toy Story Mania hierher (und nach einem Blick auf die aktuelle Öffnungszeit, denn die Tour öffnet manchmal erst später am Tag).

American Film Institute Showcase

Bei der Ausstellung des AFI steigen Sie nach der Backlot Tour aus, aber Sie können auch unabhängig von der Tour hineingehen. Sie sehen hier Kostüme, Filmpreise, Skizzen und Bilder unter dem Motto "Bösewichte der Filmgeschichte". Die Zeit für einen schnellen Rundgang sollten Sie sich nehmen (etwa 10 Minuten), aber wahre Film-Fans können hier sicherlich auch mehr Zeit verbringen.

The Magic Of Disney Animation

Sie treffen einen Disney-Zeichner, der sich mit dem Drachen Mushu aus Mulan unterhält und die Entstehung dieser Figur erklärt. Dann erhalten Sie einen kleinen Einblick in einen aktuellen Disney-Film. Der folgende Gang führt an der ehemaligen Produktionsstätte vorbei, wovon jedoch nicht mehr viel zu sehen ist und dann endet die Tour auch schon. Bis 2004 war dies hier ein tatsächlich arbeitendes Disney-Trickfilmstudio und die Besonderheit dieser Führung war der Blick in das echte Zeichentrickstudio, doch genau dieser Teil wurde geschlossen.

Sie können anschließend noch in einem kleinen Lehrgang lernen, wie man Zeichentrickfiguren zeichnet, an einem Character-Treffen teilnehmen oder das Gebäude durch eine Ausstellung und das Geschäft "Animation Gallery" verlassen.

Attraktionstyp: Präsentation
Dauer der Attraktion: 15 Minuten
Für Kids: Englischkenntnisse hilfreich

Minis	1	Genießer	2			Park-Planer
Kids	3	Abenteurer	0			
Teens	2	Thrill-Rider	0	zu Fuß	0 von 5	2 von 5

Voyage Of The Little Mermaid

EXPRESS

Dieses 15-minütige Live-Musical wird in einem Theater mit Unterwasserflair präsentiert. Und genau dort spielt ja auch ein Großteil der Geschichte um Arielle, der kleinen Meerjungfrau, die sich in einen Menschen verliebt und dafür ihre Stimme gegen Beine eintauscht.

Während der Show, die zu großen Teilen als "schwarzes Theater" präsentiert wird, treffen Sie auf all die bekannten Gesichter des Filmes, hören viele der berühmt gewordenen Lieder und sehen Ausschnitte aus dem Film. Die Schauspieler werden dabei von vielen Puppen unterstützt. Aber auch Spezial- und Wassereffekte tragen zu dem absolut sehenswerten Geschehen bei.

Attraktionstyp: Show
Dauer der Attraktion: 15 Minuten
Für Kids: Die Show spielt teilweise im Dunkeln (schwarzes Theater) und Ursulas Auftritt ist recht unheimlich.

Minis	1	Genießer	5			Park-Planer
Kids	4	Abenteurer	3			
Teens	3	Thrill-Rider	0	Sitzen	1 von 5	4 von 5

Arielle [im Englischen: Ariel] die kleine Meerjungfrau feierte am 15. November 1989 Premiere. Der Film gewann zwei Oscars, einen davon für den Song "Under The Sea".

Playhouse Disney – Live On Stage!

In der Show von Playhouse Disney singen, tanzen und spielen die Figuren aus dem Mickey Mouse Clubhouse, Handy Manny und die Little Einsteins miteinander.

Die Playhouse-Besucher sitzen dabei vor der Bühne auf dem Fußboden, Stühle gibt es in diesem Theater nicht.

Attraktionstyp: Show
Dauer der Attraktion: 15 Minuten
Für Kids: Diese Show ist natürlich ideal für Kinder, allerdings für amerikanische Kinder. Die bunten Figuren wirken aber auch so!

Minis	4	Genießer	2			Park-Planer
Kids	2	Abenteurer	0			
Teens	0	Thrill-Rider	0	Sitzen	0 von 5	1 von 5

Walt Disney: One Man‘s Dream

Dies ist die ideale Attraktion für jeden, der aufmerksam die "Insider Info"-Kästen in diesem Buch liest! Sie gehen zunächst einmal durch mehrere Räume, in denen die Geschichte der Disney-Parks erzählt wird. Es gibt zahlreiche Bilder, Informationstafeln, Videos und Ausstellungsstücke. Werfen Sie einen Blick in Walt Disneys Büro in den 1960er Jahren oder erleben Sie ihn bei der Aufzeichnung seines EPCOT-Werbefilmes. Am beeindruckendsten sind aber wohl die ausgestellten Modelle, ob nun die Main Street, der Blick in die Peter Pan Attraktion, ein riesiges Modell des Tree Of Life oder Modelle aus anderen Parks wie Disney`s California Adventure oder Tokyo DisneySea. Auch die Funktionsweise der Audio-Animatronics wird erklärt und Sie können selbst einen steuern.

Im Anschluss an die Ausstellung können Sie sich noch einen Film über das Leben von Walt Disney ansehen, welches er selbst in zahllosen Filmausschnitten kommentiert.

Attraktionstyp: Ausstellung und Film
Dauer der Attraktion: Ausstellung circa 15 Min. (bei Interesse länger) und Film 16 Min.
Für Kids ist diese Attraktion zu langweilig.

Minis	1	Genießer	4			Park-Planer
Kids	1	Abenteurer	1			
Teens	2	Thrill-Rider	0	zu Fuß	0 von 5	3 von 5

TIMING TIP Eine Attraktion ohne Wartezeit!

Park-Planer Highlight

TOY STORY MANIA

Die Fahrt mischt Dark Ride, 3D-Film und Videospiel! Sie fahren durch Szenen mit den Stars aus Toy Story und müssen an mehreren Stationen auf virtuelle Ziele schießen.

UPDATE Erfahren Sie mehr über die beiden neuen Studio-Attraktionen Toy Story Mania und American Idol auf den Update-Seiten 176 und 177.

Attraktionstyp: Interaktive 3D-Film-Fahrt
Dauer der Attraktion: 6 Minuten
Plätze: Jeweils 2 Sitze gehören zusammen
Für Kids: Toy Story Mania ist gewaltfrei und für die gesamte Familie konzipiert.

Minis	3	Genießer	4			
Kids	5	Abenteurer	5			
Teens	5	Thrill-Rider	2	2 von 5	0-1 v. 5	5 von 5

JOURNEY INTO NARNIA

Bei diesem Einblick in die Entstehung der Narnia-Filme sehen Sie Kulissen, Requisiten, Planungsskizzen, Filmausschnitte und können sogar Figuren aus dem Film treffen!

Attraktionstyp: Ausstellung
Dauer der Attraktion: circa 15 Minuten
Für Kids, die den Film kennen, okay.

Minis	1	Genießer	2			
Kids	2	Abenteurer	1			
Teens	2	Thrill-Rider	0	zu Fuß	0 von 5	1 von 5

Shopping

Die **Animation Gallery** lädt nicht nur zum Gucken, sondern auch zum Kaufen ein. Es gibt hier Originalzeichnungen aus Zeichentrickfilmen, limitierte Reproduktionen, Bücher und Figuren. Das meiste davon ist allerdings alles andere als preisgünstig.

Falls Ihr Kind gerne so aussehen möchte, wie eine Disney-Figur, so gibt es bei **In Character** das passende Kostüm. **The Studio Store** hat Artikel zu Disney-Filmen, Souvenirs,... das Übliche eben.

Restaurant

Selbstbedienung: Bei **Studio Catering Co.** gibt es Sandwiches, Salate, Hot Dogs und Wraps.

bis ca. 10 $

Streets Of America

Die Muppets kommen!

Die Gebäude in diesen Straßen aus New York und San Francisco sehen zwar sehr echt aus, bestehen aber vor allem aus Häuserfronten oder sind sogar komplett gemalt. Ein Highlight sind die Muppets, die in ihrem eigenen Theater auf Sie warten. Die zweite Topattraktion ist die Auto-Stunt-Show - ein europäisches Exportprodukt.

JIM HENSON'S MUPPET*VISION 3-D

Das Theater, in dem die Muppet Show gastiert, kann man gar nicht übersehen. Schon von weitem sieht man den bunten Heißluftballon, der oben auf dem Uhrenturm "geparkt" wurde. Den Vorplatz des Theaters ziert ein Brunnen, dessen Mittelpunkt Miss Piggy als Freiheitsstatue bildet. Drumherum befinden sich andere Muppets im Wasser.

Durch einen Gang gelangen Sie in einen Lagerraum hinter den Kulissen. Sehen Sie sich hier ausgiebig um, der Raum ist voller witziger Requisiten. Auf mehreren Fernsehbildschirmen erleben Sie eine 12minütige Preshow - die beste in ganz Walt Disney World! Es werden auch noch Gäste eingelassen, während die Preshow läuft (das ist ja auch Sinn der Sache), aber eigentlich muss man sie komplett gesehen haben!

Nachdem die Muppet-Stars schon einmal vorgegangen sind, werden auch Sie in das Theater gelassen. Es sieht tatsächlich so aus, als würden Sie mitten im Publikum der Muppet Show sitzen. Und auch das Programm, das Ihnen geboten wird, steht seinem Vorbild in nichts nach. Oben rechts auf dem Balkon sitzen natürlich die beiden

Alten, Waldorf und Statler, und kommentieren das Geschehen auf der Bühne.

Sie geraten in die Experimente der Muppet Labs, wo Doktor Bunsen Honeydew mit seinem Assistenten Beaker forscht. Mit ihrer neuen Maschine erschaffen sie "Waldo C. Graphic, the spirit of 3D". Fozzie Bär hat natürlich einen Auftritt, ebenso wie der Weltstar Miss Piggy und Ihr Gastgeber Kermit. Am Ende bricht ein wenig Muppet-typisches Chaos aus, das damit endet, dass Kanonenkugeln mitten durch den Raum fliegen und Teile des Theater darunter zu leiden haben. Der 3D-Film wird durch viele Spezialeffekte und Puppen unterstützt. Insgesamt verbringen Sie eine knappe halbe Stunde mit den Muppets.

Attraktionstyp: 3D-Film
Dauer der Attraktion: 12 Minuten Preshow, 15 Minuten Film
Für Kids ist dies das einmalige Erlebnis mitten in der Muppet Show zu sitzen.

Minis	2	Genießer	5			Park-Planer
Kids	4	Abenteurer	3			
Teens	5	Thrill-Rider	0	Sitzen	1 von 5	4 von 5

Die Hauptfigur Bean Bunny spielte schon in "Here Come The Muppets" mit, welches eine andere Studio-Attraktion war.

In dem Brunnen vor der Attraktion versteckt sich Mickey im Wasser.

HONEY, I SHRUNK THE KIDS MOVIE SET ADVENTURE

Ein Spielplatz im Riesenformat, der Ihre Kinder (und auch Sie) wie Ameisen aussehen lässt. 10 Meter hohe Grashalme, riesige Büroklammern und Legosteine in x-facher Übergröße, eine Höhle unter einem Pilz - all das sind hier Spielgeräte. Ein Baumstamm mit einem Spinnennetz lädt zum Klettern ein, ein Filmstreifen dient als Rutsche und aus einem kaputten Gartenschlauch spritzt Wasser.

Attraktionstyp: Spielplatz
Für Kids natürlich! Für wen sonst?

Minis	5	Genießer	1			Park-Planer
Kids	5	Abenteurer	1			
Teens	1	Thrill-Rider	0	zu Fuß	1 von 5	2 von 5

LIGHTS, MOTORS, ACTION! EXTREME STUNT SHOW

EXPRESS

Action, Action und noch mehr Action, das ist das Motto bei der zweiten Stunt-Show im Park. Die überaus positiven Erfahrungen mit der Show "Moteurs... Action!" in dem europäischen Walt Disney Studios Park haben dazu geführt, dass eine sehr ähnliche Show nun auch hier das Publikum begeistert. Und "sehr ähnlich" ist hier sehr wörtlich zu nehmen. Dies merkt man schon, wenn man auf den Eingang des Showgeländes in der Nähe der Tram-Tour zugeht. Links vom Eingang steht ein riesiges Schild und darunter liest man: "Direct From Disney Studios Paris". Der innere Wartebereich für diese Show ist gigantisch – man kann sich kaum vorstellen, wie diese Besuchermassen alle in das Showtheater passen sollen. Doch wenn Sie beim Hineingehen einen ersten Blick auf die große überdachte Tribüne erhaschen, dann können Sie sich sicher sein, dass Sie auch einen Platz bekommen.

Für die Disney-Fans, die diese Show schon in Paris erlebt haben, hier eine kleine Warnung: Es ist tatsächlich ein eins-zu-eins Import! Die Autos (von Opel), die Kulisse (samt französischer Beschriftung), der Showablauf, die Stunts und auch die Filmausschnitte – alles kommt direkt aus Frankreich. Falls Sie also die Show aus dem Disneyland Resort Paris kennen, so können Sie sie mit ruhigem Gewissen an das Ende Ihrer Liste stellen. Für alle anderen, hier die Geschichte:

Wir befinden uns in einem kleinen französischen Dorf, irgendwo an der Küste. Hier wird ein actiongeladener Agentenfilm gedreht. Die Handlung ist schlicht, einfach und klassisch: Der Gute (im roten Auto) gegen die Bösen (in den schwarzen Autos). Sie erleben viele Film-Stunts live mit: Verfolgungsjagden, Auto- und Motorradsprünge, eine Feuerwand, einige Explosionen und natürlich fallen auch Schüsse. Der Regisseur und der Stunt-Koordinator erklären dem Publikum ausführlich jeden Stunt und am Ende gibt es den zusammen geschnittenen Kurzfilm zu sehen.

Attraktionstyp: Stunt-Show
Dauer der Attraktion: 30 Minuten
Für Kids: Achtung! Laut und actionreich mit Schüssen und Explosionen.

Minis	2	Genießer	5			Park-Planer
Kids	4	Abenteurer	5			
Teens	5	Thrill-Rider	0	Sitzen	0 von 5	4 von 5

Insider INFOS

Es gibt einen guten Grund, warum die Amerikaner etwas aus Frankreich importieren: Die Show ist einfach gut! Dem echten Fan, der das Original kennt, werden einige kleine Ungereimtheiten auffallen (weil der französische Originalfilm verwendet wird), aber diese Show ist wirklich spannend und lässt das Publikum hinter die Kulissen des Filmbusiness blicken.

Ein Theater für eine Show über den Glöckner von Notre Dame war vorher an dieser Stelle des Parks.

Shopping

New York lädt auch im Kleinformat zum Shoppen ein. Weihnachtlich geht es in **It's A Wonderful Shop** zu, und dies das ganze Jahr hindurch. Hier finden Sie alles, um in diesem Jahr Ihren Weihnachtsbaum voll und ganz im Disney-Stil zu schmücken.

Falls Sie von den Muppets begeistert sind, dann ist der **Stage 1 Company Store** der richtige Platz, denn hier gibt es Unmengen von Artikeln mit den beliebten Stars aus der Muppet Show. Der Laden selbst ist eine kleine Attraktion, er ist voll gestopft mit visuellen Gags. Sehen Sie also nicht nur in die Regale, sondern vor allem auch nach oben. Die Türen dort sind die Originale aus der Muppet Show.

Restaurants

Tischbedienung: Es sieht aus wie ein Lagerhaus, das kurzerhand in ein italienisches Restaurant umfunktioniert wurde. In **Mama Melrose's Ristorante Italiano** serviert Ihnen Mama Melrose Pizza, Hühnchen, Ribs und natürlich Nudeln in allen Variationen.

über 15 $

Selbstbedienung: Im **Toy Story Pizza Planet** sieht es genauso aus, wie in dem Film "Toy Story". Neben Videospielen gibt es hier eine überschaubare Auswahl an Pizzas, Salaten und Desserts. Draußen sitzt man an einigen Tischen unter Sonnenschirmen. Im oberen Stock der Spielhalle sind auch genügend Tische, allerdings ist es hier recht laut.

bis ca. 10 $

Echo Lake

A long time ago, in a galaxy far far away...

Abseits der Boulevards liegen hinter dem Echo Lake zwei der beliebtesten Attraktionen des Parks. Dieses Gebiet "gehört" George Lucas, denn sowohl seine Indiana Jones Filme als auch die Star Wars Saga sind mit je einer tollen Attraktion vertreten. Außerdem ist hier die neueste Studio-Attraktion, die American Idol Experience, zu finden. Eine Sound-Show, einige Läden und ein stilechtes Fast Food Restaurant runden diese Ecke des Parks ab.

Star Tours

Star Tours begrüßt Sie herzlich im Starspeeder 3000 auf Ihrem Flug nach Endor.

Vor dem Eingang der Attraktion befindet sich ein Baumdorf der Ewoks hoch oben in den Ästen. Daneben ragt imposant ein AT-AT des Imperiums in die Luft. An diesem stählernen Walker müssen Sie vorbei, wenn Sie zu Star Tours möchten. Star Tours bietet als intergalaktische Fluggesellschaft Flüge in die entlegensten Teile des Universums. Doch so weit soll es gar nicht gehen, auf Ihrem Flugticket steht nur der Mond von Endor als Ziel - und Endor ist ja gleich um die Ecke.

In der Wartehalle sieht man auf einer Sternenkarte die Reiseziele von Star Tours. Über der Schlange der Reisenden wachen zwei Mon Calamari Offiziere über den reibungslosen Ablauf. Gegenüber in der Wartungshalle können Sie schon einmal einen Starspeeder näher betrachten. R2-D2 sitzt links oberhalb des Cockpits und unterhält sich mit dem goldenen Droiden C3PO, der einige letzte Checks durchführt. Kurz vor dem Einstiegsbereich können Sie noch einen schnellen Blick auf eine Blaupause des Starspeeders werfen, dann werden Sie Ihrem Gate zugeteilt und sehen dort auf einem Videomonitor ein Sicherheitsvideo. Es öffnen sich die Türen, Sie betreten über eine Gangway den Starspeeder, nehmen Platz und schnallen sich gut an.

Ihr Pilot ist ein Roboter mit der Bezeichnung RX-24, aber Sie können ihn gerne Rex nennen. Durch ein großes Panoramafenster in der Front haben Sie einen guten Blick nach draußen. Falls Sie jetzt Angst haben, weil es ja wahrscheinlich Ihr erster Raumflug ist - es ist auch Rex' erster Flug.

Dementsprechend turbulent ist auch der Start aus dem Hangar. Die Abkürzung, die Rex kennt, führt etwas unsanft durch das Reparaturdock. Von nun an verläuft aber alles planmäßig, es geht mit Lichtgeschwindigkeit Richtung Endor und darüber hinaus. Anscheinend hat Rex die Bremsen nicht gefunden und so landet der Starspeeder mitten in einem Feld mit überdimensionalen Eiskristallen. Den meisten kann Rex ausweichen, aber durch einen geht es mitten hindurch.

Gerade als Sie denken, nun ist alles vorbei, wird Ihr Raumschiff von einem Traktorstrahl erfasst. Durch das Fenster können Sie auch die Ursache sehen: Einen riesigen Sternenzerstörer. Zu Ihrem großen Glück befindet sich eine Staffel X-Wing-Jäger in der Gegend und befreit Sie aus Ihrer misslichen Lage. Anstatt nun das Weite zu suchen, fliegt Ihr Pilot direkt hinter dem Anführer der roten Staffel her - mitten hinein in einen Graben des Todessterns. Sie weichen TIE-Abfangjägern und Laserkanonenfeuer aus und am Ende gelingt dem X-Wing der Abschuss eines Torpedos in den Kern des Todessterns. Mit Lichtgeschwindigkeit geht es nun zur Landeplattform. Sicher (?) wieder gelandet kommen Sie im Laden Tatooine Traders (ehemals Endor Vendors) heraus.

UPDATE Neue Pläne für Star Tours sind ab Seite 176 zu finden.

Attraktionstyp: Simulator
Dauer der Attraktion: 5 Minuten
Plätze: 5 Reihen für insgesamt 40 Wookies, Ewoks, Droiden… und Sie.
Für Kids: ab 102 cm, sehr turbulent

Minis	0	Genießer	3			Park-Planer
Kids	3	Abenteurer	5			
Teens	5	Thrill-Rider	5	4 von 5	0 von 5	4 von 5

Insider INFOS Ihr Starspeeder 3000 ist ein Flugsimulator, wie er in ähnlicher Form auch für die Ausbildung von Piloten benutzt wird. Passend zu den Geschehnissen des Films bewegt sich der Simulator und Spezialeffekte tun ihr übriges, um den Flug zu einem Erlebnis zu machen - zu einem sehr turbulenten Erlebnis.

Den gleichen Simulator fanden Sie auch in "Wonders Of Life" in Epcot. Bei Body Wars flogen Sie damit durch den menschlichen Körper, allerdings ist Star Tours wesentlich detaillierter thematisiert. Hier ist sogar die Warteschlange ein Vergnügen.

George Lucas hat mit Lucasfilm und Industrial Light And Magic (ILM) zusammen mit den Disney-Imagineers mehrere Jahre an der Attraktion gebaut. Nach der Eröffnung in Disneyland 1987 flog Star Tours am 15. Dezember 1989 zum ersten Mal vom Hangar in den damaligen "Disney-MGM Studios" ab.

Für Star Wars Fans sei noch angemerkt, dass Ihr Flug mit Star Tours in der Zeitleiste des Star Wars Universums nach "Die Rückkehr der Jedi-Ritter" angesiedelt ist. Der Todesstern ist natürlich der zweite und nicht der erste, den Luke Skywalker pulverisierte.

In der Warteschlange fahren über Ihnen Förderkörbe. In einigen von ihnen liegen Roboterersatzteile, die wie ein Hidden Mickey aussehen. Direkt vor dem Einsteigen sehen Sie ein Sicherheitsvideo. Dort trägt ein Ewok ein Mickey Maus Plüschtier in der Hand. Daneben gibt es aber auch "Hidden George Lucas" Anspielungen, vor allem auf seinen ersten Film "THX 1138". Und wer ist dieser Mister "Egroeg Sacul", der von der Star Tours Travel Agency ausgerufen wird? Ganz klar: "George Lucas" rückwärts.

Park-Planer Highlight

EXPRESS

INDIANA JONES EPIC STUNT SPECTACULAR

Die ersten drei der vier erfolgreichen Indiana Jones Filme liefern die Vorlage für diese fantastische Stunt-Show. Natürlich tritt hier nicht Harrison Ford mehrmals am Tag auf, aber das Stuntdouble macht auch eine gute Figur.

Vor der Show werden einige Statisten [engl. "extras"] gecastet - wenn Sie dabei sein möchten, so melden Sie sich einfach.

Sie sitzen in einem überdachten Theater mit 2000 Sitzplätzen, vor Ihnen ist eine dunkle Höhle zu sehen, die sich über die gesamte Breite der riesigen Bühne erstreckt. Plötzlich fallen auf der rechten Seite einige Steine aus der Höhlendecke, gefolgt von einem Seil an dem sich Indiana Jones herablässt. Mit einer Fackel in der Hand wird der Höhlenboden nach Fallen abgesucht - die es hier offenbar auch in großer Anzahl gibt. Mutig kämpft Indy sich an einigen steinernen Wächtern vorbei bis zu einer goldenen Statue. Wie in "Jäger des verlorenen Schatzes" ist auch hier noch eine letzte Falle eingebaut: Eine riesige Steinkugel rollt quer über die Bühne und hinter dem flüchtenden Indy hinterher.

Da heißt es plötzlich "Cut!", das Licht geht an und die Produktionscrew beginnt damit, das Set abzubauen. Sie bekommen nun den gezeigten Stunt erklärt und der Stuntman wird Ihnen auch gleich vorgestellt. Im Hintergrund wird dabei die Kulisse zu einem orientalischen Marktplatz umgebaut.

In dieser Szene spielt auch Indys Partnerin Marion Ravenwood (im Film gespielt von Karen Allen) eine wichtige Rolle. Gemeinsam flüchten die beiden vor mehreren Schurken über die Dächer der Stadt, nachdem sich Indy einem Schwertkampf auf sehr eigenwillige Weise entziehen kann. Die wilde Jagd endet in einem explosiven Auto-Stunt.

Auch zu dieser Szene gibt es wieder vom Regisseur und den Stunt-Leuten einige Erklärungen.

Die letzte Szene findet nur bei guter Witterung statt. Bei Gewitter, Regen oder starkem Wind sind die gezeigten Stunts zu gefährlich und die Show endet früher.

Dabei ist gerade diese letzte Szene ein echter Höhepunkt. Wir befinden uns nun auf einem Flugfeld in der Wüste. Indiana und Marion schleichen sich über das Gelände, als Indy von einem kräftigen deutschen Mechaniker entdeckt wird. Es entbrennt ein Faustkampf zwischen den beiden, der in einer filmreifen Explosion endet.

Attraktionstyp: spektakuläre Stunt-Show
Dauer der Attraktion: 30 Minuten
Plätze: 2000 überdachte Sitzplätze
Für Kids geeignet, stellenweise laut.

Minis	1	Genießer	5		
Kids	3	Abenteurer	4		
Teens	5	Thrill-Rider	0	Sitzen	0 von 5	5 von 5

Die Abenteuer von Indiana Jones sollten Sie keinesfalls verpassen! Sie bekommen hier nicht nur eine perfekte Stunt-Show mit beeindruckenden Spezialeffekten geboten, sondern erhalten auch Einblicke in die Arbeit der Stunt-Leute. Die Show läuft schon seit dem 25. August 1989.

Insider INFOS: Links vom Eingang finden Sie in den Büschen einen Brunnen, in den ein Seil hinein hängt. Was wohl passiert, wenn man daran zieht?

TIMING TIP: Für Indy sollte man sich normalerweise keinen Fastpass ziehen, sondern diesen lieber für andere (Fahr-) Attraktionen aufsparen!

Indy spielte die Hauptrolle in vier Filmen und einer Fernsehserie. Die Filme mit Harrison Ford sind: Jäger des verlorenen Schatzes (1981), ...und der Tempel des Todes (1984), ...und der letzte Kreuzzug (1989) sowie ...und das Königreich des Kristallschädels (2008). Zur Urlaubsvorbereitung ist ein Indy-Filmabend absolut empfehlenswert, aber die Show ist auch sonst ein tolles Erlebnis!

Insider INFOS: Indiana Jones hat auch in anderen Disney-Parks weltweit Attraktionen inspiriert: Disneyland Paris hat die Loopingbahn "...and the Temple of Peril" und das Original-Disneyland bietet den "Temple Of The Forbidden Eye", eine Indiana Jones Fahrt mit der gleichen Technik wie "Dinosaur" im Animal Kingdom.

Sounds Dangerous Starring Drew Carey

In den Räumen des ABC Sound Studios können Sie an einer Testvorführung einer neuen Fernsehsendung teilnehmen. Das Konzept von "Undercover Live" sieht vor, dass Zivilpolizist Charlie Foster (gespielt von Drew Carey) an einem realen Fall arbeitet und ihn die Zuschauer dabei live bei der Arbeit beobachten können. Möglich wird dies durch eine kleine Kamera in der Krawatte des Schnüfflers.

In diesem Fall schleicht Drew sich in die Lagerhallen der United Snowglobe Company um herauszufinden, was diese Firma in ihren Schneekugeln schmuggelt. Gerade als er sich in den Büroräumen umsehen will, wird er von einem Wachmann überrascht. Vor lauter Panik lässt er die Kamera in seinem Mund verschwinden. Von nun an findet der Rest der Show in absoluter Dunkelheit statt. Nur das Mikrofon überträgt noch das Geschehen. Damit Sie als Zuschauer die überzeugenden Soundeffekte richtig erleben können, liegt neben jedem Sitzplatz ein Kopfhörer. Was Sie nun in totaler Finsternis hören, ist der weitere Verlauf der Geschichte als "3D-Sound". Drew jagt die Verbrecher durch die Gegend, lässt sich dabei noch kurz die Haare frisieren und begegnet einem Schwarm Bienen.

Attraktionstyp: Film und 3D-Hörspiel
Dauer der Attraktion: 11 Minuten
Für Kids: Große Teile der Vorführung spielen in kompletter (!) Dunkelheit. Um den Geschehnissen wirklich folgen zu können sind Englischkenntnisse nötig.

Minis	0	Genießer	3	
Kids	1	Abenteurer	3	
Teens	3	Thrill-Rider	0	Sitzen 0 von 5 · 2 von 5

TIMING TIP: Nach dem Ende der Indy Show ist diese Attraktion häufig überfüllt.

Insider INFOS: Sounds Dangerous eröffnete am 22. April 1999. Vorher lief hier die Monster Sound Show, in der Besucher selbst Soundeffekte zu einem Film beisteuern konnten. Nach der Hauptshow können Sie dies immer noch an einigen interaktiven Stationen tun.

American Idol Experience

UPDATE

"Amerika sucht den Superstar" oder kurz "American Idol". Erfahren Sie mehr über die neue Casting-Show auf den Update-Seiten 176 und 177.

Attraktionstyp: Musik-Show
Dauer der Attraktion: 30 / 50 Minuten

Minis	1	Genießer	4	
Kids	3	Abenteurer	2	
Teens	5	Thrill-Rider	0	Sitzen 0 von 5 · 4 von 5

Shopping

Neben American Idol gibt es bei **Golden Age Souvenirs** die passenden Souvenirs zur Show. Ebenso speziell ist das Angebot des **Indiana Jones Adventure Outpost**, links vom Eingang zur Indiana Jones Show. Hier kann der Abenteurer die passende Kleidung mit dem Indy-Logo, Action Figuren, Plastikschlangen (dabei hasst Indy Schlangen) und natürlich einen echten Indiana Jones Hut kaufen. Eine kleine Auswahl dieser Souvenirs hat auch der Stand am rechten Ausgang der Show. Bei **The Writer's Stop** neben dem "Sci-Fi Dine-In Theater" gibt es vor allem Bücher, Kaffeetassen, Briefpapier und Postkarten. Nach dem Flug mit Star Tours quer durch den Weltraum landen Sie bei **Tatooine Traders** (ehemals Endor Vendors). Dieser Laden lässt das Herz jedes Star Wars Fans höher schlagen. Es gibt die ganze Palette an Star Wars Action Figuren (einige davon sind nur bei "Star Tours" erhältlich), Star Wars Lego Artikel, Bücher, Postkarten, R2-D2s und alles andere zu Star Wars und Star Tours.

Restaurants

Wenn Sie in einem "richtigen" Restaurant speisen möchten, dann haben Sie hier drei Mal im 50er-Jahre-Ambiente die Möglichkeit dazu. Entweder in einem Autokino, in einem Diner oder gut bürgerlich in einer Küche.

Tischbedienung: Wenn Sie das **Sci-Fi Dine-In Theater** Restaurant betreten, dann finden Sie sich in einem Drive-In Kino der 1950er Jahre wieder. Es ist Nacht, über Ihnen funkelt der Sternenhimmel und Sie nehmen in einem stilechten Oldtimer Platz. Über die

bis ca. 15 $

Leinwand flimmert ein 45 Minuten langer Zusammenschnitt der besten und schlechtesten Science Fiction Filmtrailer dieser Zeit. Der Sound dazu kommt über die Drive-In-Lautsprecher neben Ihrem Auto. Serviert werden riesige Sandwiches, Ribs, Hamburger und eine große Auswahl Desserts.

über 15 $

Hinter der Art Deco Fassade des **Hollywood & Vine** Restaurants verbirgt sich ein 1950er Diner. Die Wand ziert ein riesiges Bild, das einen Blick auf das Hollywood dieser Zeit zeigt. Während des großen Frühstücks- und Mittagsbüffets können Sie hier bei **Play 'N Dine At Hollywood & Vine** Characters von Playhouse Disney treffen.

Im **50's Prime Time Cafe** sieht es an jedem Tisch so aus wie in einer amerikanischen Küche der 50er Jahre. Natürlich darf der Schwarz-Weiß-Fernseher nicht fehlen. Mom oder ein anderes Familienmitglied bedient Sie mit größter Sorgfalt und guckt Sie auch böse an, wenn Sie die Ellenbogen auf dem Tisch haben oder Ihren Teller nicht leer essen. Das Essen passt zum Ambiente. Es gibt Dad's Chili, Hackbraten, Hühnchen, Salate, Sandwiches, Milchshakes, Ice Cream, Soda und Root Beer.

bis ca. 10 $

Fast Food Favorit

Selbstbedienung: Weit mehr als das übliche Fast Food bietet **ABC Commissary**. Auf dem Weg zum Tresen wachsen im Restaurant Palmen und die Gerichte (Curryhuhn, Sandwiches,...) hier sind nach TV-Serien benannt.

Fast Food Favorit

Wem nach klassischem Fast Food zumute ist, der sollte zum **Backlot Express** zwischen Indiana Jones und Star Tours gehen. Hier essen Sie in einer Lagerhalle zwischen den Utensilien der Stunt-Leute, in der Requisite oder zwischen anderen Kulissenteilen.

In dem Schiff S.S. Down The Hatch auf dem Echo Lake befindet sich **Min And Bill's Dockside Diner**. Hier verkaufen Min und Bill Eis, Milchshakes, Sundaes und andere Erfrischungen. Auch auf der anderen Seite des Echo Lakes hat **Dinosaur Gerti's Ice Cream Of Extinction** Eis im Angebot.

Parade

Block Party Bash

Natürlich haben auch die Studios eine eigene Parade im täglichen Programm! Beim "Block Party Bash" feiern alle Stars der Pixar-Filme kräftig mit: Toy Story, Monster AG, die Incredibles und das große Krabbeln sind auf den Wagen vertreten. Der bunte Zug stoppt von Zeit zu Zeit, um mit dem Publikum zu feiern.

Die Parade ist nett anzuschauen, aber kein echtes Highlight, das man gesehen haben muss. Im Park gibt es viele (ebenfalls zeitaufwendige) Attraktionen, die einfach sehenswerter sind.

Suchen Sie sich einen der Stopps (die Parade hält mehrmals) aus dem Parkplan, um das Meiste von der Parade zu erleben.

Insider Infos: Die Parade stammt ursprünglich aus Disney's California Adventure, dem Park gegenüber von Disneyland.

Ein Tag in den Film-Studios

Zwei Vorschläge für einen Besuch in Hollywood

Von aufregend bis unheimlich...

Da Sie ein wenig vor der offiziellen Öffnungszeit beim Park sind, müssen Sie noch an der Absperrung zwischen Hollywood Boulevard und Sunset Boulevard warten. Aber dann geht es auch schon los. Ziehen Sie sich im Vorüberlaufen einen Fastpass beim **Rock `n` Roller Coaster** und erleben Sie dann den freien Fall im **Tower of Terror**, um hinterher den Fastpass für die rockige Achterbahnfahrt zu benutzen. Bei diesem System haben Sie normalerweise innerhalb der ersten 45 Minuten beide Top-Attraktionen "abgehakt".

Während Sie in der Warteschlange stehen, sollten Sie sich schon einmal die "Show Times" des Tages ansehen und versuchen, die Showzeiten in Ihren Tagesplan einzubauen. Aber planen Sie keinesfalls, nach einer Show eine Attraktion in der Nähe zu besuchen! Diese sind immer sehr voll.

Jetzt aber schnell einen Fastpass für **Toy Story Mania!** holen, bevor es keine mehr gibt. Als nächstes steht ein Flug durch den Weltraum mit **Star Tours** auf dem Programm. Die Warteschlange hat eine beeindruckende Atmosphäre und auch die Fahrt lässt Sie komplett im Star Wars Universum versinken. Planen Sie einen Besuch bei **Indiana Jones** und der **Auto-Stunt-Show** mit ein und vergessen Sie keinesfalls die **Backlot Tour** mit dem Catastrophe Canyon. Die Tour ist für alle Zielgruppen ein Muss!

Nachdem Sie das Pflichtprogramm erledigt haben, suchen Sie sich für den Rest des Tages aus dem übrigen Angebot Ihre Favoriten heraus. Sicherlich wollen Sie noch einmal zum Sunset Boulevard zurückkehren, um den freien Fall im Tower Of Terror und die Überschläge mit Aerosmith im Rock 'n' Roller Coaster ein weiteres Mal zu erleben (vorzugsweise mit einem Fastpass in der Hand).

Am Abend sollten Sie dann früh genug bei **Fantasmic!** eintreffen, denn das riesige Theater füllt sich schnell. Diese Show ist wirklich für jeden etwas, daher lassen Sie sich das Spektakel nicht entgehen. Falls Sie die Show nicht sehen möchten, so ist dies eine gute Zeit für Attraktionen.

...und ohne Herzrasen

Falls Sie nicht die Thrillrides am Sunset Boulevard mögen, gibt es trotzdem mehr als genug Auswahl für Sie. Auch für Familien mit Kindern ist dieses Programm weitestgehend geeignet.

Ihr einziges Problem beim Studio-Besuch ist es, die ganzen Shows mit den unterschiedlichen Anfangszeiten zu koordinieren. Daher sollten Sie die Zeit Ihrer ersten Warteschlange dafür nutzen, um die Reihenfolge der Showbesuche zu planen.

Verpassen Sie keinesfalls das **Indiana Jones Epic Stunt Spectacular!** Für diese tolle Show gibt es sogar einen Fastpass, mit dem man Sie vor der anstürmenden Masse in das Freilufttheater lässt. Das Gleiche gilt für "**Lights, Motors, Action!**". In beiden Fällen sollten Sie den Fastpass aber lieber für andere Attraktionen nutzen, da Sie in den Shows normalerweise immer einen Platz abbekommen.

Wenn es um Fahrten geht, dann darf gleich am Morgen (!) **Toy Story Mania!** und später **The Great Movie Ride** in Grauman‘s Chinese Theater in Ihrem Programm ebenso wenig fehlen, wie die **Backlot Tour** durch die Kulissen und den Catastrophe Canyon (beides ist mit Einschränkungen für Kinder geeignet). Nach der Tour landen Sie im **American Film Institute Showcase**, wo Sie sich die Exponate ansehen können. Mit der kleinen Meerjungfrau Arielle geht es bei **Voyage Of The Little Mermaid** unter das Meer (hier ist der Fastpass zu empfehlen) und mit den **Muppets** werden Sie während des 3D-Filmes sehr viel Spaß haben.

Bei dem ganzen Trubel sollten Sie die Kulissen um Sie herum nicht übersehen, sondern auch diese erkunden.

Seien Sie am Abend überpünktlich in der **Fantasmic!** Arena, damit Sie noch einen guten Platz in der Mitte der Sitzreihen bekommen und genießen Sie Mickeys Abenteuer.

Vor allem mit Kindern sollten Sie sich hinterher viel Zeit für den Weg zum Auto nehmen. Genießen Sie die beleuchteten Kulissen, anstatt mit den anderen möglichst schnell herauszustürmen.

Park-Planer Highlights

Disney's Hollywood Studios - filmreif!

Shows & Filme

American Idol (176)
Beauty And The Beast (114)
Fantasmic! (114)
Indiana Jones Stunt Show (122)
Lights, Motors, Action! (119)
Muppet Vision 3-D (118)
One Man's Dream (117)
Voyage Of The Little Mermaid (117)

Thrillrides

Rock 'n' Roller Coaster (114)
Tower Of Terror (113)

Tolle Fahrten

Great Movie Ride (111)
Studio Backlot Tour (116)
Toy Story Mania! (118, 176)

Aufregende Attraktionen

Star Tours (120)

Kinder mögen

Beauty And The Beast (114)
Fantasmic! (114)
Honey, I Shrunk The Kids (119)
Muppet Vision 3-D (118)
Playhouse Disney (117)
Voyage Of The Little Mermaid (117)

Fastpass

Indiana Jones Stunt Show (122)
Lights, Motors, Action! (119)
Rock 'n' Roller Coaster (114)
Star Tours (120)
Tower Of Terror (113)
Voyage Of The Little Mermaid (117)

Fast Food Favoriten

ABC Commissary (124)
Backlot Express (124)
Sunset Ranch Market (115)

Die schnellste Attraktion: Beim Rock `n` Roller Coaster geht es mit fast 100 km/h durch das nächtliche Hollywood

Die wildeste Attraktion: Beim Tower Of Terror erleben Sie einen Besuch der Twilight Zone... und den einen oder anderen Absturz.

Die längste Attraktion: Die Backlot Tour ist die längste Attraktion, aber viele der Shows reichen auch an eine halbe Stunde heran (Indiana Jones, Fantasmic!, ...)

Die nasseste Attraktion: Ein paar Spritzer bekommen Sie ab, falls Sie bei der Backlot Tour links sitzen, aber das war es dann auch schon.

Walt Disney über das Filmemachen:

"Ich werde nicht durch die Techniken oder die Modetrends irgendeines anderen Film-Studios beeinflusst."

Disney's Animal Kingdom

Ein Trip durch die Savanne, durch den Himalaya und durch die Zeit!

EIN ZOO? EIN VERGNÜGUNGSPARK? EIN BISSCHEN VON BEIDEM.

Die Idee mit echten Tieren zu arbeiten, stammte noch von Walt Disney selbst. Er wollte gerne seine Jungle Cruise in Disneyland mit echten Tieren beleben, doch sah man diese Idee als unrealisierbar an. Die Einwände waren, dass sich die Tiere verstecken würden und man nicht jedem Besucher das gleiche Erlebnis bieten könnte.

Als der Disney-Vorsitzende Michael Eisner am 20. Juni 1995 die Pläne für den vierten Disney-Park in Orlando präsentierte, waren diese Einwände vergessen. Das Interesse der Besucher hatte sich geändert: Weg von den immer gleichen Attraktionen, hin zu einem individuellen Erlebnis - und Tiere waren und sind ein großer Publikumsmagnet.

Der neue Park eröffnete am "Earth Day", dem 22. April 1998. Schon im Vorfeld gab es Proteste von einigen Tierschutzorganisationen, die aber schnell verstummten. Disney hatte schon lange vor dem ersten Spatenstich alles getan, damit sich die Tiere wie zu Hause fühlen. Dafür wurden zahlreiche externe Spezialisten angeheuert, die den Imagineers bei der Planung der Gehege halfen. Die Tiere stammen größtenteils aus anderen Zoos oder wurden aus bedrohten Gebieten gerettet. Außerdem wird bei Rafiki's Planet Watch aktiv an der Arterhaltung geforscht und an der Rettung bedrohter Tierarten gearbeitet.

Die Animal Kingdom Besucher gehen zuerst durch die Oase, einen kleinen Dschungel mit vielen Tieren, die sich am Wegesrand verstecken. Plötzlich hört der Urwald auf und Sie sehen zum ersten Mal das Wahrzeichen des Parks, den Tree Of Life. Dieser Baum steht im Themenland "Discovery Island" (ehemals "Safari Village"), welches auf einer großen Insel in der Mitte des Parks liegt.

Die erste Brücke auf der linken Seite führt von dieser Insel zu einem Sommercamp. Dieses wird von Minnie und Mickey geleitet und einige ihrer Freunde sind hier den ganzen Tag anzutreffen. Außerdem unterhalten hier die Tiere aus dem "König der Löwen" das Publikum.

Das Themenland Afrika beherbergt eine der Hauptattraktionen des Animal Kingdoms, die Kilimanjaro Safari. Außerdem fährt hier die Eisenbahn zu Rafiki's Planet Watch ab.

Das nächste Themenland besteht aus einer großen Ausgrabungsstätte: Das Dinoland U.S.A. bietet den kleinen Archäologen einen großen Abenteuerspielplatz und den unerschrockenen Forschern eine Reise zurück in der Zeit bei "Dinosaur". Und dann gibt es hier noch ein kleines Themenland im Themenland: Chesters und Hesters Dinorama ist ein kleiner Jahrmarkt mit vielen lustigen Attraktionen. Am "Rand" des Themenlandes finden Sie außerdem das "Findet Nemo" Musical.

Schon 1999 wurde das Animal Kingdom um ein neues Themenland erweitert. Asien schickt die Besucher auf eine nasse Flussfahrt bei den Kali River Rapids. In alten Tempelruinen können Sie einige Tiger beim Maharajah Jungle Trek beobachten und bei Flights Of Wonder lernen Sie einige gefiederte Freunde besser kennen.

In Asien liegt auch die allerneueste Walt Disney World Topattraktion: Expedition Everest ist weit mehr als eine Achterbahn. Neben der beeindruckenden Szenerie des über 65 Meter hohen Berges (der dank visueller Tricks weitaus höher aussieht) bietet auch die Attraktion an sich mehr als einfach nur eine wilde Fahrt.

Der ursprüngliche "Bauplan" des Animal Kingdoms sah noch ein weiteres Themenland vor. In diesem sollten die Tiere aus Märchen, Sagen und Geschichten, wie Einhörner und Drachen, zum Leben erweckt werden. Doch dieser Teil des Parks existiert bisher nur auf dem Papier. Aber ein Drache versteckt sich trotzdem noch immer in dem Animal Kingdom Logo.

Sie sehen schon, warum Disney lange Zeit Werbung damit gemacht hat, das Animal Kingdom sei NaHTaZu - sprich "not a zoo".

Das Wahrzeichen des Parks ist der Tree Of Life mit Tierschnitzereien

Kali River Rapids: "You will get wet!"

Mit einem TimeRover geht es zurück in die Zeit der Dinosaurier

Disney's Animal Kingdom

Bei Chester and Hester's DinoRama! können Sie mit Primeval Whirl fliegen

Während der Expedition Everest dringen Sie in das Reich des mysteriösen Yetis ein

Bei der Kilimanjaro Safari fahren Sie durch die Savanne Afrikas und erleben viele Tiere

Disney's Animal Kingdom Park-Plan

Nr.	Attraktion	
1	The Oasis	Erkundungspfade mit vielen kleinen Tieren
2	The Tree Of Life	Das imposante Wahrzeichen des Animal Kingdoms
3	It's Tough To Be A Bug	3D-Film zu "Das große Krabbeln" im Tree Of Life
4	Discovery Island Trails	Erkundungspfade um den Baum herum mit vielen Tieren
5	Festival Of The Lion King	Eine tolle Musik-Show zum Film "Der König der Löwen"
6	Good Times Gathering Spot	Pocahontas, Meeko und die Bärenbrüder warten auf Besuch
7	Character Meeting Point	In vier Hütten warten verschiedene Disney-Stars
8	Kilimanjaro Safaris	Auf einer Safari sehen Sie viele Tiere Afrikas.
9	Wildlife Express	Diese Eisenbahnfahrt bringt Sie zu Rafiki's Planet Watch.
10	Pangani Forest Exploration Trail	Die Tierwelt Afrikas wartet hier am Wegesrand auf Sie.
11	Kali River Rapids	Bei dieser wilden Floßfahrt wird sicher jeder nass.
12	Expedition Everest	Mit einem alten Zug fahren Sie durch den Himalaja.
13	Maharaja Jungle Trek	Erkundungspfad mit Tigern und riesigen Fledermäusen.
14	Flights Of Wonder	Eine Vogelshow mit verschiedenem Federvieh.
15	Dinosaur	Mit Ihrem TimeRover reisen Sie in die Zeit der Dinosaurier.
16	The Boneyard Playground	Kleine Archäologen können hier Dinos ausgraben.
17	Finding Nemo -The Musical	Die Geschichte von "Findet Nemo" wird musikalisch erzählt.
18	TriceraTop Spin	Die "Dumbo"-Version von Chester & Hester's Dino-Rama!
19	Primeval Whirl	Die wilde Dino-Fahrt saust hoch, runter und durch Kurven.
20	Rafiki's Planet Watch	Neben einem Streichelzoo gibt es hier viele Informationen.

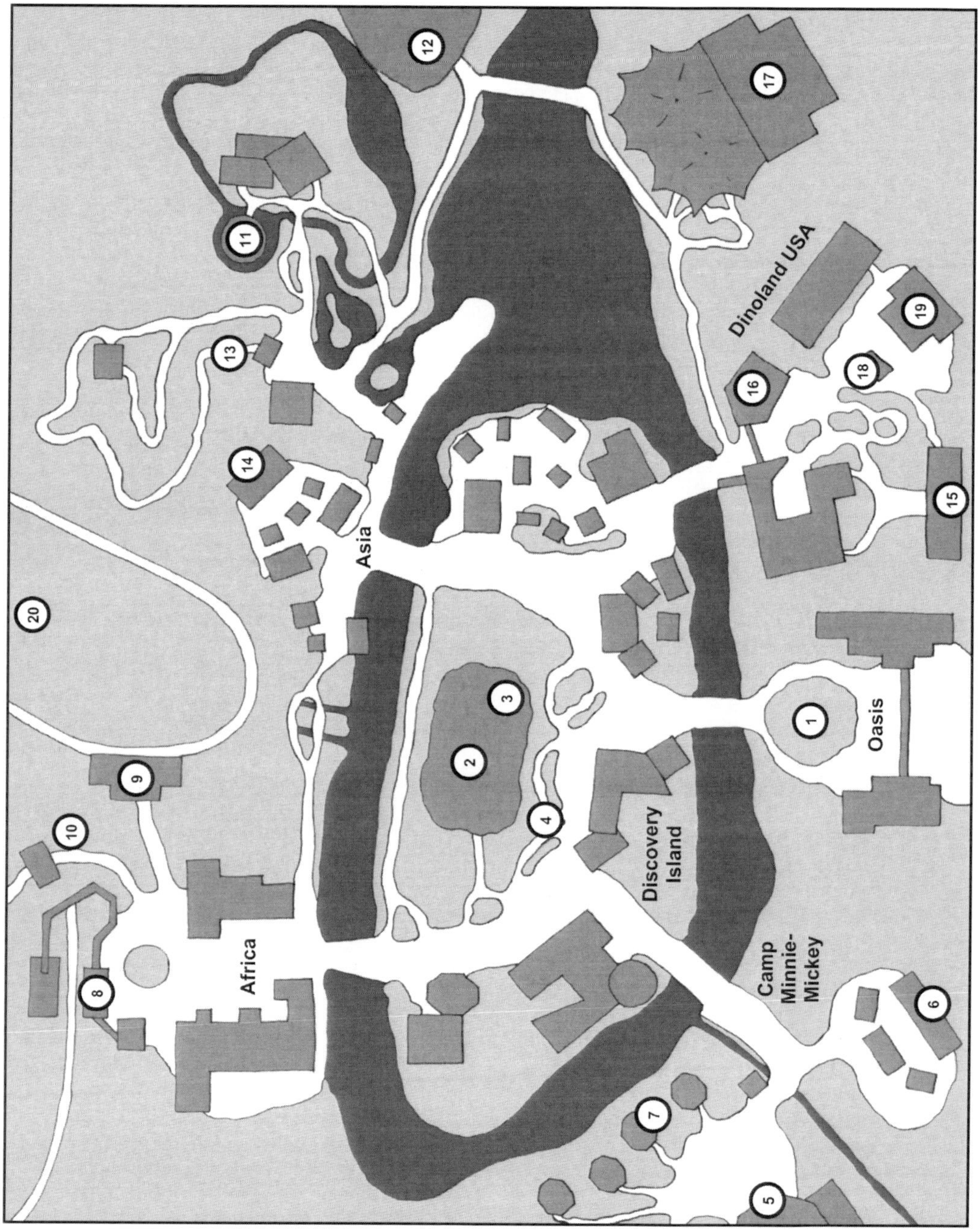
1
2
3
4
5
6
7
8
9
10
11
12
13
14
15
16
17
18
19
20
Oasis
Discovery Island
Camp Minnie-Mickey
Africa
Asia
Dinoland USA

Animal Kingdom - das Wichtigste zuerst

Disney, Tiere, Attraktionen

Öffnungszeiten

Das Animal Kingdom öffnet normalerweise zwischen 8 und 9 Uhr, je nach Saison. Da die Tiere am Abend in ihre Nachtbehausungen gebracht werden, schließt der Park schon bevor es dunkel wird, zwischen 17 und 20 Uhr.

Timing Tips

Der wichtigste Timing Tip für das Animal Kingdom: Seien Sie pünktlich am Morgen da und gehen Sie dann gleich zum Everest oder zur Safari. In der kühlen Morgenluft sind viel mehr Tiere zu sehen als später in der Mittagshitze. Erst zum Abend hin kommt wieder Leben in die weiten Ebenen des Animal Kingdoms.

Die neueste Spitzenattraktion ist ganz klar die Expedition Everest. Daher teilen sich am Morgen die Besuchermassen: Eine große Gruppe läuft (wie eh und je) nach Afrika zur Safari und die Gruppe der Thrillride-Fans läuft nach Asien (teilweise durch das Dinoland U.S.A. hindurch) zum Himalaja. Falls Sie beides sehen möchten, so ist dies eine schwere Entscheidung! Da aber beide Attraktionen einen Fastpass anbieten, kann man hier auch noch im Laufe des Tages mit moderaten Wartezeiten mitfahren.

Vom Parkplatz zum Park

Nun gut, Sie wissen ja schon, dass Sie sich Ihre Parkreihe notieren sollten. Das haben Sie ja schon drei Mal gelesen. Daher sei es hier auch nicht noch einmal erwähnt.

Aber wenn Sie wie verrückt nach Ihrem Auto suchen, dann sagen Sie nicht, Sie seien nicht gewarnt worden... mehrfach!!

Shopping Tips

Die Einkaufsmöglichkeiten sind über den Park verteilt, aber keine Angst, Sie werden genug Souvenirs kaufen können. Eine gute Möglichkeit hierfür bieten die Läden auf Discovery Island sowie Chesters und Hesters Souvenirladen im Dinoland U.S.A.

Sie suchen Mickey Maus oder einen anderen Character?

Natürlich ist Mickey Maus nicht nur im Magic Kingdom unterwegs, sondern auch hier im Animal Kingdom trifft man ihn von Zeit zu Zeit an. Der beste Platz im Animal Kingdom für Ihr Character-Treffen ist das Camp Minnie-Mickey, wo neben den beiden Mäusen auch Winnie Pooh und Tigger, sowie Figuren aus dem "König der Löwen" wie Timon und Rafiki, vertreten sind.

Gleich am Morgen halten sich häufig einige Characters und ein paar andere Gestalten gleich hinter dem Eingang vor der Oase auf - Sie können sie gar nicht übersehen.

Und beim Frühstück "Donald's Safari Breakfast" treffen Sie jeden Morgen einen ganzen Haufen Characters, die einige Zeit mit Ihnen verbringen möchten.

Schließfächer

Ihre Safariausrüstung können Sie gleich links hinter dem Eingang neben Guest Relations in einem Schließfach lassen. Dies kostet für einen Tag 5 US$ plus 2 US$ Pfand.

Durch den Eingang und los!

Das Grundlayout des Animal Kingdoms erinnert an seinen älteren Bruder, das Magic Kingdom. Das Pendant der Main Street ist hier die Oase, durch die Sie hindurch gehen, um zu dem Wahrzeichen des Parks zu gelangen. In diesem Fall ist es ein riesiger Baum, der Tree Of Life. Von hier aus geht es über mehrere Brücken in die einzelnen Länder.

Damit Sie einen Eindruck von der Größe des Parks bekommen: Das Animal Kingdom ist etwa fünfmal so groß wie das Magic Kingdom. Aber keine Angst! Große Teile werden von den weiträumigen Tiergehegen eingenommen, die Sie ja sicherlich nicht zu Fuß erkunden wollen (und dies auch gar nicht dürfen). Sie laufen hier ungefähr so viel wie in Epcot. Das ist zwar nicht wenig, aber es gibt hier eben auch viel zu sehen.

Wie schon gesagt: Es gibt nur zwei Alternativen, um den Tag zu beginnen! Für alle, die Achterbahnen mögen, führt der Weg rechts durch das Dinoland U.S.A. und dann direkt zur Expedition Everest. Alle anderen halten sich links, durchqueren Afrika und fahren zuerst die Safari.

The Oasis

Hinter dieser Oase warten die Tiere der Welt

Nachdem Sie durch den Eingang gekommen sind, stehen Sie auch schon mitten im Urwald. Die Oase ist ein tropischer Garten mit Wasserfällen, kleinen Bächen und einem dichten Pflanzenbewuchs. Hier können sich unzählige Kleintiere, wie Leguane, Faultiere und Otter verstecken, wenn sie keine Lust haben beobachtet zu werden. Es lohnt sich, einmal stehen zu bleiben und zu warten und schon sieht man eine Bewegung hier und da...

Durch die Oase führen mehrere kleine Wege über eine Brücke hinweg zu Discovery Island.

Shopping

Gleich am Eingang der Oase können Sie bei **Garden Gate Gifts** Kinderkarren und Rollstühle mieten, sowie Fotobedarf und andere Souvenirs wie T-Shirts und Hüte kaufen. Noch vor dem Parkeingang liegt der **Outpost**, der den vergesslichen Souvenirjägern noch nach Verlassen des Parks Andenken verkauft.

Die Durchquerung der Oase ist der einzige Weg, um ins Animal Kingdom hinein und auch wieder heraus zu kommen. Daher kann es hier am Morgen und am Abend gerade auf den kleineren Wegen ein wenig eng werden. Versuchen Sie den Weg ganz links zu nehmen, um schnell die Oase zu durchqueren.

Morgens sollten Sie die Oase schnellen Schrittes hinter sich bringen, um zügig zu den Attraktionen zu gelangen. Gegen Ende des Tages ist man häufig geneigt, die Oase genauso schnell zu durchqueren. Das wäre aber schade, da es auch hier viele Tiere zu entdecken gibt. Nehmen Sie sich daher beim Hinausgehen etwas Zeit für die vielen kleinen Tiere der Oase.

Discovery Island

Auf der großen Insel im Zentrum des Parks gibt es viel zu entdecken

Wenn die abenteuerlustigen Besucher am Morgen durch die Oase kommen, gelangen sie über eine Brücke auf eine Insel in der Mitte des Animal Kingdoms. Dies ist der "Hub", von dem aus Sie über weitere Brücken zu den einzelnen Ländern gelangen: Camp Minnie-Mickey, Africa, Asia und Dinoland U.S.A.

Das Themenland in der Mitte des Parks hieß bis zum Jahr 2000 "Safari Village".

The Tree Of Life

Der "Baum des Lebens" hat die gleiche Anziehungskraft wie das Cinderella-Schloss im Magic Kingdom. Er ist zum einen der Mittelpunkt des Parks, zum anderen das Wahrzeichen. Auch wenn man es auf den ersten Blick sicher nicht vermuten würde, dieser Baum ist komplett künstlich. Spätestens wenn Sie näher an den Baum herantreten, sehen Sie die 325 Tiere, die kunstvoll in den Stamm eingearbeitet wurden. Diese unglaublichen Schnitzereien alleine wären schon eine Attraktion, mit der man einige Zeit staunend verbringen könnte. Zusätzlich beherbergt das Innere des Stammes ein 3D-Kino mit vielen Vertretern der Insektenwelt, die sich Ihnen vorstellen möchten.

Der Baum ist mit 145 Fuß (ca. 45m) etwa 14 Stockwerke hoch. Die 8000 Äste tragen über 103.000 Blätter. Damit sich die Äste natürlich im Wind bewegen, sind sie an flexiblen Gelenken befestigt. Zehn Künstler arbeiteten zusammen mit drei Imagineers anderthalb Jahre an der künstlerischen Fertigstellung des Baumes.

Discovery Island Trails

Diese kleinen Pfade [trails] führen Sie dicht am majestätischen Stamm des Tree of Life vorbei. Doch neben den geschnitzten Tieren, die vom Stamm auf Sie herabblicken, gibt es auch allerlei lebendige Tiere zu sehen. Besonders niedlich sind die schwarz-weißen Lemuren, aber auch Tukane, Flamingos, Kängurus, Papageien, Schildkröten, Otter und Rehe haben ein Heim am Fuße des Baumes. Es gibt mehrere Punkte um den Baum herum, an denen die Wege beginnen.

It's Tough To Be A Bug

EXPRESS

Wenn man den Tree of Life zum ersten Mal sieht, würde sicher niemand erwarten, dass sich im Inneren ein Kino mit 430 Sitzplätzen befindet. Hier läuft ein 3D-Film, den man eigentlich schon als 4D bezeichnen könnte, denn neben dem Film auf der Leinwand erleben die Zuschauer noch jede Menge Spezialeffekte. Die Stars des Filmes sind die Insekten aus dem Film "Das große Krabbeln".

Wenn die Gäste das "Tree Of Life Repertory Theater" betreten, sind die Grillen schon dabei ihre Instrumente einzustimmen. Sie hören hier bekannte Disney-Klassiker, von Grillen gezirpt und von Bienen gesummt (kennen Sie nicht "Beauty And The Bees"?). Die Wände schmücken zahlreiche Filmplakate ("My Fair Lady Bug").

Die Ameise Flik tritt auf und bittet die Ehren-Käfer im Publikum ihre Käferaugen (3D-Brillen) aufzusetzen. Danach stellt er verschiedene Mitglieder der Insektenfamilie vor. Mit dabei ist ein Stinkkäfer, eine wild um sich schießende Tarantel namens Chili und eine Säure verspritzende Termite, die sich für den Terminator hält (Sie werden schon "sehen", was mit 4D gemeint war). Die böse Heuschrecke Hopper ist wenig begeistert davon, dass Flik den Menschen erlaubt, in die Welt der Insekten zu sehen. Er demonstriert sehr eindrucksvoll, wie die Menschen mit allerlei Mitteln gegen die Insekten vorgehen. Nur gut, dass Heuschrecken auch natürliche Feinde haben. Am Ende der Käfer-Show gibt es ein furioses musikalisches Finale.

Attraktionstyp: insektenreicher 3D-Film
Dauer der Attraktion: 8:30 Minuten
Plätze für 430 Insektenfreunde.
Für Kids: Der Film ist grundsätzlich für Kinder geeignet, allerdings tauchen viele Insekten (u.a. Spinnen und der angsteinflössende Grashüpfer Hopper) im Film und im Theater auf, es ist sehr dunkel, zeitweise ist das Kino mit Nebel gefüllt und einige Spezialeffekte sind sehr intensiv. Dies kann nicht nur Kinder erschrecken! Auch Erwachsene, die sich nicht mit den kleinen Krabblern anfreunden können, sollten auf die Show verzichten - oder ab und zu die Augen schließen.

Minis	1	Genießer	4		Park-Planer
Kids	3	Abenteurer	2		
Teens	3	Thrill-Rider	0	Sitzen	0 von 5 · 3 von 5

Zeitweise ist das Theater mit Rauch gefüllt. Die Plätze an der Seite werden nicht so stark eingenebelt, wie die mittleren Plätze.

Die Hauptakteure sind die Ameise Flik und der Grashüpfer Hopper aus dem Pixar-Film "Das große Krabbeln" [A Bug's Life] (1998).

Shopping

Sie wollen doch sicherlich einen Safari-Hut mit Mickey- oder Pluto-Ohren haben. Dann auf zum **Beastly Bazaar**, wo es neben Stofftieren natürlich auch andere Dinge mit dem Animal Kingdom Logo oder den Disney -Figuren darauf gibt. **Creature Comforts** hat alles für die Kleinen, wie Spiele, Kleidung und Hüte. Erwachsene kleiden sich eher bei **Disney Outfitters** ein. **Island Mercantile** bietet auch Character-Souvenirs, Kleidung, Süßigkeiten und ist noch eine halbe Stunde nach Parkschließung geöffnet.

Restaurants

Fast Food Favorit

bis ca. 15 $

Selbstbedienung: Schon am Duft des offenen Feuers riecht man es: Das **Flame Tree Barbecue** kann nicht mehr weit sein. Hier in der Nähe der Brücke zum Dinoland werden mehrere Gerichte über

Holzfeuer gegrillt. So gibt es BBQ-Sandwiches mit Schweinefleisch, halbe Hähnchen, Spare Ribs, Truthahn-Sandwiches, aber auch Vegetarisches. Links neben dem Gebäude geht ein Weg zu mehreren Terrassen ab. Hier ist (etwas versteckt) sehr viel Platz zum Sitzen, Genießen und Entspannen. Die Plätze direkt am Wasser bieten einen Postkartenblick auf Expedition Everest.

Eine Pizza, Calzone oder einen Salat hat **Pizzafari** bei der Brücke zum Camp Minnie-Mickey für hungrige Abenteurer im Angebot.

Africa

In Afrika erleben Sie bei einer Safari Tiere hautnah

Jambo! Afrika ist das größte Land des Animal Kingdoms und ist alleine schon größer als das gesamte Magic Kingdom. Doch keine Angst, Sie müssen hier nicht so viel laufen, wie Sie jetzt vielleicht denken, denn große Teile Afrikas bestehen aus der Nachbildung der afrikanischen Savanne, die Sie mit dem Safari-Bus erkunden können. Also: Hakuna Matata! - Keine Sorgen!

Besucher betreten Afrika durch das Dorf Harambe (was soviel wie "Zusammenkommen" bedeutet), wo sie vor Ihrem Safari-Abenteuer einkaufen und essen können.

Park-Planer Highlight

Kilimanjaro Safaris

Afrikas größte Attraktion ist sicherlich etwas für jeden! Schöne Landschaften, freilaufende Tiere und ein wenig Abenteuer verspricht diese 20-minütige Safari-Fahrt. Ihr Fahrer und gleichzeitig Reiseführer fährt mit Ihnen durch die Landschaften Afrikas und liefert Ihnen viele Informationen zu den verschiedenen Tierarten. Ihr Gefährt ist ein großer geländefähiger Bus mit einem Dach als Sonnenschutz, aber ohne störende Scheiben, sodass Sie wunderbar fotografieren und filmen können. Vor Ihnen ist eine Tafel angebracht, auf der Sie Bilder von allen Tieren sehen, die Sie eventuell unterwegs entdecken können.

Ihre Fahrt beginnt mit einem fröhlichen "Jambo!" Ihres Tourguides, bevor sich der Geländewagen ruckelnd in Bewegung setzt. Die ersten Tiere auf dem Weg sind Nilpferde und wenn Sie Glück haben, können Sie sogar ein scheues Okapi entdecken. Eine klapprige Brücke führt direkt über ein Becken mit einer Krokodilgroßfamilie. Schon kurz danach ändert sich die Vegetation: Vor Ihnen tut sich imposant die endlose Savanne auf. Viele Tiere laufen hier frei umher: Giraffen, Antilopen, Vogelstrauße und Gazellen (oder "Tommies", wie die Einheimischen sagen). Hier und dort steht ein großer Termitenhügel in der Landschaft. Die Fahrt geht weiter, Ihr Fahrer schaltet das Funkgerät aus und das Radio ein. Die Musik untermalt beeindruckend die Landschaft in der es zahlreiche Elefanten zu sehen gibt. Auf einem Hügel, nur einige Kurven weiter, thront majestätisch ein stattlicher Löwe. Wenig später begegnet Ihnen Familie Warzenschwein. Plötzlich hören Sie über Funk von einem Ranger-Flugzeug eine alarmierende Meldung: Die Elefantenkuh Big Red wurde von Wilderern [poachers] angeschossen, ihr Baby Little Red ist verschwunden. Es folgt eine kurze turbulente Verfolgungsjagd durch den Busch.

Wenn ein Nashorn neben dem Bus entlang läuft oder sich wenige Meter vor Ihnen auf einem Hügel majestätisch ein Löwe streckt, so denken Sie daran: Dies ist nicht die Jungle Cruise im Magic Kingdom, hier sind alle Tiere echt!!!

Attraktionstyp: Safari-Fahrt
Dauer der Attraktion: ungefähr 20 bis 25 Minuten, wenn Tiere im Weg stehen länger
Plätze: Geländebusse mit 7 Reihen für je 4 Tierbeobachter
Für Kids ist die Safari ein wirklich einmaliges Erlebnis, das kein Besucher verpassen sollte!

Minis	3	Genießer	5			
Kids	5	Abenteurer	5			
Teens	5	Thrill-Rider	2	2 von 5	0 von 5	5 von 5

Besonders in den Sommermonaten sollten Sie die Safari möglichst früh am Morgen (am besten gleich als erstes) oder später am Abend (oder auch zweimal...) unternehmen, denn auch wenn Sie hier in Florida und nicht in Afrika sind, verstecken sich die Tiere trotzdem vor der Hitze und suchen mittags schattige Plätze auf. Die Wartezeit kann hier tagsüber auch einmal etwas länger sein, aber die Warteschlangen sind überdacht und Ventilatoren sorgen für Abkühlung. Außerdem können Sie in der Warteschlange auf Videomonitoren schon so einiges über die Tiere lernen, denen Sie bald begegnen werden.

Vergessen Sie nicht, dass es für die Safari auch den Fastpass gibt, der lange Wartezeiten erspart.

Links oder rechts sitzen? Am besten zweimal fahren! Jede Seite bietet auf jeweils anderen Abschnitten der Safari einen besseren Blick als die andere Seite.

Pangani Forest Exploration Trail

Durch den Pangani Wald führt ein kleiner Weg, der in Harambe, gleich beim Ausgang der Safari, beginnt. Pangani ist Suaheli und bedeutet "verzauberter Ort". Ihr erster Stopp ist bei einer Forschungsstation, in der Sie verschiedene Ausstellungen ansehen können. Davor erstrecken sich eine Vogelhalle und ein Teich mit exotischen Fischen. Wenn Sie weiter gehen, kommen Sie zu den Nilpferden, die Sie hier auch unter Wasser beobachten können. Es folgt ein Aussichtspunkt, von dem aus die afrikanische Savanne überblickt werden kann. Dieser Punkt ist auch als der "Timon Aussichtspunkt" bekannt (Sie erinnern sich? Timon ist das Erdmännchen aus dem König der Löwen). Genau vor dem Aussichtspunkt hat sich nämlich eine Erdmännchen-Familie eingegraben. Oben auf dem Hügel steht immer ein Familienmitglied Wache. Am Ende Ihres Weges gelangen Sie zum Gorilla-Tal mit üppiger Vegetation. Es kann ein wenig länger dauern, bis Sie einen der Affen entdecken, denn diese riesigen Tiere verstecken sich gerne zwischen den Bäumen und Büschen. Die Tierpfleger vor Ort wissen immer genau, wo sich ihre Schützlinge verbergen und zeigen Ihnen gerne, wo Sie einen Gorilla entdecken können.

Attraktionstyp: Rundgang
Dauer der Attraktion: mindestens 20 Minuten
Für Kids gibt es hier viel zu entdecken.

Minis	5	Genießer	5			
Kids	5	Abenteurer	3			
Teens	4	Thrill-Rider	0	zu Fuß	0 von 5	4 von 5

Wildlife Express und Rafiki's Planet Watch

Im Osten von Harambe finden Sie einen kleinen Bahnhof. Hier besteigen Sie den Wildlife Express, der Ihnen zunächst einen Blick hinter die Animal Kingdom Kulissen erlaubt. Sie sehen unter anderem die Gebäude, in denen die Elefanten, Nashörner und Giraffen nachts schlafen und auch Teile der Safari-Anlage. Zu allem, was vor Ihren Augen vorbeizieht, bekommen Sie natürlich Erklärungen. Nach etwa 5½ Minuten steigen Sie an Ihrem Zielbahnhof aus (um zurückzufahren müssen Sie sich wieder anstellen). Nach einem kleinen Fußweg vorbei an einigen Tiergehegen (etwa 5 Minuten) erreichen Sie das Hauptgebäude. Hier wird aktiv geforscht, Tiere werden gepflegt und Gäste bekommen einen Einblick, was hinter den Kulissen noch so alles passiert.

Rafiki's Planet Watch hat mehrere Bereiche: **The Affection Section** ist ein Streichelzoo mit Ziegen, Schafen, Schweinen und anderen niedlichen, freundlichen Tieren. Die **Animal Cams** sind Videokameras, die Sie fernsteuern können und so in verschiedene Bereiche des Animal Kingdoms hineinsehen können. **Eco Heroes**, **Rafiki's Planet Watch Video** und **Song Of The Rainforest** sind verschiedene Multimedia-Erlebnisse, bei denen Sie am Computer etwas über bedrohte Tiere erfahren oder sich in die Geräuschwelt des Regenwaldes begeben können. Bei **Animal Health & Care** können Sie durch Glasscheiben hindurch den Veterinären bei der Arbeit zusehen und sich zum Beispiel von einem Tierpfleger die verschiedenen Futterarten erklären lassen.

Rafiki's Planet Watch ist ausschließlich mit dem Zug zu erreichen!

Attraktionstyp: Zugfahrt & Ausstellung
Dauer der Attraktion: insgesamt mindestens 45 Minuten, eher länger
Für Kids ist die Bahnfahrt und der Streichelzoo spannend, der Rest teilweise langweilig.

Minis	4	Genießer	4			Park-Planer
Kids	4	Abenteurer	2			
Teens	3	Thrill-Rider	0	2 von 5	0 von 5	3 von 5

Insider INFOS: Rafiki's Planet Watch hieß bis Oktober 2000 "Conservation Station".

TIMING TIP: Wenn es richtig heiß ist, dann ist der vollklimatisierte Komplex von Rafiki's Planet Watch der richtige Platz, um der Hitze zu entfliehen. Durch die abgelegene Lage ist es hier meistens relativ leer.

Rafiki's Planet Watch nimmt viel Zeit in Anspruch und ist für viele Besucher nicht übermäßig interessant. Das sollten Sie wissen, bevor Sie in den Wildlife Express einsteigen.

Restaurants

bis ca. 10 $

Selbstbedienung: Wer eine gesunde und fruchtige Alternative zu den Fast Food Ständen sucht, der sollte nach der Safari einmal beim **Harambe Fruit Market** vorbeischauen. Hier gibt es Früchte und Getränke. Die einzige Möglichkeit bei Rafiki`s Planet Watch etwas zu essen, bietet der **Munch Wagon** mit seinem Angebot an Hot Dogs und anderen Snacks. Lebensnotwendig bei schönem Wetter: Frozen Yogurt, Eis und Sundaes bei **Tamu Tamu Refreshments**. Es gibt hier allerdings nur wenige Sitzplätze. Rechts vom Tusker House finden Sie den **Kusafiri Coffee Shop & Bakery** mit immer ofenfrischen Angeboten.

über 15 $

Tischbedienung: Im Stil eines Safari Hauses ist das **Tusker House** eingerichtet. Drinnen finden Sie einen stilecht eingerichteten Speisesaal, draußen unter einem großen Dach ist für weitere hungrige Gäste Platz. Das Tusker House bietet ein afrikanisches Büffet mit Fisch, Fleisch und vegetarischen Gerichten.

Morgens findet hier **Donald`s Safari Breakfast** mit vielen Characters statt.

Shopping

Sie stehen schon fast in der Schlange für die Safari und haben immer das Gefühl, dass Sie irgendetwas vergessen haben? Solange es sich um Film- und Fotoausrüstung handelt, hilft Ihnen **Duka La Filimu** gerne weiter. Hier gibt es auch die Möglichkeit, nach der Safari die Bilder entwickeln zu lassen. Hinter dem Namen **Mombasa Marketplace And Ziwani Traders** verbergen sich ein afrikanischer Marktplatz und eine Handelsgesellschaft, die in zwei ineinander übergehenden Läden ihre Waren anpreisen. Spielzeug, Safari-Kleidung, T-Shirts, Bücher und afrikanische Geschenkartikel finden Sie hier in großer Auswahl. Beim Eingang von Rafiki's Planet Watch liegt **Out Of The Wild** mit passenden Souvenirs wie Shirts, Hüten und Büchern.

Asia

In Asien warten Tempel, Tiger, eine wilde Floßfahrt und eine aufregende Himalaja Expedition ins Reich des Yetis

Über eine Brücke und an einem Tempel vorbei führt Sie Ihr Weg nach Asien, genauer nach Anandapur ("Ort der Freude"). In diesem Dorf am Fuße des schneebedeckten Himalayas erwartet Sie, ähnlich wie im "benachbarten" Afrika, ein Pfad durch die Tierwelt der Region, dazu eine Vogel-Show, eine wilde Wildwasserfahrt und eine aufregende Bergexpedition.

Kali River Rapids

Ihre Reise beginnt im Büro der Kali River Rapids Expeditions, denn hier führt die lange Warteschlange genauso hindurch wie durch eine Tempelanlage. Schon auf dem Weg zu Ihrem Floß werden Sie über die Folgen der Rodung des Regenwaldes informiert. Doch dank des "Eco-Tourismus" gibt es Hoffnung, denn diese friedliche Art des Reisens in dem bedrohten Land gibt den Besuchern einen Sinn für den Schutz der Natur.

Am Ende der zeitweise recht langen Schlange besteigen Sie ein rundes Boot. Dieses zwölfsitzige Floß fährt eine Rampe hinauf und durch einen Bambuswald. Nach einem in Nebel getauchten Abschnitt treiben Sie an einem alten Schrein vorbei. Um Sie herum erleben Sie die einmalige Schönheit des unberührten Regenwaldes. Doch die Ruhe des Regenwaldes wird gestört, die Szenerie um Sie herum ändert sich, denn auf beiden Flussseiten wurde der Wald gerodet. Auf einmal wird dies auch für die Floßbesatzung zur ernsten Gefahr, denn mitten im Fluss haben sich brennende Baumstämme verkeilt und nun ist nicht nur der Regenwald bedroht...

Attraktionstyp: Wildwasserfahrt
Dauer der Attraktion: 5 Minuten
Plätze: Flöße für 12 Abenteuerlustige
Für Kids ab 107 cm geeignet.

Minis	0	Genießer	2		
Kids	2	Abenteurer	5		
Teens	4	Thrill-Rider	3	3 von 5	4 von 5	3 von 5

Warnung! Jeder und alles wird nass! Jeder Gegenstand, der unbedingt trocken bleiben muss, sollte in einem Schließfach verwahrt werden oder einem Familienmitglied gegeben werden, welches diesen feuchten Trip nicht erleben möchte. Kaufen Sie sich besser vor Fahrtbeginn einen Poncho – Sie werden ihn brauchen. Gut eingepackt ist die Fahrt aber dann ein tolles Erlebnis!

Die Fahrt auf dem Chakranadi Fluss eröffnete als nasse Top-Attraktion am 1. März 1999. "Chakranadi" bedeutet: "Fluss, der im Kreis fließt." ...sehr passend!

Maharajah Jungle Trek

Dieser kurze Wanderweg führt durch einen Dschungel, wie er in Südostasien zu finden ist. Dazu gehören natürlich Tiger, die in einer Tempelruine leben, Wasserfälle und dichte Vegetation. Hinzu kommen Warane, farbenprächtige Vögel und Antilopen.

Etwa nach der Hälfte des Weges betreten Sie eine kleine Hütte, in der die Besucher Frucht-Fledermäuse mit Spannweiten von über anderthalb Metern betrachten können. Während Sie da so auf der Aussichtsplattform stehen und die beeindruckend großen Tiere beobachten, freuen Sie sich wahrscheinlich über den ungetrübten Blick - denn es gibt kein Glas, welches Sie von den Fledermäusen trennt. Doch die Tiere sind an ihren Besuchern wenig interessiert. Es gibt hier allerdings auch Bereiche mit Glasscheiben oder Gittern hinter denen sich etwas ängstlichere Gäste verstecken können.

Attraktionstyp: Rundgang
Dauer der Attraktion: je nach Interesse, mindestens 25 Minuten

Minis	5	Genießer	5			
Kids	5	Abenteurer	3			
Teens	4	Thrill-Rider	0	zu Fuß	0 von 5	4 von 5

Dies ist eine der Tiererlebnisattraktionen des Animal Kingdoms, für die man sich etwas mehr Zeit nehmen sollte!

Flights Of Wonder

In einem Freilufttheater erleben Sie nicht nur verschiedene Vögel vorne auf der Bühne, sondern die gefiederten Freunde fliegen auch direkt über Ihre Köpfe. Es haben hier mehr als 20 verschiedene Vogelarten ihren Auftritt. Adler, Falken und einige Hühner agieren in dieser 25-minütigen Show.

Attraktionstyp: Vogel-Show
Dauer der Attraktion: 25 Minuten

Minis	4	Genießer	4			
Kids	4	Abenteurer	2			
Teens	2	Thrill-Rider	0	Sitzen	0 von 5	2 von 5

Es reicht hier meistens, kurz vor Showbeginn da zu sein. Das meiste von den Vögeln erleben Sie hier ganz vorne.

Park-Planer Highlight

EXPEDITION EVEREST

Von dem kleinen Dorf Anandapur aus schlendern Sie ein Stück an einem Flussufer entlang, bevor sich hinter einer Wegbiegung majestätisch der Himalaya vor Ihnen auftut. Der Schrein dort am Flussufer hat die gleiche Form wie das Gebirgsmassiv und dient der Verehrung des Yetis.

Ihre Expedition sollte in dem kleinen Ausrüstungsgeschäft beginnen - T-Shirt und kurze Hose sind ja eigentlich nicht die richtige Bekleidung für das bevorstehende Gebirgsabenteuer... hinter dem Laden führt Sie Ihr Weg noch durch ein Yeti-Museum, in dem Sie mehr über diesen haarigen Hüter der Wälder erfahren.

Von einem kleinen Bahnhof aus können Sie auf bequeme Art die Gegend erkunden. Zunächst geht es um einige Kurven, dann folgt der steile Anstieg, der durch einen Yeti-Tempel führt. Sie müssen wohl schon einige hundert Meter hoch sein, denn hier oben liegt Schnee.

Plötzlich endet Ihre Fahrt! Vor Ihnen ragen kaputte Schienen in den Himmel und um Sie herum flattern Gebetsflaggen im eisigen Wind. Die Bremsen müssen versagt haben, denn im nächsten Augenblick schießen Sie rückwärts in das Dunkel des Berges hinein.

Dort an der Felswand sieht man einen Schatten. Es ist der Yeti, der wütend ein weiteres Stück Schienenstrang wie Papier in der Luft zerreißt.

Sie flüchten nach vorne, steil den Hang hinab, doch Ihr Weg führt zurück in den Berg hinein und damit in das Reich des Yetis, der schon auf Sie wartet...

Nach Ihrer Expedition gibt es Souvenirs und Fotos im Serka Zong Bazaar.

Attraktionstyp: Achterbahn
Dauer der Attraktion: 3 Minuten
Plätze: 17 Reihen für je 2 Yetiforscher
Für Kids ab 110 cm. Dies ist sicher der intensivste der "Disney World Berge"!

Minis	0	Genießer	2			Park-Planer
Kids	3	Abenteurer	4			
Teens	5	Thrill-Rider	5	4 von 5	0 von 5	5 von 5

TIMING TIP Jeden Morgen startet der "Everest-Marathon": Sobald die Besuchermassen "freigelassen" werden, strömt ein großer Teil auch schon in Richtung Asia. Die meisten Besucher stehen dafür vor der Brücke zum Themenland Asien. Sie können daher die Massen schlagen, indem Sie über die Brücke ins Dinoland U.S.A. gehen, dort gleich wieder links abbiegen, am "Theater In The Wild" vorbei eilen und dann von dieser Seite zum Everest gehen. So gelingt es Ihnen knapp vor den anderen da zu sein, da diese meist von einer Gruppe Cast Members geführt (gebremst) werden.

Für Ihre Expedition bietet sich die morgendliche "Doppeltour" an: Ziehen Sie sich rasch einen Fastpass und stellen Sie sich dann in der regulären Schlange an.

Restaurants

Tischbedienung: Das **Anandapur Yak And Yeti** ist das neueste Restaurant des Animal Kingdoms und das zweite mit Tischbedienung im Park (das Rainforest Cafe befindet sich außerhalb). Sie genießen hier die verschiedensten asiatischen Gerichte wie Schweinefleisch süß-sauer, Ente, Lo Mein Nudeln, Steak, Shrimps, Hühnchen und vieles, vieles mehr.

über 15 $

Selbstbedienung: Das **Yak And Yeti** hat auf der rechten Seite einen Selbstbedienungstresen und dazu zahlreiche Sitzplätze unter freiem Himmel. Hier gibt es eine kleinere Speisenauswahl, die aber genauso lecker ist: Honey Chicken, Kung Pao Beef, Shrimps und Schweinefleisch süß-sauer stehen hier auf der Karte.

Fast Food Favorit

bis ca. 15 $

Für ein Eis zwischendurch bietet sich **Anandapur Ice Cream** an.

bis ca. 10 $

Shopping

Mandala Gifts verkauft asiatische Souvenirs. Beim Yak & Yeti Restaurant liegt der **Bhaktapur Market**. Auch in dieser kleinen Hütte finden Sie allerlei Andenken aus China sowie "Yak & Yeti" T-Shirts und andere Restaurant-Souvenirs. **Serka Zong Bazaar** heißt der Laden am Ausgang der Expedition Everest, der zahllose Souvenirs zur eben erlebten Attraktion verkauft.

Dinoland U.S.A.

Wem Archäologie zu trocken ist, der kann hier eine Zeitreise unternehmen

Den Eingang zum Dinoland U.S.A. bildet das 15 Meter große Skelett eines Brachiosaurus, gleich dahinter liegt eine paläontologische Ausgrabungsstätte. Doch nicht nur die ausgestorbenen Tiere der Urzeit sind ein Thema, auch an deren lebendige Nachfahren wird gedacht. Und wer ganz mutig ist, der besteigt einen TimeRover und sieht sich die Dinos aus der Nähe an.

DINOSAUR

Ihr Besuch im Dino Institute beginnt ganz harmlos. Dieses Institut ist sowohl Forschungszentrum, als auch Museum, in dem Sie Dinosaurierskelette, Asteroiden-Stücke und Fossilien ansehen können. Eine kleine Multimediashow verkürzt Ihnen die Wartezeit und erzählt von der Theorie, nach der ein Meteoritenschauer die Dinosaurier aussterben ließ.

Im nächsten Raum begegnet Ihnen via Live-Video die Leiterin des Instituts, Doktor Helen Marsh. Sie erzählt Ihnen von der neuesten Erfindung, dem TimeRover, der Sie zurück in der Zeit zu den Dinosauriern bringen wird. Doktor Seeker hat da einen ganz anderen Plan: Er möchte Sie bis zum Ende der Kreidezeit zurück bringen, kurz bevor der Meteoritenschauer die Erde trifft. Von dort sollen Sie einen etwa 5 Meter großen, Pflanzen fressenden Iguanodon mitbringen. Das Tier lebte vor 65 Millionen Jahren und ist vielleicht der Schlüssel zum Untergang der Dinosaurier.

Nun geht es weiter zu Ihrem TimeRover. Schnallen Sie sich gut an, Ihr Trip durch die Zeit wird wild! Auf der Suche nach dem Dino rauschen Sie durch den prähistorischen Urwald und begegnen friedlichen und aggressiven Dinosauriern. Doktor Seeker identifiziert über Funk die Tierwelt der Urzeit für Sie. Am Himmel über Ihnen ziehen Meteore entlang, die kurz davor sind, auf der Erde einzuschlagen. Sie haben also nicht mehr viel Zeit. Am Ende stehen Sie einem sehr unfreundlichen Bewohner dieser Zeit gegenüber, einem Carnotaurus. Extrem groß, extrem hässlich und extrem gefährlich.

Hoffentlich schaffen Sie es, sowohl dem Dino also auch den Meteoriten zu entkommen! Diese 3½-minütige Thrill-Attraktion ist wirklich extrem wild!!!

Attraktionstyp: Indoor-Achterbahn
Dauer der Attraktion: Preshow 3 Minuten, Fahrt 3:30 Minuten
Plätze: TimeRover mit 3 Reihen für jeweils 4 Zeitreisende
Für Kids ab 102 cm. Sehr wild!

Minis	0	Genießer	1		
Kids	1	Abenteurer	4		
Teens	5	Thrill-Rider	5		
					Park-Planer
			5 von 5	0 von 5	4 von 5

Bevor der Disney-Film "Dinosaurier" (2000) in die Kinos kam, hieß die Fahrt "Countdown To Extinction". Außer dem Namen wurde jedoch nicht viel an der Attraktion geändert.

Insider INFOS

Ihr Gefährt ist ein sogenanntes EMV, ein "Enhanced Motion Vehicle": Auf einer ruhig fahrenden Basis ist ein bewegliches Oberteil montiert, welches in alle Richtungen gekippt und bewegt werden kann. Durch diese Bewegungen wird die Fahrt erst turbulent.

Das gleiche Attraktionsprinzip wird auch in der Indiana Jones Attraktion in Disneyland Anaheim eingesetzt. Sogar das Streckenlayout erinnert an die Indy-Fahrt.

Sie möchten wissen, welche Dinos Sie gesehen haben? Ganz klar: Styracosaurus, Alioramus, Parasaurolophus, Pterodactyl, Cearadactylus, Compsognather, Raptor, Carnotaurus und Iguanodon.

Da das Themenland früher von McDonald's gesponsert wurde, findet man noch Hinweise auf den Burger-Hersteller: Vor dem Einstiegsbereich zu Dinosaur sehen Sie rote, gelbe und weiße Rohrleitungen - diese sind mit den chemischen Formeln für Ketchup, Senf und Mayonnaise beschriftet.

The Boneyard

In dieser großen Ausgrabungsstätte haben die kleinen Besucher die Möglichkeit, Mammutknochen auszugraben. Es gibt Hinweise zu entdecken, wie und wann die Tiere starben. Außerdem gibt es noch ein Saurierknochen-Xylophon, prähis-torische Rutschen und ein mit Fossilien gefülltes Labyrinth. Doch passen Sie auf, wo Sie hintreten! Erwischen Sie einen der großen Fußabdrücke, so hören Sie gleich das dazu passende Brüllen. Die OldenGate Brücke, eine gigantische Skelett-Brücke, verbindet die eine Seite des Boneyards mit der anderen.

Attraktionstyp: Spielplatz
Für Kids gibt es sehr viel zu entdecken und sie können sich richtig austoben.

Minis	5	Genießer	1				
Kids	5	Abenteurer	2				
Teens	2	Thrill-Rider	0	zu Fuß	0 von 5	2 von 5	

Eltern aufgepasst! Der Spielplatz umfasst ein großes Areal mit mehreren Ebenen und Rutschen, die große Entfernungen überbrücken. Also Augen auf!

Insider INFOS: Der Dinosaurierschulterknochen, der das Eingangsschild zum Boneyard darstellt, hat den Umriss des Animal Kingdoms bei der Eröffnung (ohne Asien).

Chester & Hester's Dino-Rama!

Alles fing mit einem kleinen Souvenirladen irgendwo im Nirgendwo an. Hier verkaufen Chester und Hester jede Menge Dinosaurier-Souvenirs an die Touristen. Doch mittlerweile haben die beiden neben ihrem Laden einen bunten Jahrmarkt aufgebaut, der einen Besuch lohnt. Neben vielen kleinen Buden gibt es auch zwei echte Attraktionen:

Primeval Whirl

EXPRESS

Jeweils vier Fahrgäste sitzen nebeneinander in den Gefährten bei dieser Fahrt, die an die "Wilde Maus" erinnert. An vielen bunten Comic-Dinosauriern geht es zuerst langsam einen Berg hinauf und anschließend über viele Hügel und durch viele Kurven wieder hinunter. Dabei dreht sich Ihr Gefährt ziemlich wild um die eigene Achse.

Attraktionstyp: Achterbahn
Dauer der Attraktion: 2 Minuten
Plätze: Wagen für je 4 Jahrmarktbesucher
Für Kids: ab 1,20 Meter

Minis	0	Genießer	1			Park-Planer
Kids	2	Abenteurer	1			
Teens	5	Thrill-Rider	4	4 von 5	0 von 5	3 von 5

Der Primeval Whirl macht viel Spaß. Zwei identische Bahnen stehen gespiegelt nebeneinander. Eine der beiden ist dabei in der Saison nur für Fastpässe reserviert.

Triceratop Spin

Anscheinend haben Chester und Hester die Idee für diese Attraktion im Magic Kingdom abgeschaut, denn hier steht ein Dumbo-Klon. Sie sitzen natürlich nicht auf dem Rücken eines Elefanten, sondern dem eines Dinos, aber ansonsten geht es genauso im Kreis herum. Die vordere der beiden Sitzreihen hat Kontrolle über die Flughöhe, die hintere kann den Dino kippen.

Attraktionstyp: Dumbo-Karussell
Dauer der Attraktion: 90 Sekunden
Plätze: Je Dino 2 Reihen für 2 Dino-Reiter
Für Kids ist dies eine der besten Fahrattraktionen im Animal Kingdom.

Minis	5	Genießer	2			Park-Planer
Kids	4	Abenteurer	0			
Teens	1	Thrill-Rider	2	2 von 5	0 von 5	2 von 5

Die Steuerungsmöglichkeiten sind vorne wesentlich spannender als auf der hinteren Bank.

Park-Planer Highlight

Finding Nemo - The Musical

Die hier im "Theater In The Wild" gezeigte Nemo-Show steht einem "echten" Broadway-Musical wohl nur in einem Punkt nach: Der Showlänge. In (nur) 35 Minuten wird der gesamte Film nacherzählt, vom Korallenriff quer durch den Ozean bis nach Sydney - und wieder zurück. Die Hauptakteure sind meist große Puppen, welche

Animal Kingdom

von ihren Sängern getragen und bewegt werden. Einige Darsteller sind aber noch viel größer und beeindruckender, so zum Beispiel der Lehrer Mister Ray und die drei (vegetarischen) Haie.

Attraktionstyp: Show
Dauer der Attraktion: 35 Minuten
Plätze: 1700 gut klimatisierte Sitzplätze
Für Kids die den Film kennen (und dadurch vielleicht weniger Angst vor den Haien haben) geeignet.

Minis	1	Genießer	5		Park-Planer
Kids	3	Abenteurer	2		
Teens	4	Thrill-Rider	0	Sitzen	0 von 5 / 5 von 5

Insider INFOS: Das alte "Theater In The Wild" hatte keine Wände, sondern nur ein Dach und beherbergte von 1999 bis Januar 2006 die laute Musikshow "Tarzan Rocks!".

Das Nemo Musical wurde hochkarätig produziert. Michael Curry arbeitete bereits am Design der Puppen vom "König der Löwen" Musical, welches unter anderem in Hamburg zu sehen ist. Die Musik stammt von Robert Lopez und seiner Frau Kristen Anderson-Lopez. Die beiden haben den Film (der ja kein klassischer Disney-Musik-Film ist) im Broadway-Stil umgesetzt. Herausgekommen sind Lieder wie das Titellied "In The Big Blue World", das Lied der drei Haie "Fish Are Friends, Not Food", das motivierende "Just Keep Swimming" oder das rockige Lied der Schildkröten "Go With the Flow."

Der Film "Findet Nemo" hat zahlreiche Attraktionen inspiriert: Neben dem Musical auch "The Seas" (Epcot), den "Turtle Talk" (in Epcot und auch in Kalifornien) und eine Nemo-U-Boot-Fahrt (in Disneyland).

TIMING TIP: Die Schlange für die Show bildet sich meist schon eine Stunde vor der Show. Später als 30 Minuten vor Showbeginn sollten Sie nicht hier sein.

Shopping

Am Ausgang des Zeitreisetrips mit Dinosaur gibt es einen kleinen Souvenirladen, wo Sie auch ein Foto kaufen können. Zu sehen gibt es darauf Ihr erschrockenes Gesicht beim Anblick des Carnotaurus. Ein wirklich toller Souvenirladen ist **Chester & Hester's Dinosaur Treasures**, der eine Fülle von Park- und Dinosaurier-Souvenirs bietet. Mit diesem Laden begann auch die Idee für Chesters und Hesters kleinen Jahrmarkt nebenan.

Restaurants

bis ca. 10 $

Selbstbedienung: Gleich am Eingang zum Dinoland liegt **Dino Diner**, ein kleiner Stand mit Kuchen und Gebäck zum Frühstück und geräucherten Truthahnkeulen für den Rest des Tages.

Fast Food Favorit

Das größte Restaurant hier ist der **Restaurantosaurus** mitten im Dinoland. Dies ist ein Camp für Studenten der Paläontologie, dekoriert mit Knochen und Fossilien. Sie speisen in den verschiedenen Räumen des Gebäudes, wenn Sie möchten sogar in einem Wohnwagen. Es gibt hier Burger, Chicken Nuggets und Pommes, aber auch Salate und Hot Dogs. Die Gestaltung ist super, das Essen eher altbekannt.

Camp Minnie-Mickey

Ein Sommercamp unter der Leitung des Mäuse-Pärchens

Natürlich muss es auch im Animal Kingdom einen Ort geben, an dem die Besucher mit Characters in Berührung kommen können und dieser Ort ist ein Sommer-Camp im dichten Wald. Vier kurze Wege führen zu je einer kleinen Hütte, in der Figuren wie Mickey und Minnie, Winnie Pooh, Tigger, Timon und Rafiki die Besucher begrüßen. Den ganzen Tag hindurch wechseln sich die Characters ab. Dies ist der beste Platz für ein Character-Treffen im ganzen Animal Kingdom!

"Nebenbei" ist hier auch das Theater, in dem Sie die zweite tolle Show des Animal Kingdoms sehen können: Das Festival Of The Lion King bietet eine absolut sehenswerte Mischung aus Akrobatik, Tanz und Gesang zu den Liedern des "König der Löwen".

Festival Of The Lion King

Die Bühne für diese großartige Show befindet sich in der Mitte des überdachten Theaters. Drum herum sind vier Blöcke mit Sitzplätzen angeordnet. Die Show besteht aus live gesungenen Liedern, Tänzen und Akrobatik und wird vom Erdmännchen Timon präsentiert.

Attraktionstyp: Show
Dauer der Attraktion: 30 Minuten
Plätze: 1400 klimatisierte Sitzplätze
Für Kids geeignet.

Minis	2	Genießer	5				Park-Planer
Kids	4	Abenteurer	3				
Teens	4	Thrill-Rider	0	Sitzen	0 von 5	4 von 5	

Die rollenden Bühnen, die am Anfang der Show hereinkommen, waren Teil der Lion King Parade in Disneyland Anaheim.

Die Show ist sehr beliebt, daher sollten Sie sich mindestens eine halbe Stunde vor Showbeginn hier einfinden.

Der König der Löwen (1994) hat zwei Fortsetzungen (1998 und 2004). Die Show orientiert sich an der Musik des Originals. Der dritte Teil (der nur auf Video erschien und im Englischen die Nummer 1½ trug) ist vor allem für Disney-Fans mit vielen lustigen Anspielungen gespickt.

Greeting Trails

Direkt gegenüber dem Theater des Festival Of The Lion King führen vier Wege zu kleinen Hütten. In jeder dieser Hütten können Sie einen anderen Disney-Character treffen Mickey, Minnie und ihre Freunde sind hier den ganzen Tag hindurch anzutreffen.
Attraktionstyp: Character-Treffen

Good Times Gathering Spot

In dem ehemaligen Freiluft-Theater von der kleinen Tiershow "Pocahontas And Her Forest Friends" findet nun ein Character Greeting statt. Umringt von hohen Bäumen treffen Sie hier Pocahontas, den Waschbären Meeko, die beiden Bärenbrüder sowie A- und B-Hörnchen [Chip and Chap].
Attraktionstyp: Character-Treffen

Restaurants

Selbstbedienung: Für kurze Pausen zwischendurch bietet **Camp Soft Serve** vor allem Softeis.

Forest Trail Funnel Cakes verkauft (wie der Name vermuten lässt) "Funnel Cakes" [süddt. Strauben], ein süßes Fettgebäck und "Corn Dogs" (Würstchen im Maisteigmantel).

bis ca. 10 $

Parade

Mickey's Jammin' Jungle Parade

Auch das Animal Kingdom hat eine Parade im täglichen Programm. Sie startet in Afrika, führt einmal um den Tree Of Life herum und kehrt dann von Asien aus wieder nach Afrika zurück.

Jeder der großen Safariwagen hat einen anderen Disney-Star an Bord. Mickey, Minnie, Donald und Goofy fahren bei der Parade mit, die wie üblich mit Musik untermalt wird.

Der Standort für diese Parade ist nicht so wichtig, jeder Platz entlang der Route ist in Ordnung. Von allen Paraden wirkt diese am wenigsten überfüllt - man bekommt relativ gut einen Platz irgendwo an der Route. Notfalls bietet sich ein Platz in Afrika an, wenn die Parade hier auf dem Rückweg wieder durchkommt.

Die Parade wurde zur "100 Years Of Magic"-Feier im Animal Kingdom eingeführt und blieb (wie viele Elemente der Feierlichkeiten) auch hinterher erhalten. Der Soundtrack kommt Ihnen in Teilen sicher bekannt vor: "Iko Iko", "Pata Pata" und "Mas Que Nada" sind vertreten.

Ein Tag im Animal Kingdom

Ein Vorschlag für Ihren spannenden Tag im tierischen Königreich

EINEN TIERISCHEN TAG ERLEBEN

Die Devise heißt natürlich auch im Animal Kingdom pünktlich da zu sein. Sie gehen zügig durch die Oase, über die Brücke auf den Tree of Life zu. Wenn der Park noch nicht offiziell geöffnet wurde, stauen sich hier die Besucher und werden von Mickey am Tree Of Life begrüßt.

Wer ohne Thrillride-Ambitionen hier ist, der geht als erstes links am Baum vorbei nach Afrika, denn dort ist die **Kilimanjaro Safari** das Erste, was Sie im Animal Kingdom unternehmen sollten.

Für alle Achterbahn-Fans wartet ein besonderer Leckerbissen! Die **Expedition Everest** ist die neueste Achterbahn im ganzen Walt Disney World Resort! Echte Fans laufen daher gleich am Morgen hierher (durch das Dinoland geht es schneller), ziehen sich einen Fastpass und stellen sich dann in die normale Schlange, um so zwei Fahrten nacheinander zu erleben. Anschließend können Sie dann nach Afrika hinübergehen und dem normalen Tagesplan folgen, beginnend mit der Safari.

Im Anschluss an die Savannen-Tour kommen Sie am Eingang zum **Pangani Forest Exploration Trail** vorbei. Besonders der "Timon Felsen" mit den Erdmännchen lädt zum Verweilen ein. Der eigentliche Höhepunkt schließt sich aber noch daran an: Das Tal der Gorillas.

Von Afrika gehen Sie am Fluss entlang nach Asien. Falls Sie mutig sind und das Wetter mitspielt, dann sollten Sie eine Floßfahrt unternehmen. **Kali River Rapids** ist ein aufregendes Vergnügen, bei dem man gewaltig nass werden kann! Nutzen Sie hier zum Zeitsparen den Fastpass.

Wesentlich friedlicher geht es da beim **Maharajah Jungle Trek** zu. Zu Fuß erkunden Sie diesen Pfad, der Sie auch zu einigen Fledermäusen führt, deren Flügelspannweite beeindruckende Ausmaße hat. Ihr eigentliches Ziel ist aber eine Tempelruine am Ende Ihrer Tour, denn hier haben Tiger ein neues Zuhause gefunden und sind häufig beim Baden zu beobachten.

Falls Sie auf dem Weg ins Dinoland U.S.A. Hunger bekommen, dann stoppen Sie doch einfach beim **Flame Tree Barbecue** auf Discovery Island. Hier gibt es mehrere große Terrassen, auf denen Sie sich ein wenig ausruhen können.

Sie können aber auch erst einmal das Dinoland betreten und dann später vielleicht im detailliert gestalteten **Restaurantosaurus** etwas essen. Die Inneneinrichtung alleine ist schon sehenswert - das Essen hat die gewohnte Fastfood-Qualität...

Falls Sie wirklich wilde Fahrten mögen, dann kommen Sie (mit einem Fastpass in der Hand) ins Dino Institute, besteigen Sie bei **Dinosaur** einen TimeRover und reisen Sie zurück durch die Zeit zu den Dinosauriern. Aber seien Sie gewarnt: Diese Fahrt ist nichts für schwache Nerven!

Wenn Sie mit Kindern unterwegs sind, dann sollten Sie genügend Zeit für die Erkundung des **Boneyard** einplanen. Diese archäologische Ausgrabungsstätte wurde zu einem Spielplatz umfunktioniert. Hier gibt es eine Menge zu entdecken.

Je nach Showzeiten sollten Sie irgendwann zum **Finding Nemo** Musical gehen und die tolle Broadway-Show genießen. Da die Vorführungen sehr beliebt sind, müssen Sie rechtzeitig vor der Show hier sein.

Für den Tagesabschluss fehlt noch das Erkunden von Discovery Island. Bei den **Discovery Island Trails** können Sie noch einmal einige Tiere beobachten, aber Sie kommen auch dem Tree of Life ein wenig näher, so dass Sie sich die Schnitzereien genauer ansehen können.

Im **Tree Of Life** wartet die Ameise Flik aus dem Film "Das große Krabbeln" auf Ihren Besuch. Schauen Sie also hier vorbei.

Nachdem Sie noch Ihre letzten Souvenirs eingekauft haben, geht es durch die Oase zurück zum Eingang. Vielleicht entdecken Sie ja hier noch ein paar Tiere, die sich gerne im Dickicht verstecken.

Je nach Interesse und Zeit sollten Sie, wenn es sich ergibt, das **Festival Of The Lion King** im Camp Minnie-Mickey mit einplanen. Außerdem können Sie im Camp auf Disney-Characters treffen!

Park-Planer Highlights

Disney's Animal Kingdom - tierisch!

Shows & Filme

Festival Of The Lion King (143)
Finding Nemo The Musical (141)
Flights Of Wonder (138)
It's Tough To Be A Bug (134)

Thrillrides

Dinosaur (140)
Expedition Everest (139)

Tiere erleben

Discovery Island Trails (134)
Kilimanjaro Safaris (135)
Maharajah Jungle Trek (138)
Pangani Forest Exploration Trail (136)

Aufregende Attraktionen

Kali River Rapids (138)
Kilimanjaro Safaris (135)
Primeval Whirl (141)

Kinder mögen

Boneyard Playground (141)
Camp Minnie-Mickey (142)
Rafiki's Planet Watch (136)
Triceratop Spin (141)
Alle Attraktionen bei "Tiere erleben"

Fastpass

Dinosaur (140)
Expedition Everest (139)
It's Tough To Be A Bug (134)
Kali River Rapids (138)
Kilimanjaro Safaris (135)
Primeval Whirl (141)

Fast Food Favoriten

Flame Tree Barbecue (134)
Restaurantosaurus (142)
Yak And Yeti (139)

Die schnellste Attraktion: Expedition Everest - auf der Flucht vor dem Yeti sausen Sie durch die Berge des Himalayas.

Die wildeste Attraktion: Ein enges Rennen zwischen Dinosaur, Kali River Rapids und Expedition Everest, das Dinosaur knapp gewinnt.

Die längste Attraktion: Die längste Fahrattraktion ist die Kilimanjaro Safari, aber die Shows liegen noch eine Nasenlänge weiter vorn.

Die nasseste Attraktion: Bei Kali River Rapids können Sie richtig nass werden. Nasser geht es nur noch in den beiden Wasserparks.

Walt Disney:

"Ich liebe das Lachen und die Tierwelt über alles."

Der Crush 'n Gusher und der Surfpool in Typhoon Lagoon

Actionreiche Rutschen in Blizzard Beach

Das Polynesian Resort liegt an der Seven Seas Lagoon in der Nähe des Magic Kingdoms

In der Animal Kingdom Lodge gibt es Zimmer mit "Savannenblick"

Fotos: © Disney

Walt Disney World Resort

Das farbenfrohe Pop Century Resort

Downtown Disney am Abend mit dem riesigen Laden "World Of Disney"

Fotos: © Disney

Über allem schweben Sie bei Characters In Flight

Cirque du Soleil: La Nouba

Fotos: © Cirque Du Soleil

Die Disney-Wasserparks

Hier werden Sie garantiert nasser als bei Splash Mountain

Das Wichtigste zuerst

Öffnungszeiten

Beide Wasserparks sind normalerweise von 10 bis 17 Uhr geöffnet, im Sommer aber durchaus auch zwei Stunden länger. Am Morgen wird es besonders im Sommer schnell voll in den Parks und sobald die maximale Besucherzahl erreicht ist, wird der Eingang geschlossen. Dann hat man erst wieder eine gute Chance, wenn der Park wieder leerer wird, so um 15 Uhr herum.

Bei schlechtem Wetter (Gewitter) können die Parks geschlossen bleiben. Ansonsten sind sie auch im Winter geöffnet, schließen dann allerdings abwechselnd für Renovierungsarbeiten.

Normalerweise schließt im November und Dezember Typhoon Lagoon und im Januar und Februar Blizzard Beach. Die großen Pools von Blizzard Beach und Typhoon Lagoon werden im Winter beheizt.

Timing Tip

Seien Sie entweder gleich zur Öffnung am Morgen hier (normalerweise 10 Uhr) oder kommen Sie am Nachmittag (nach 15 Uhr).

Vom Parkplatz zum Park

Fahren Sie auch hier immer den Schildern nach, das Parken kostet bei den Wasserparks nichts. Die Parkplätze sind natürlich nicht so groß wie die bei den Themenparks, sondern der Kapazität angemessen. Wenn bei Ihrer Ankunft schon die Autos am Parkplatz Schlange stehen, sollten Sie Ihren Besuch auf später verschieben.

Extra Magic Hour

Vor allem im Sommer gibt es die morgendliche Extra Magic Hour in den beiden Wasserparks (zeitweise sogar täglich!). Für Surfer gibt es außerdem manchmal die Möglichkeit, die Wellen der Typhoon Lagoon vor oder nach den offiziellen Öffnungszeiten zu reiten (gegen Gebühr).

Was brauche ich?

Genau das, was Sie auch sonst ins Freibad mitnehmen würden. Aber übertreiben Sie es nicht, denn die Schließfächer sind wirklich nicht besonders groß. Die kleinen kosten 5$, die großen 7$, und es kommen jeweils noch 2$ Pfand hinzu. Auch Handtücher können Sie sich für 1$ leihen.

Spielsachen, wie aufblasbares Getier, Taucherbrille, Schnorchel, Flossen etc. brauchen Sie gar nicht erst mitbringen, die dürfen Sie hier nicht mit ins Wasser nehmen.

Unbedingt angebracht ist natürlich wasserfeste Sonnencreme, denn die Sonne Floridas hat es in sich. Ebenso eine Sonnenbrille, am besten mit Halteband, so dass man sie nicht auf einer der turbulenten Rutschen verliert.

Der teure Fotoapparat und die Videokamera sollten lieber irgendwo in Sicherheit (im Hotelsafe) bleiben. Für die Wasserparks ist ein wasserdichter Einwegfoto praktisch, um überall Fotos zu machen - selbst in dem Moment, in dem die riesige Welle über Ihnen zusammen bricht.

Sie suchen Mickey Maus oder einen anderen Character?

Damit sieht es in den Wasserparks nicht allzu gut aus. Manchmal kann man Glück haben, dass zu speziellen Anlässen Characters auftauchen, aber dies ist nicht der Normalfall.

Shopping Tips

In jedem Park gibt es einen kleinen Laden mit Filmen, Sonnencreme, Sonnenbrillen, Badebekleidung, Hüten, Handtüchern und Souvenirs.

Restaurants

In den Wasserparks dürfen Sie keine tollen Restaurants erwarten, aber es gibt kleine Snacks wie Burger und Pizza zu kaufen. Wer sich lieber vorher in einem Supermarkt eindecken möchte, der kann dies tun: In den Wasserparks gibt es, im

Gegensatz zu den Themenparks, die Möglichkeit, Mitgebrachtes zu verzehren. Alkohol und Glasflaschen oder -gefäße sind allerdings verboten!

Durch den Eingang und los!

Die Erfahrung zeigt, dass Sie so wenig wie möglich mit sich herumschleppen sollten. Am besten bleibt alles im Schließfach – auch das Handtuch, denn die Sonne trocknet Sie schnell und man wird sowieso ständig wieder nass.

Falls Sie irgendwo Ihr "Lager" errichten möchten, wo einer von Ihnen auf das Hab und Gut aufpasst, so bieten sich die Bereiche weiter hinten im Park an. Hier ist es wesentlich ruhiger und nicht so gedrängt wie an den großen Wellen-Pools.

Auch in den Wasserparks gilt wieder Altbekanntes: Die schnellsten Rutschen gleich am Anfang mitnehmen und dann später den Besuch ruhig in den großen Pools oder auf einem Liegestuhl ausklingen lassen. Endlich einmal einen Tag verbringen, an dem man nicht so viel laufen muss.

Insider INFOS River Country, die Badebucht am Bay Lake, war der älteste der drei Wasserparks. Der Park wurde am 1. September 2001 dauerhaft geschlossen. Seitdem ist es etwas voller in den beiden anderen Wasserparks Typhoon Lagoon und Blizzard Beach.

Blizzard Beach

Ein nasses Schneevergnügen im Herzen Floridas

Dieser Disney-Wasserpark ist zufällig entstanden (so sagt zumindest die Legende): Ein verrückter Sturm lud einen ganzen Haufen Schnee mitten in Florida ab. Und so wurde hier in Walt Disney World schnell ein Skigebiet eröffnet. Allerdings hielt der Schnee der Hitze nicht lange stand und begann zu schmelzen. Die Disney-Leute wollten schon wieder einpacken, als sie einen Alligator beobachteten, der auf dem Bauch den Schmelzwasserfluss herunter rutschte. Die Idee für den Wasserpark war geboren...

In diesem feuchten Park steht Action ganz oben auf dem Programm. Zwar kann man auch eine Runde in den künstlichen Wellen der **Melt Away Bay** schwimmen, doch die Rutschen stehen ganz klar an erster Stelle.

Ganz oben auf der Liste steht die Rutsche **Summit Plummet**, die von der Skischanze auf der Spitze von Mount Gushmore startet. Mit knapp 40 Metern Höhe, 110 Metern Länge und 85 km/h ist dies eine der höchsten und schnellsten Wasserrutschen weltweit! Den Gipfel von Mt. Gushmore erreichen Sie über einen **Sessellift** oder eine von drei Treppen. Die Abfahrt ist nicht ohne, manche "Skifahrer" tragen kleinere Blessuren davon. Ski heil!

Auf 30 Metern Höhe startet am Mt. Gushmore der **Slusher Gusher**. Über zwei Höcker geht es bergab. Auf Gummireifen rutschen Sie die **Runoff Rapids** herunter und auf zwei parallelen Rutschen geht es mit 40 km/h die 70 Meter lange Bahn beim **Downhill Double Dipper** hinab.

Die ganze Familie passt in eines der Flöße von **Teamboat Springs**. Hier geht es eine fast 400 Meter lange Strecke hinunter.

Auf gleich acht nebeneinander liegenden Rutschen kann man mit dem Kopf voran und mit dem Bauch auf einer Matte liegend bei **Toboggan Racers** den Berg hinabsausen. Einem Ski-Slalom-Parcours folgend geht es bei **Snow Stormers** drei Rutschen hinunter.

Nach all diesen rasanten Rutschpartien können Sie sich auch hier ein wenig Erholung gönnen, indem Sie sich in einen der Reifen setzen und auf dem rund einen Kilometer langen **Cross Country Creek** treiben lassen. Der Fluss fließt einmal um den ganzen Park herum und umrundet dabei auch die Melt Away Bay und den Mt. Gushmore. Unterwegs durchqueren Sie eine Eishöhle, in der Sie durch tropfendes Eiswasser erfrischt werden.

Für die Kleinen gibt es eine Miniaturversion von Blizzard Beach, **Tike's Peak**, mit kleinen Versionen der Mt. Gushmore Rutschen. Das **Ski Patrol Training Camp** bietet den älteren Kindern verschiedene

Aktionsmöglichkeiten, bei denen sie auf Eisschollen klettern, sich an Seile hängen und Rutschen hinabdüsen können.

In der **Lottawatta Lodge** am Eingang gibt es Burger, Hot Dogs und Getränke. Die beiden Snackstände **Avalunch** und **The Warming Hut** und der Erfrischungsstand **Frostbite Freddie's Frozen Frosty Freshments** haben kleine Snacks und Getränke. Einkaufen kann man in **The Beach Haus**.

Direkt vor den Toren von Blizzard Beach liegt **Disney's Winter Summerland Miniature Golf**, ein 18-Loch-Minigolfkurs. Der zweite Disney-Minigolfplatz (**Fantasia Gardens**) liegt übrigens beim BoardWalk.

Der Eintritt kann als **Water Park Fun & More Option** bei den Eintrittspässen mitgebucht werden. Der einzelne Tageseintritt ist mit ca. 50$ (Kinder 3 bis 9: 45$) recht hoch.

Typhoon Lagoon

Park-Planer Highlight

Ein tropischer Sturm erschuf diesen Park

Ein Sturm tobte über der See, riss Schiffe mit sich und traf am Ende ein kleines Feriendorf. Dies ist die Erklärung, wie die Typhoon Lagoon entstand. Und so ist auch das Schiff **Miss Tilly** auf die Spitze von Mt. Mayday getragen worden. Dort oben hängt nun das Wahrzeichen von Typhoon Lagoon. Der Berg sprüht alle halbe Stunde eine 15 Meter hohe Wasserfontäne durch den Schornstein von Miss Tilly. Den Mittelpunkt des Parks bildet der **Surf Pool**, der mehr als elf Millionen Liter Wasser fasst und damit eines der weltgrößten Wellenbecken ist. Alle 90 Sekunden rollen 1,5 Meter hohe Wellen über die Badenden hinweg an den Strand. Wer genug in den Wellen getobt hat und sich ein wenig erholen möchte, der kann zum **Castaway Creek** gehen. Dieser Fluss fließt einmal um den Surf Pool herum. Schwimmen braucht hier allerdings keiner: Verschiedene Schwimmreifen laden zum Hineinsetzen und Treibenlassen ein. Für die 650 Meter lange Runde braucht man schon gut zwanzig erholsame Minuten. Es gibt mehrere Einstiegspunkte. Die Reise geht mitten durch den Regenwald, wo man ein wenig durch Nebel abgekühlt wird. Die richtige Abkühlung bekommt der Reisende bei den Höhlen, deren Eingang ein Wasserfall bildet. Dies ist die ideale Erholung und an einem heißen Sommertag, viel besser als nur in der Sonne zu liegen.

Wer zwar die Idee mit dem Reifen gut findet, aber mehr Action sucht, für den gibt es drei rasante Wildwasserfahrten: **Keelhaul Falls** und **Mayday Falls** bieten diesen Spaß für einen alleine, in die Flöße der **Gangplank Falls** kann die ganze Familie einsteigen. Übrigens: Sie tragen Ihren Reifen selbst von unten den Berg hoch, was allerdings nicht sehr schwer ist.

Richtig zur Sache geht es bei **Humunga Kowabunga**. Hier erreichen die mutigen Rutscher über 45 km/h. Die drei geraden, sehr steilen Rutschenröhren sind identisch, und jede von ihnen ist gut 65 Meter lang.

Ein wenig langsamer rutscht man bei den drei **Storm Slides**. Allerdings geht es hier nicht nur gerade herunter, denn viele Biegungen machen das Ganze wild und die Rutschpartie länger. Hier lohnt sich auch der dreimalige Aufstieg, denn **The Jib Jammer**, **Rudder Buster** und **Stern Burner** sind drei verschiedene Wasserrutschen, jede ist etwa 100 Meter lang.

Die neueste Rutsche im Park ist der **Crush `n` Gusher**. Der Turm scheint früher zu einer Verarbeitungsanlage für tropische Früchte gehört zu haben und so heißen auch die drei verschiedenen Rutschen **Banana Blaster**, **Coconut Crusher** und **Pineapple Plunger**. Die erste Rutsche können Sie alleine oder zu zwei mit einem Plastikreifen unter Ihrem Allerwertesten erleben, auf den anderen beiden Rutschen können Sie sogar zu dritt sein. Sie werden so durch die stillgelegte Fabrikanlage gespült. Das Besondere ist, dass Sie hier nicht nur bergab, sondern auch bergauf rutschen! Und wenn Ihnen die etwa 130 Meter lange Fahrt gefallen hat, dann testen Sie auch die anderen beiden, denn jede Rutsche ist anders!

Wer nun denkt, er ist mutig, nur weil er jede dieser Rutschen ohne zitternde Knie gemeistert hat, auf den wartet noch ein besonderer Nervenkitzel: Um ein mit dem Kiel oben liegenden Schiffsrumpf herum befindet sich das **Shark Reef**. Am Eingang bekommt jeder Teilnehmer Taucherbrille und Schnorchel und kann dann einmal am Schiff entlang schwimmen. Mit Ihnen im Wasser befinden sich neben vielen tropischen Fischen auch echte Haie. Dieser Tauchausflug ist ungefährlich, da die Haie kein Interesse an den Gästen haben. Die größte Überwindung ist es, nach dem Duschen in das eiskalte Wasser zu steigen. Aber der Tauchgang ist ein Erlebnis! Wer sich trotzdem nicht traut, der kann in den Schiffsrumpf gehen und durch die Bullaugen einen Blick auf Schwimmer und Haie werfen. Ihre Gesellschaft besteht aus Schaufelnasen-Hammerhaien, Leoparden- und Ammenhaien.

Wer gerne mehr Zeit mit der Unterwassertierwelt verbringen möchte, kann einen 30minütigen Tauchausflug in einem Extrabecken (gegen Gebühr) unternehmen.

Für die Kleinen unter 125 cm, in Begleitung eines Erwachsenen, gibt es eine eigene Spiellandschaft, den **Ketchakiddee Creek** mit Rutschen, Fontänen, Wasserfällen und vielen anderen Spielmöglichkeiten.

Wenn Sie den Surf Pool wirklich einmal zum Surfen nutzen wollen, so haben Sie an einigen Tagen der Woche vor den offiziellen Öffnungszeiten die Möglichkeit, dies zu tun. Dieses spezielle Erlebnis hat auch einen speziellen Preis: Um die 150 Dollar kostet der dreistündige Surf-Kurs.

Zwei Restaurants, **Leaning Palms** und **Typhoon Tilly's** bieten Burger, Pizzas, Salate, Eis und Getränke. Wer nur eine Erfrischung sucht, der findet diese auch bei **Let's Go Slurpin'**. Für einen kleinen Shopping-Stop bietet sich **Singapore Sal's** Laden an.

Der Eintritt kostet auch hier ca. 50$ (Kinder 3-9: 45$) und ist eine der möglichen "**Water Park Fun & More**" Optionen.

Walt Disney World Resort Hotels

Stilecht wohnen in Disneys Reich

Walt Disney World bietet nicht nur Themen- und Wasserparks, zahlreiche Shoppingmöglichkeiten und Restaurants, sondern sorgt auch dafür, dass Sie zwischen diesen Aktivitäten die "Welt" nicht verlassen müssen. Die Übernachtungen in den Disney-eigenen Hotels sind sicherlich ein Erlebnis für sich – allerdings ein alles andere als günstiges Erlebnis. Außerhalb von Walt Disney World bekommt man, je nach Saison, schon ein nettes Hotel für 25€ pro Person und Nacht. Bei Disney startet der Übernachtungspreis in der günstigsten ("Value") Kategorie bei mehr als dem Doppelten, nach oben hin sind fast keine Grenzen gesetzt (Disney nennt die höchste Hotelkategorie daher auch "Deluxe").

Wohnen innerhalb der "Welt" heißt auch außerhalb der Parks den **Disney-Zauber** erleben. Doch neben dem hohen **Disney-Standard** bekommen Sie noch weitere Annehmlichkeiten geboten:

Wenn Sie nicht aus Walt Disney World heraus möchten, dann können Sie während des Aufenthalts getrost auf einen Mietwagen verzichten: Der **Magical Express** bringt Sie kostenlos vom Flughafen zum Disney-Hotel und das **Transportsystem** aus Bussen, Booten und Monorails fährt kostenlos zu den Parks. Dies kann allerdings gerade zur Zeit der "Rush Hour" (Parköffnung und Parkschließung) ein wenig länger dauern.

Wenn Sie auf Ihr eigenes Auto daher nicht verzichten möchten, so können Sie bei allen Parks **kostenlos parken**. Sie können Ihre **Einkäufe** aus den Disney-Läden kostenlos ins Hotel liefern lassen, sodass das Tütenschleppen entfällt.

Walt Disney World Gäste werden außerdem bei der **Reservierung** von Restaurants, Dinner Shows und Golfplätzen bevorzugt behandelt.

Die Nutzung der **Extra Magic Hour** ist wahrscheinlich das mit Abstand reizvollste Extra! Ein fast leerer Park ist wirklich ein tolles Erlebnis, das vielleicht alleine schon die Übernachtung bei Disney rechtfertigt. Mehr hierzu bei den "Disney Day" Tipps.

Die Walt Disney World Resort Hotels

Wo möchten Sie wohnen: In der Südsee, in Afrika, mitten in der Wildnis oder auf Key West??

Das Walt Disney World Resort beherbergt neben den Themenparks und den kleineren Attraktionen noch 32 Hotelkomplexe (sogenannte "Resorts"), wovon 22 von Disney selbst geführt werden. Insgesamt gibt es mehr als 31.000 Hotelzimmer (plus Campingplätze) auf dem Disney-Gelände, wovon mehr als 24.000 den typischen Disney-Zauber bieten.

Hotel	Zimmer	Kategorie	Area	Kurzbeschreibung
Contemporary Resort	1008	Deluxe	Magic Kingdom	Futuristisch aussehendes Hotel mit eigenem Monorail-Bahnhof in der Lobby.
Grand Floridian Resort & Spa	867	Deluxe	Magic Kingdom	Im Stil eines Eisenbahnhotels des ausgehenden 19. Jahrhunderts erbaut.
Polynesian Resort	847	Deluxe	Magic Kingdom	Hotelanlage im Südsee-Ambiente direkt an der Seven Seas Lagoon gelegen.
Wilderness Lodge	728	Deluxe	Magic Kingdom	Inspiriert von den Unterkünften der Nationalparks des amerikanischen Westens.
Fort Wilderness Resort and Campground	784 Plätze, 409 Hütten	Campground	Magic Kingdom	Plätze für Zelte und Wohnwagen sowie voll ausgestattete Blockhütten warten hier.
Caribbean Beach Resort	2112	Moderate	Epcot	Eines der größten Hotels in den USA mit lauter zweistöckigen Gebäuden.
Yacht & Beach Club Resort	621 & 576	Deluxe	Epcot	Das Hotel ist im Stil von Yacht-Clubs in den Neuengland-Staaten gehalten.
BoardWalk Inn & Villas	372	Deluxe	Epcot	Das Resort bietet eine kleine Shopping-Meile (den BoardWalk) direkt am Wasser.

Swan & Dolphin	2267	Deluxe	Epcot	Riesige Schwäne und Delphine zieren die Dächer der beiden benachbarten Hotels.
Saratoga Springs Resort & Spa	828	Disney Vacation Club	Downtown Disney	Liegt auf der anderen Seeseite gegenüber Downtown Disney (mit Fährverbindung).
Port Orleans French Quarter & Riverside	1008 & 2048	Moderate	Downtown Disney	Zweigeteiltes, im klassischen New Orleans Stil gehaltenes Resort-Hotel.
Old Key West Resort	761	Disney Vacation Club	Downtown Disney	Die Villen der Anlage sind im Stil der Keys gehalten, inklusive Leuchtturm.
Animal Kingdom Lodge	1293	Deluxe	Animal Kingdom	Hotel im afrikanischen Ambiente mit eigener Savanne vor den Balkons.
Coronado Springs Resort	1921	Moderate	Animal Kingdom	Nach dem Vorbild des berühmten Del Coronado Hotels in San Diego erbaut.
All-Star Sports Resort	1920	Value	Animal Kingdom	Überdimensionale Sportgeräte zieren die gesamte Hotelanlage.
All-Star Music Resort	1920	Value	Animal Kingdom	Musikstilrichtungen sind u.a. mit überdimensionalen Jukeboxen dargestellt.
All-Star Movies Resort	1920	Value	Animal Kingdom	Eine riesige Buzz Lightyear und Woody-Puppe zieren die Hotelanlage.
Pop Century Resort	2880	Value	Animal Kingdom	Gefeiert wird hier die Pop-Geschichte der USA von 1950 bis in die 1990er hinein.

Der "**Disney Vacation Club**" ist Disneys Timesharing Angebot, die Hotels können aber auch von Nicht-Mitgliedern gebucht werden. Die "**Area**" bezeichnet das Gebiet der Disney-Anlage, in der das Hotel liegt. Es muss deshalb aber nicht zwingend in Gehreichweite des Parks liegen! Disney-Transportmittel gibt es von allen Hotels zu allen Parks (ggf. mit Umsteigen).

Downtown Disney

Downtown Disney Marketplace, Pleasure Island und West Side

Downtown Disney ist die Shopping-, Dining- und Entertainment-Meile von Walt Disney World. Sie ist grob in die drei großen Areale West Side, Pleasure Island und Downtown Disney Marketplace gegliedert, die sich am Ufer des Lake Buena Vista aufreihen. Neben vielen Läden und Restaurants finden Sie hier auch den Cirque Du Soleil und DisneyQuest.

West Side

Am äußersten Ende der West Side befinden sich der **Cirque Du Soleil** und **Disney Quest**, sowie ein **AMC Kino** mit 24 Sälen. Daneben befand sich jahrelang ein Virgin Megastore. Nach dessen Auszug war hier zeitweise die Ausstellung "Diana - The People's Princess" untergebracht. Was nun in das große Gebäude einziehen wird, ist ungewiss. Am anderen Ende der West Side ist der Startplatz von **Characters In Flight**. Mit einem großen gelb-roten Fesselballon können Sie sich in die Luft erheben und aus 130 Metern Höhe auf Disney World herabblicken.

Shopping

Neben dem Souvenirladen im **Cirque Du Soleil**, dem **DisneyQuest Emporium** und dem **House Of Blues** Laden gibt es zahlreiche weitere Spezialgeschäfte: Die kleine **Pop Gallery** und **Hoypoloi** haben Kunstgegenstände zu verkaufen. Es gibt Zaubertricks bei **Magic Masters**, Süßigkeiten beim **Candy Cauldron**, Magnete bei **Magnetron**, Zigarren bei **Sosa Family Cigars** und Sonnenbrillen bei **Sunglass Icon**. Autogramme und Filmsouvenirs verkauft **Starabilia** und bei **Mickey's Groove** erhalten Sie Disney Artikel.

Restaurants

Falls Sie einmal die kubanische Küche probieren möchten, so sollten Sie bei dem Restaurant von Gloria Estefan und ihrem Mann hereinsehen: **Bongos Cuban Cafe**. Blues-Musik und kreolische Küche finden Sie gegenüber von DisneyQuest im **House Of Blues**. Am Sonntagmorgen gibt es hier einen Gospel Brunch. **Wolfgang Puck** serviert in seinem Café kalifornische Spezialitäten - als Fast Food oder auch im Restaurant. Außerdem gibt es hier eine Filiale von **Wetzel's Pretzels** mit ofenfrischen Brezeln.

Pleasure Island

Die Vergnügungsinsel ist eindeutig nicht mehr das, was sie früher einmal war: Hier fanden sich bisher Diskotheken und Clubs, doch diese wurden alle geschlossen und die Gebäude stehen noch größtenteils leer. Man darf also gespannt sein, was mit der Insel passiert!

Shopping

Ein Motorrad können Sie hier nicht mitnehmen, aber sonst gibt es so ziemlich alles andere mit dem Harley-Logo darauf bei **Orlando Harley-Davidson**. Ein Paradies für Surfer ist **Curl by Sammy Duvall**.

Restaurants

Ragland Road Irish Pub And Restaurant und **Cookes Of Dublin** lassen Sie vergessen, dass dies hier Florida ist und entführen Sie nach Irland. Dazu tragen die irischen Musiker und Tänzer ihr übriges bei. Etwas weiter in den Süden Europas gehört **Portobello**, ein italienisches Restaurant. Für Fischliebhaber liegt ein Schaufelraddampfer im See vor Anker. An Bord finden Sie **Fulton's Crab House**. Ihre Zigarre paffen Sie bei **Fuego Cigars by Sosa**, hier gibt es Zigarren und dazu Hochprozentiges. Gerichte aus Nord-, Süd- und Mittel-Amerika gibt es bei **Paradiso 37**.

Marketplace

Dies ist sicher der Bereich von Downtown Disney, in dem Sie die meiste Zeit verbringen werden! Unzählige tolle Läden und einige Restaurants gilt es zu entdecken!

Shopping

Original Zeichentrickbilder, Figuren und andere Sammlerstücke gibt es bei **The Art Of Disney**. Dem Badezimmer hat sich **Basin** gewidmet. Hier gibt es Seife und Beauty-Artikel. Für die festlichen Tage des Jahres hat der größte Weihnachtsladen in Walt Disney World **Disney's Days Of Christmas** das ganze Jahr hindurch Tannenbaumschmuck, Kerzen, Karten, Figuren und vieles, vieles mehr. In einem Pavillon befindet sich **Disney's Pin Traders**. Dies ist der beste Laden in ganz Walt Disney World für alle, die Pins suchen. Die Auswahl ist gigantisch! Wassermänner und Nixen kleiden sich bei **Summer Sands** ein, Sportkleidung hat **Team Mickey's Athletic Club**, Ihr T-Shirt gestalten Sie bei **Design A Tee** und Trendiges von Disney hat die Boutique **Tren-D**. Die Welt der kleinen bunten Steine ist im **Lego Imagination Center** zu bewundern. Das Ladeninnere ist mit übergroßen Lego-Modellen dekoriert, in den Regalen findet sich eine große Auswahl an Lego-Produkten. Alles rund um Winnie Pooh und seine Freunde aus dem Hundert Morgen Wald gibt es bei **Pooh Corner** zu kaufen. Wer nicht unbedingt Pooh Spielzeug sucht, der sollte einen Blick bei **Once Upon A Toy** hineinwerfen, denn hier hat Mattel sein Lager aufgeschlagen. Ein Geschäft darf auf keinen Fall fehlen: **World Of Disney** ist der weltgrößte Disneyladen mit restlos allen erdenklichen Disney-Artikeln!

Restaurants

Hier gibt es für jeden Geschmack etwas. **McDonald's** ist genauso vertreten wie ein **Rainforest Cafe**, in dem Sie in tropischer Atmosphäre speisen können. **Wolfgang Puck Express** kocht kalifornische Spezialitäten, aus San Francisco kommt die leckere Schokolade bei **Ghiradelli** und Sandwiches hat der **Earl Of Sandwich**. **Cap'n Jack's Restaurant** liegt auf einem Pier auf dem See. Kurz vor der Brücke zu Pleasure Island befindet sich eine riesige blaue Kugel im Wasser und dies kann dann ja nur ein **Planet Hollywood** sein. Im neuen **T-Rex Restaurant** können Sie in prähistorischer Dino-Umgebung essen.

Cirque Du Soleil - La Nouba

Ein beeindruckendes Akrobatik-Spektakel

Park-Planer Highlight

Neben all dem Disney-Trubel auch noch einen Zirkus?! Nun, der Cirque Du Soleil ist in jeder Hinsicht etwas Besonderes, vor allem, weil er hier in Walt Disney World dauerhaft in einem großen, weißen "Zelt" auf der West Side gastiert.

Das strahlende Gebäude am Ende der West Side, das an ein riesiges Zirkuszelt erinnert, können Sie gar nicht übersehen.

Sie steigen die Außentreppe des Zeltes zum Eingang empor, können sich im Inneren noch ein kühles Getränk, Popcorn oder einen Hot Dog mitnehmen und betreten dann das imposante Theater mit seinen 1671 Plätzen, die steil aufsteigend angeordnet sind. Ein Kopf versperrt Ihnen also keinesfalls die Sicht auf die Bühne, die zunächst ganz schwarz ist.

Hier begegnen sich nun zwei Welten: Die Realität trifft auf die Traumwelt, dort wo sich beide begegnen, entsteht "La Nouba". Die Bewohner beider Welten, die Urbanen und das Zirkusvolk, treffen aufeinander und da Gegensätze sich bekanntlich anziehen, beginnt ein Spektakel, das überraschend, spannend, beeindruckend, (alp-)traumhaft und manchmal auch verwirrend ist.

Die Zirkusakte sind Teil dieser Geschichte: Sie erleben Rhönräder, Hochseilartisten, vier Chinesinnen mit Diabolos, BMX-Räder, Trapezkünstler, Trampolinspringer und andere Akrobaten. All dies wird mit Livemusik hinterlegt und findet in einem erstaunlich schlichten, aber sich ständig verändernden Bühnenbild statt. Da das Gebäude nur für diese Show entworfen und gebaut wurde, sind viele Bühnenelemente Teil der Show. Aus dem Boden fahren Ebenen nach oben, die sich mehr als fünf Meter über den Bühnenboden erheben.

Die Show, die seit Dezember 1998 läuft, hat schon mehr als Fünfmillionen Besucher begeistert. Zur Zeit spielt der Zirkus von Dienstag bis Samstag um 18 und 21 Uhr.

Die Karten kosten zwischen 75 und 130 US$ für Erwachsene. Sie können sie bis zu einem halben Jahr im Voraus reservieren.

www.CirqueDuSoleil.com

Insider INFOS: Cirque Du Soleil, der Zirkus der Sonne, entstand 1984 aus einer Gruppe Straßenkünstlern in Quebec. Heute hat der Zirkus mehr als 1000 Artisten in zwanzig Shows, die rund um die Welt laufen.

Der Name der Show kommt von "Faire La Nouba" - feiern! Wer hätte gedacht, dass man in Florida auch außerhalb von Epcot etwas französisch können muss.

Cirque Du Soleil hat vielleicht anfänglich etwas Verwirrendes, bis man sich auf die Bilder und die Musik einlässt. Für Kinder mag dieser besondere Zirkus weit weniger ansprechend sein als ein "richtiger".

DisneyQuest

Disney's Hightech-Spielhalle

In diesem grünlichen Betonblock am Ende der West Side befinden sich fünf Stockwerke voll mit verschiedenen Videospielen. Ihr Abenteuer beginnt mit einer Fahrt in einem Aufzug, hier "Cybrolator" genannt. Doch schnell werden Sie merken, dass dies kein gewöhnlicher Fahrstuhl ist, da Genie, der Geist aus "Aladdin", aus dem Nichts auftaucht und Sie bei DisneyQuest begrüßt. Die Türen öffnen sich im dritten Stock am VenturePort, dem Ausgangspunkt für Ihre Erkundungen. Die amerikanische Zählung von Stockwerken beginnt mit dem Erdgeschoss als ersten Stock, die erste Etage ist also schon der "second floor". Hier im Text wird die amerikanische Zählweise benutzt, ebenso wie auf dem Plan, den Sie am Eingang erhalten. Der Eintritt kostet ca. 45$ und ist eine "Water Park Fun & More" Option.

Gehen Sie zunächst hinunter ins Erdgeschoss, denn hier wartet schon ein absolutes Highlight auf Sie: **Pirates Of The Caribbean: Battle For Buccaneer Gold**. Wie Sie ohne Schwierigkeiten erraten haben, geht es hier um Piraten. Sie bekommen eine 3D-Brille und besteigen mit einer Mannschaft aus bis zu 7 Seeleuten den Rumpf eines Schiffes. Einer wird zum Kapitän und steuert das Schiff durch die virtuelle karibische Landschaft. Die anderen sechs stehen jeweils an einer Kanone und schießen auf andere Segelschiffe, die nach mehreren Treffern untergehen. Ein einmaliges Erlebnis! Für Kids: Mindestgröße 89 cm.

Gleich neben den Piraten befindet sich eine andere Fahrt, die Ihnen auch schon aus dem Magic Kingdom bekannt vorkommt: **Virtual Jungle Cruise**. Sie nehmen in einem Schlauchboot vor einer Leinwand Platz, bekommen ein Ruder in die Hand gedrückt und dann heißt es rudern was das Zeug hält! Ihr Boot macht dabei die Wellenbewegungen mit und es geht auch so manchen Wasserfall herunter – Sie werden hier sogar ein wenig nass bei der Fahrt.

1-2 von 5

Im zweiten Stock finden Sie **Aladdin's Magic Carpet Ride**. Hier bekommen Sie einen Virtual-Reality-Helm aufgesetzt und steuern einen fliegenden Teppich durch die Straßen der Stadt Agrabah immer auf der Suche nach Aladdins Wunderlampe.

Die aufregendste Fahrt ist **CyberSpace Mountain**, wobei hier alles erst einmal ganz harmlos am Computer anfängt. Sie können hier Ihre eigene Loopingbahn gestalten. Hierfür gibt Ihnen der Computer einige Streckenabschnitte vor, unter denen Sie auswählen können. Wie turbulent Ihre Fahrt wird, entscheiden Sie selbst. Harmlos sind Geraden und Kurven, aber Sie können auch Mehrfachloopings, Schrauben und andere Effekte einbauen. Nachdem Sie fertig sind, gehen Sie eine Station weiter – und fahren auf Ihrer selbst entworfenen Bahn! Der Simulator macht dabei jede Drehung und jeden Überschlag mit. Gestalten Sie die Fahrt also nicht zu heftig! Für Notfälle ist im Simulator ein Stoppknopf angebracht, nur

für den Fall, dass Sie Ihrer Kreativität zu viel freien Lauf gelassen haben. Für Kids: Mindestgröße 130 cm.

Im zweiten Stock befinden sich noch andere interaktive Spielmöglichkeiten in der Create Zone. Bei **Radio Disney SongMaker** können Sie eine eigene CD aufnehmen, in der **Animation Academy** lernen Sie Cartoons zu zeichnen und bei **Sid's Create-A-Toy** (Sid ist der Junge aus den Toy Story Filmen) können Sie sich aus verschiedenen Einzelteilen am Computer ein Spielzeug zusammenbauen. Was auch immer Sie hier erschaffen haben, Sie können Ihre CD, Ihr Bild oder das Spielzeug hinterher in der **Guest Gallery** kaufen.

Nun sind wir wieder auf der dritten Ebene, beim VenturePort. Auf der einen Seite finden Sie **Mighty Ducks Pinball Slam**, eine Art Flipper, bei der Sie Ihre Kugel mit dem vollen Körpereinsatz steuern (Mindestgröße 122 cm). Die gesamte andere Hälfte des Stockwerkes nimmt **Buzz Lightyear's AstroBlaster** ein. Hier besteigen Sie zu zweit ein Gefährt, mit dem Sie über die Spielfläche fahren können. Der eine steuert, der andere hat vor sich eine Kanone, die mit Bällen geladen werden muss. Wenn Sie mit einem Ball eines der anderen Gefährte treffen, dreht sich dieses eine Weile unkontrollierbar im Kreis. Mindestgröße 130 cm. Hinter den Mighty Ducks befindet sich noch **The Underground**. In dieser sehr lauten Ecke stehen "ganz normale" Spielhallenkonsolen, die alle umsonst sind.

Im vierten und im fünften Stock befinden sich zum Teil die gleichen Spiele, darunter **Ride The Comix**, eine Reise durch einen futuristischen Comic. Außer dem Virtual-Reality-Helm bekommen Sie noch ein Lichtschwert in die Hand. Mit diesem prügeln Sie auf die herannahenden Feinde ein, während Sie an der Seite eines Raumschiffes stehen. Hinter **Midway On The Moon** verstecken sich einige lustige Automaten, die Sie vielleicht von Jahrmärken kennen. Hier können Sie beim Kegeln, Basketballkörbe-Werfen oder bei Reaktions- und Geschicklichkeitsspielen Ihr Können unter Beweis stellen.

Ganz oben, im fünften Stockwerk, ist eine ehemalige Magic Kingdom Attraktion im neuen Gewand zu finden. Bei **Invasion! An Alien Ecounter** besteigen Sie ein spinnenartiges Gefährt, in dem einer aus Ihrer Crew die Steuerung übernimmt und die anderen wieder einmal an Geschützen sitzen. Mit diesen werden fleißig böse Aliens beschossen, während Sie umherstreifen, um einige Personen einzusammeln.

bis ca. 15 $

Fast Food Favorit

Für das leibliche Wohl sorgt im vierten und fünften Stock **Food Quest**, das von der Cheesecake Factory bewirtschaftet wird. Hier gibt es, auch wenn der Name etwas anderes vermuten lässt, nicht nur Käsekuchen, sondern an drei Theken verschiedene leckere Speisen, die größtenteils vor Ihren Augen frisch zubereitet werden. In beiden Ebenen sind außerdem viele Sitzplätze vorhanden, einige davon mit Internetzugang.

DisneyQuest ist vom späten Vormittag bis etwa 22 Uhr geöffnet. Auch hier sollten Sie gleich beim Öffnen der Tore (meist 11:30 Uhr) da sein und sich zunächst auf die großen Attraktionen (Space Mountain, Pirates Of The Caribbean, Jungle Cruise, Alien Encounter) stürzen. Zum Mittagessen ist Food Quest wirklich zu empfehlen.

Lassen Sie sich auf jeden Fall beim Verlassen von DisneyQuest einen Stempel auf die Hand drücken, falls Sie nach dem Bummel durch Downtown Disney doch noch Lust haben, ein wenig spielen zu gehen.

Ein ehrliches Wort zu DisneyQuest:

Während viele Attraktionen hier in der Vergangenheit topmodern waren, haben die rasanten Fortschritte in der Computertechnik einige Attraktionen hinter sich gelassen. Die Spielprinzipien sind vielfach noch beeindruckend, die (grafische) Umsetzung oft veraltet. Alles in allem ist dies wohl der Disney-"Park", der am weitesten unten auf der Budget-Liste steht. Früher konnte man hier noch Preise in der Score-Zone gewinnen, auch das gibt es nicht mehr.

Kinder haben hier sicher Spaß und für Regentage ist der Aufenthalt okay. Ansonsten kann man bis zur nächsten Renovierung den Besuch ohne schlechtes Gewissen auslassen!

Die Walt Disney World Resort Timeline

1965 Am 11.11. spricht Walt Disney zum ersten Mal öffentlich über das Florida Projekt.

1967 Die Bauarbeiten beginnen im Herbst.

1969 Die Konstruktion des Magic Kingdoms und zweier Hotels beginnt.

1971 Eröffnung von Walt Disney World am 1. Oktober. Eine Marschkapelle mit 1076 Mitgliedern, ein Symphonieorchester mit Musikern aus 60 Nationen und viele Stars nehmen teil. Das Magic Kingdom eröffnet mit insgesamt 26 Attraktionen. Dabei sind: Jungle Cruise, Swiss Family Treehouse, Sunshine Pavilion (Tropical Serenade), Cinderella's Golden Carrousel, Dumbo, Mad Tea Party, Mickey Mouse Revue, Mr. Toad's Wild Ride, It's A Small World, Snow White's Adventures, Diamond Horseshoe Revue, Frontier Shooting Gallery, Country Bear Jamboree, Mike Fink Keel Boats, Hall of Presidents, Haunted Mansion, Main Street Vehicles, Main Street Cinema, Walt Disney World Railroad, Skyway, Tomorrowland Speedway, 20.000 Leagues Under the Sea. Die drei Disney Resorts bei der Eröffnung sind Disney's Contemporary Resort, Disney's Polynesian Resort und Disney's Fort Wilderness Resort and Campground.

1972 Im August hat Disney World die ersten 10 Millionen Besucher. Im Tomorrowland eröffnet If You Had Wings.

1973 Es eröffnen die neuen Attraktionen Pirates of the Caribbean, die Walt Disney Story, Swan Boats und Tom Sawyer Island.

1974 Donald Duck feiert seinen 40. Geburtstag und die Hoop-Dee-Doo Musical Revue eröffnet. Neue Attraktionen sind Magic Carpet 'Round The World und StarJets im Tomorrowland.

1975 America On Parade läuft zum 200. Geburtstag der USA. Das Fantasy In The Sky Feuerwerk erleuchtet zum ersten Mal den Himmel. Im März eröffnet das Walt Disney World Village mit dem Disney Village Marketplace. Die neuesten Attraktionen im Magic Kingdom sind Space Mountain, Carousel of Progress, WEDway PeopleMover und Davy Crockett's Explorer Canoes.

1976 Das Walt Disney World Resort feiert im März seinen 50-millionsten Gast. Im Juni eröffnet der erste Disney-Wasserpark River Country.

1977 Die erste Electrical Parade zieht über die Main Street.

1978 Mickey Maus feiert den 50. Geburtstag.

1979 Der 100-millionste Gast besucht Walt Disney World im Oktober.

1980 Die Big Thunder Mountain Railroad fährt zum ersten Mal durch das Frontierland.

1982 Am 1. Oktober öffnet EPCOT Center. In Future World gibt es fünf Pavillons: Spaceship Earth, The Land, Journey Into Imagination, Universe of Energy und World of Motion. Das World Showcase umfasst neun Länder: Kanada, Großbritannien, Frankreich, Mexiko, Deutschland, Italien, China, Japan und das American Adventure (USA).

1983 Horizons eröffnet in EPCOT.

1984 Donald Duck feiert seinen 50. Geburtstag. Der Marokko-Pavillon erweitert EPCOT und der Film "American Journeys" läuft im Magic Kingdom.

1985 Am 4. Juli fliegt Tinkerbell zum ersten Mal über das Schloss.

1986 The Living Seas und Captain EO eröffnen in Epcot.

1987 Der 250-millionste Besucher kommt im Juli in die Parks.

1988 IllumiNations erhellt zum ersten Mal die World Showcase Lagoon. Im Magic Kingdom feiert Mickey Maus in Mickey's Starland den 60. Geburtstag. Der Norwegen Pavillon eröffnet in EPCOT und die Dreharbeiten in den echten Filmstudios der Disney-MGM Studios beginnen.

1989 Die Disney-MGM Studios eröffnen am 1. Mai. Die Attraktionen sind Great Movie Ride, Disney-MGM Studios Backlot Tour, Magic of Disney Animation, Indiana Jones Epic Stunt Spectacular, Behind the Scenes Special Effects Tour, Superstar Television und die Monster Sound Show. Am 1. Juni eröffnen der Wasserpark Typhoon Lagoon und die Party-Insel Pleasure Island. Dreamflight (Magic Kingdom) und Wonders of Life (Epcot) öffnen.

1990 DisneyMania läuft im Magic Kingdom und "Sorcery In The Sky" in den Disney-

MGM Studios. Die Studios werden erweitert durch Star Tours, die Here Come The Muppets Show und Honey, I Shrunk The Kids Movie Set Adventure.

1991 SpectroMagic zieht durch das Magic Kingdom und die Beauty And The Beast Show feiert Premiere in den Studios. Hier zieht auch Jim Henson's Muppet*Vision 3D ein.

1992 400 Millionen Gäste waren schon in Walt Disney World. In den Disney-MGM Studios startet Voyage Of The Little Mermaid und die Aladdin's Royal Caravan Parade zieht durch den Park. Splash Mountain eröffnet im Magic Kingdom.

1994 Die Disney Themenparks weltweit feiern den Milliardsten Besucher. Es läuft die Mickey Mania Parade. Die neuesten Attraktionen sind Innoventions und Honey, I Shrunk The Audience in Epcot, Legend Of The Lion King und The Timekeeper im Magic Kingdom und das Theater Of The Stars und The Twilight Zone Tower Of Terror in den Disney-MGM Studios.

1995 Am 1. April eröffnet der dritte Wasserpark, Blizzard Beach. Michael Eisner kündigt im Juni den Bau von Disney's Animal Kingdom an. Das neue Tomorrowland eröffnet mit dem Extra-TERRORestrial Alien Encounter. 500 Millionen Gäste waren bis zum 13. Oktober in Disney World.

1996 The Hunchback Of Notre Dame Show startet. Das Magic Kingdom wird um Mickey's Toontown Fair erweitert. In Epcot eröffnet die neue Version des Universe Of Energy mit Ellen's Energy Adventure.

1997 Downtown Disney eröffnet im September.

1998 Am 22. April öffnet Disney's Animal Kingdom die Tore mit Attraktionen wie The Boneyard, Countdown To Extinction, Cretaceous Trail, Kilimanjaro Safaris, Gorilla Falls Exploration Trail, Wildlife Express, Conservation Station und It's Tough To Be A Bug. Am 24. Juni wird der 600-millionste Gast gefeiert und im Juni eröffnet DisneyQuest. Einen Monat später sticht die Disney Magic in See. Buzz Lightyear's Space Ranger Spin und The Enchanted Tiki Room - Under New Management eröffnen im Magic Kingdom. Fantasmic und die Mulan-Parade laufen in den Studios. Cirque du Soleil La Nouba eröffnet im Dezember auf der West Side.

1999 Die Main Street Electrical Parade ist wieder da. Tarzan Rocks rockt das Animal Kingdom. Die Millennium Feier startet mit IllumiNations 2000: Reflections Of Earth und der Tapestry Of Nations Parade. Im März eröffnet das neue Themenland Asien im Animal Kingdom. Disney führt im Juli das Fastpass-System ein und die Disney Wonder sticht im August in See. Test Track, Rock 'n' Roller Coaster Starring Aerosmith, The Many Adventures Of Winnie The Pooh, das Millennium Village, Leave a Legacy, Imagination!, Sounds Dangerous Starring Drew Carey und Bear In The Big Blue House sind neue Attraktionen in diesem Jahr.

2000 In DisneyQuest eröffnen die virtuellen Pirates Of The Caribbean.

2001 Mit 100 Years Of Magic wird Walt Disneys 100. Geburtstag gefeiert. Dafür gibt es in allen Parks neue Paraden: Share A Dream Come True, Tapestry Of Dreams, Disney Stars And Motor Cars und Mickey's Jammin' Jungle Parade. Die Feier beginnt am 1. Oktober. The Magic Carpets Of Aladdin, Who Wants To Be A Millionaire, One Man's Dream, Chester And Hester's Dino-Rama mit dem TriceraTop Spin und Playhouse Disney-Live On Stage eröffnen. Disney's Animal Kingdom Lodge öffnet.

2002 Chester And Hester's Dino-Rama wird um Primeval Whirl erweitert.

2003 50 Millionen Gäste waren schon in Disney's Wasserparks. Mission: SPACE und Mickey's PhilharMagic sind die beiden neuesten Top-Attraktionen.

2004 Stitch's Great Escape ersetzt den Alien Encounter und Turtle Talk With Crush erweitert die Living Seas.

2005 Es gibt das neue Magic Your Way Ticket. Am 5. Mai startet die Feier zum 50. Disneyland Geburtstag. Crush 'n' Gusher kommt in die Typhoon Lagoon, Soarin' erweitert The Land in Epcot, "Lights, Motors, Action! Extreme Stunt Show" wurde aus Frankreich importiert.

2006 Die Pirates Of The Caribbean werden mit Figuren aus den "Fluch der Karibik"-Filmen erweitert. Die Expedition Everest eröffnet in Disney's Animal Kingdom.

2008 Die Disney-MGM Studios werden in "Disney‘s Hollywood Studios" umbenannt und Toy Story Mania! eröffnet hier.

2009: American Idol Experience eröffnet.

Allgemeine USA-Tipps

Einige wichtige Hinweise für Ihren Aufenthalt

ADAC-Mitglieder

Sie sind Mitglied im ADAC? Dann fordern Sie doch vor der Reise ein kostenloses Informationspaket beim ADAC an. Neben ADAC-Straßenkarten und Informationsbroschüren erhalten Sie auch Straßenkarten des AAA (sprich "Triple A"). Die American Automobilist Association ist das amerikanische Gegenstück zu unserem ADAC.

Wenn Sie mit dem Auto unterwegs sind, können Sie im Notfall die kostenlosen Dienste des AAA in Anspruch nehmen (u.a. eine deutschsprachige Pannen-Hilfe-Telefonnummer).

Sie erhalten mit Ihrer AAA-Karte (beim ADAC erhältlich) in Verbindung mit der normalen ADAC-Karte mancherorts Rabatte. Achten Sie auf das blau-weiß-rote Schild "Show Your Card And Save".

Im Hard Rock Cafe oder in den Universal Parks erhalten Sie zum Beispiel 10% auf Tickets, Speisen, Getränke und Merchandising (T-Shirts, etc.). Legen Sie einfach beim Bezahlen Ihre ADAC-Karte auf den Tresen.

Alkohol

Das Mindestalter, um alkoholische Getränke zu kaufen oder zu konsumieren, liegt bei 21 Jahren und dieses Gesetz wird sehr genau befolgt. Wer also auch nur den Anschein erweckt, er könnte unter 21 sein (also jünger aussieht als 30), der wird nach einer gültigen I.D. gefragt. Das kann Ihr Reisepass, Ausweis oder auch Führerschein sein.

Für das Autofahren sollte "don't drink and drive" gelten, die absolute Grenze liegt bei 0,8 Promille. Sie dürfen keine offenen Flaschen Alkohol im Auto liegen haben (diese würden, wenn überhaupt, in den Kofferraum gehören!).

Sie können in ganz Walt Disney World Alkohol kaufen, mit Ausnahme des Magic Kingdoms, denn hier bekommen Sie keinen Tropfen (wie auch in Disneyland).

Ausweis / Reisepass

Beim Bezahlen mit Reiseschecks (manchmal auch mit Kreditkarte), werden Sie häufig nach einem Ausweis [picture I.D.] gefragt. Sie können Ihren Reisepass herausholen, am einfachsten ist es aber, Sie haben einen Führerschein im Scheckkartenformat. Dieser wird ohne zögern akzeptiert (in den USA gibt es keine Ausweise in unserem Sinne - jeder hat einfach einen Führerschein). Es kann nur sein, dass Sie nach dem Ablaufdatum [expiration date] gefragt werden - das es ja bei uns (zum Erstaunen der Amerikaner) nicht gibt. Auch Ihr Personalausweis wird zu diesem Zweck klaglos akzeptiert - doch dieser kann eigentlich zu Hause bleiben.

Autofahren

Sie benötigen nicht unbedingt einen internationalen Führerschein, der nationale Führerschein reicht aus.

Das Autofahren in den USA ist recht geruhsam, Sie werden sicherlich auf keine größeren Probleme stoßen. Ihr linker Fuß bekommt auch Urlaub, denn die Mietwagen haben alle Automatikschaltung. Der Schalthebel ist entweder (wie gewohnt) an der

Noch mehr Infos!

Stoppen! Und wer zuerst da war, darf dann zuerst fahren!

Schneller als 35 mph dürfen Sie hier nicht fahren!

An dieser roten Ampel dürfen Sie ausnahmsweise nicht rechts abbiegen (sonst ja)!

Gelbe Schilder: Achtung Rechtskurve. Empfehlung: Nicht schneller als 25 mph.

Mittelkonsole oder am Lenkrad. Die drei wichtigsten Stellungen sind

P für Parken - trotzdem nicht die Handbremse vergessen (manchmal ist diese auch mit dem Fuß zu bedienen). In dieser Stellung starten Sie auch Ihr Fahrzeug (dabei die Bremse treten).

D für Drive – zum Fahren

R für Reverse – zum Rückwärtsfahren

Außerdem gibt es noch den Leerlauf N (Neutral), und die Gänge 2 (oder L) und 3 für Bergfahrten... aber da einige der höchsten Berge Floridas im Magic Kingdom stehen, werden Sie diese Gänge sicherlich nicht brauchen! (Falls Ihre Fahrten Sie aus Florida heraus führen, benötigen Sie diese Gänge vor allem für Bergabfahrten, da sich sonst die Bremse überhitzen kann.)

Falls Sie noch nie mit Automatik gefahren sind, denken Sie daran: Sobald Sie die Bremse loslassen, fährt das Auto los.

Außerdem hat jeder Wagen eine Klimaanlage, zahlreiche Getränkehalter und einige Extras mehr zu bieten.

Die Straßen sind wunderbar breit, mit drei, vier oder mehr Spuren, wobei sich jeder selbst aussuchen kann, auf welcher Spur er denn gerne fahren möchte – rechts überholen ist völlig normal (und erlaubt).

Außerdem dürfen Sie überall (mit einigen Ausnahmen, z.B. New York City), wo es nicht durch Schilder verboten ist ("No turn on red"), bei rot rechts abbiegen, wenn alles frei ist.

Etwas ungewohnt sind die "4 Way Stop" Schilder. Unter dem normalen Stoppschild hängt ein kleines Schild mit der Aufschrift "4-WAY". Hier muss jeder zunächst einmal halten. Danach hat derjenige Vorfahrt, der als erster an der Kreuzung gehalten hat. Das ist etwas gewöhnungsbedürftig, funktioniert aber erstaunlich gut. Ausgeschaltete Ampeln haben die gleiche Bedeutung wie ein 4-Way-Stop (wenn keine Schilder etwas anderes sagen).

Die Geschwindigkeitsbegrenzungsschilder sind rechteckig weiß (nicht besonders auffällig) und zeigen in der Stadt normalerweise 35 mph [miles per hour, Meilen pro Stunde] (= 55 km/h) und sonst zwischen 50 mph (= 80 km/h) und 65 mph (= 105 km/h) an.

Dies sind keine freundlichen Einladungen, die angegebene Geschwindigkeit einzuhalten (auch wenn andere Autofahrer dies anders sehen mögen), sondern die Begrenzungen werden streng überwacht (und amerikanische Polizisten sieht man erst, wenn es zu spät ist!).

Falls Sie doch einmal die Gesetzeshüter auf sich aufmerksam gemacht haben, werden Sie dies schnell merken: Das Polizeiauto hinter Ihnen blinkt wie ein amerikanischer Weihnachtsbaum. Fahren Sie in diesem Fall rechts heran (kein Polizist wird Sie überholen und "herauswinken"), öffnen Sie das Fenster und behalten Sie Ihre Hände sichtbar auf dem Lenkrad. Zwar sind amerikanische Polizisten sehr freundlich, sie müssen aber in einem Land mit sehr lockeren Waffengesetzen immer das Schlimmste annehmen. Leisten Sie daher den Anweisungen Folge.

Kleine gelbe Schilder mit Geschwindigkeitsangaben, die man an Auffahrten und vor Kurven sieht, geben lediglich eine Richtgeschwindigkeit an.

Besonderes Augenmerk sollte Schulbussen gelten: Diese dürfen, wenn sie stehen und ihre Warnblinker angeschaltet haben, nicht überholt werden. Auch der Gegenverkehr muss dann halten!

Ein Schild mit der Aufschrift "No parking" oder "No stopping or standing" sollten Sie ernst nehmen - Sie riskieren sonst schnell einen Strafzettel oder Ihr Auto wird abgeschleppt. Falls die Bordsteinkante rot gestrichen ist, dürfen Sie hier nicht parken (Hydrant oder Feuerwehreinfahrt), ist sie blau, dürfen hier nur Fahrzeuge von Behinderten parken.

An den Tankstellen [gas stations] muss meistens im Voraus bezahlt werden, häufig direkt an der Zapfsäule. Sie brauchen einfach nur Ihre Kreditkarte von der Zapfsäule lesen zu lassen. Manchmal werden Sie zur Sicherheit nach Ihrem "Zip Code" gefragt. Hiermit ist tatsächlich Ihre deutsche Postleitzahl gemeint. Meist gibt es nur eine Zapfpistole für alle Benzinsorten. Sie wählen dann vor dem Tanken per Knopfdruck den Treibstoff. Keine Angst, auf jeder Zapfsäule ist eine Anleitung. Am Ende bekommen Sie dann auf Wunsch eine Quittung ausgedruckt.

Die Preise, die Sie überall sehen, gelten

nicht pro Liter, sondern pro Gallone (eine Gallone sind 3,79 Liter). Die Steuern kommen noch dazu!

Einige Tankstellen bieten "full service". Der Tankwart kümmert sich in diesem Fall um alles, dafür bezahlen Sie dann am Ende auch ein wenig mehr.

Falls die Kreditkarte an der Zapfsäule Probleme macht oder Sie gerne bar bezahlen möchten, so können Sie dies vor dem Tanken an der normalen Kasse tun.

Coupons und Gutscheine

Die Amerikaner sind ganz verrückt danach, durch Coupons aus Zeitungen oder speziellen Heften Geld zu sparen. Sei es nun beim Einkaufen im Supermarkt, bei einem Restaurantbesuch oder bei der Urlaubsplanung. Werfen auch Sie ruhig einmal einen schnellen Blick auf die Coupons, die Sie zum Beispiel auch in der Lobby jedes Hotels finden. Angebote, bei denen Sie schnell 10% bis 50% sparen, sind keine Seltenheit. Genauso finden Sie häufig Gutscheine, bei denen Sie ein kleines Souvenir geschenkt bekommen, wenn Sie sich zum Beispiel im Hard Rock Cafe oder Planet Hollywood Souvenirs kaufen.

Für die Disney-Parks lassen sich normalerweise keine Coupons finden. Buchen Sie die Karten entweder im Reisebüro, im Internet oder kaufen Sie sich diese direkt in den Parks, in einem Disney Store oder in Ihrer Hotellobby. Von anderen Verkaufsstellen sollten Sie vorsichtshalber Abstand nehmen (auch wenn diese mit "2 Disney Tickets für 30$" -Werbetafeln auf sich aufmerksam machen wollen). Sonst müssen Sie sich einen Urlaubstag lang eine Time Sharing Veranstaltung ansehen!

Einreise in die USA

Falls Sie nicht länger als 90 Tage in den USA bleiben möchten und einen maschinenlesbaren Pass haben, benötigen Sie kein Visum. Ein für die Dauer Ihres Aufenthaltes gültiger Reisepass und das Rückflugticket reichen aus. 2009 wurde das alte grüne Einreiseformular (I-94W) durch eine elektronische Anmeldung im Internet ersetzt. Auf der (u.a. deutschsprachigen) Seite

esta.cbp.dhs.gov

müssen Sie sich Ihre Einreise bestätigen lassen. Hierfür sind Informationen wie Reisepassnummer, Flugnummer und Adresse in den USA gefragt. Bei Ihrer Adresse in den USA tragen Sie die Anschrift Ihres (bei Rundreisen ersten) Hotels ein.

Außerdem beantworten Sie noch einige Fragen (u.a. ob Sie Terrorist sind) und kreuzen hier unbedingt überall nein an.

In der Übergangszeit scheinen beide Systeme (Papierformular und Internet) parallel zu laufen. Daher finden Sie unten auf dieser Seite auch noch das alte Einreiseformular. Füllen Sie das Formular in Großbuchstaben aus, keine Umlaute verwenden (Ä = AE, Ö = OE, Ü = UE, ß = SS), die Frage nach Geschlecht [sex] beantworten Sie mit MALE [männlich] oder FEMALE [weiblich]. Benutzen Sie die amerikanische Schreibweise der Zahlen (die "eins" nur als Strich "I" und die "sieben" ohne den Querstrich "7"). Sie müssen (egal ob beim Online- oder beim Papierformular) eine Adresse in den USA angeben!

Im Flugzeug müssen Sie bei beiden Verfahren zusätzlich noch Ihre Zollerklärung

Noch mehr Infos!

Ausschnitt aus dem Einreiseformular I-94W

Ä = AE
Ö = OE
Ü = UE
ß = SS

Germany (Deutschland)
Austria (Österreich)
Switzerland (Schweiz)

AUFHEBUNG DER VISUMSPFLICHT

1. Familienname: KOELLN

2. Vorname: MARTIN

3. Geburtsdatum (Tag/Monat/Jahr): 01 10 76

4. Staatsbürger von (Land): GERMANY

5. Geschlecht: MALE

Eins: I (nicht 1)
Sieben: 7 (nicht 7)

MALE = männlich
FEMALE = weiblich

ausfüllen. Eine Zollerklärung pro Familie ist ausreichend.

Falls Sie nicht direkt von Europa aus zu Ihrem Zielflughafen fliegen, sondern eine Zwischenlandung in den USA machen, so müssen Sie hier schon durch die Einreise- und Zollkontrollen. Bei einem Direktflug müssen Sie dementsprechend am Zielflughafen durch die Kontrolle.

Diese kann je nach Verkehrsaufkommen zwischen einer halben und anderthalb Stunden dauern. Achten Sie bei der Buchung von Anschlussflügen darauf, dass Sie mehr als genug Zeit für die Einreise einplanen! Ihr Flugzeug wartet nicht!

Es gibt zwei Einreisebereiche: Einen für Amerikaner [US residents] und einen für alle anderen [visitors]. Die eigentliche Kontrolle geht recht zügig, es kann höchstens sein, dass man Sie nach dem Zweck und der Dauer Ihres Aufenthaltes fragt. Dann werden Ihre Fingerabdrücke beider Hände gescannt und ein Foto gemacht.

Anschließend nehmen Sie Ihr Gepäck entgegen und gehen mit Ihren Koffern durch die Zollkontrolle. Falls Sie weiterfliegen, können Sie Ihr Gepäck direkt nach der Zollkontrolle wieder aufgeben.

Elektrizität

Die Steckdosen in den USA sehen zum einen anders aus als unsere (es sind zwei kleine Schlitze), zum anderen liefern sie eine Spannung von nur 110V (im Gegensatz zu unseren 230V). Achten Sie deshalb darauf, dass Sie Ihre Elektrogeräte entweder auf 110V umstellen können (Fön, Rasierer) oder dass Sie mit beiden Spannungen arbeiten können (Akku-Ladegeräte). Wenn Sie Ihren 230V-Fön in Amerika anschließen, dann werden Sie es schon merken: Ihnen weht bloß ein laues Lüftchen entgegen und Sie kommen schnell selbst auf die Idee, den Fön auf die richtige Spannung umzustellen. Zurück in Deutschland sollten Sie aber auf keinen Fall vergessen, die Geräte vor der ersten Benutzung wieder zurückzustellen! (Die zu hohe Spannung kann sonst die Geräte zerstören! – Vergessliche kleben sich vor der Abreise einen Zettel an den Badezimmerspiegel...)

Damit Sie Ihre Geräte benutzen können, brauchen Sie einen Zwischenstecker. Diesen kaufen Sie am besten noch vor Ihrer Abreise, denn in den USA kann diese Suche schwierig und teuer werden.

Ihren Funkwecker brauchen Sie nicht mitzunehmen, die meisten Geräte bekommen in den USA kein Zeitsignal.

Amerikanische Feiertage

1. Januar — New Year's Day (Neujahr)
3. Montag im Januar — Martin Luther King Day
3. Montag im Februar — President's Day
Letzter Montag im Mai — Memorial Day
4. Juli — Independence Day
1. Montag im September — Labor Day
2. Montag im Oktober — Columbus Day
2. Sonntag im November — Veteran's Day
4. Donnerstag im November — Thanksgiving Day
25. Dezember — Weihnachten

Foto & Video

Ganz Walt Disney World ist ein Paradies für Fotografen und Urlaubsfilmer! Alle paar Meter gibt es etwas Neues zu entdecken und festzuhalten. Deshalb decken Sie sich schon zu Hause mit ausreichend Filmen oder digitalen Speichermedien ein.

Für Fotografen:

Die Parkangestellten sind immer sehr hilfsbereit, wenn es darum geht, ein Foto zu machen. Fragen Sie also einfach einmal einen Straßenkehrer, damit die ganze Familie auf dem Bild ist. Außerdem sind die Amerikaner auch ganz groß darin, sich gegenseitig zu fotografieren. Fragen Sie daher einfach einen der anderen Touristen - es sind ja genug davon da!

Auch die Disney-PhotoPass-Fotografen machen gerne (zusätzlich zu ihren eigenen Fotos) ein Foto mit Ihrem Apparat. Sie finden die Fotografen praktisch überall, wo es etwas zu sehen gibt. Sie können die PhotoPass-Fotos in jedem Park ansehen und ausdrucken lassen. Im Internet können

Sie die Fotos betrachten (kostenlos) und wenn Sie möchten nachbestellen oder auf CD brennen lassen. (Mehr Infos dazu finden Sie im Kapitel "Sprechen Sie Disney?")

Bitte benutzen Sie in den Attraktionen keinen Blitz! Dies ist unfair Ihren "Mitreisenden" gegenüber und die Figuren verlieren im grellen Blitzlicht ihre Wirkung (außerdem ist dies nicht gestattet).

Sie können in langsamen Attraktionen und bei gut ausgeleuchteten Szenen versuchen, ohne Blitz zu fotografieren – vielleicht haben Sie ja Glück.

Foto-Idee

Wie wäre es mit einem Foto von jedem Familienmitglied vor seiner Lieblingsattraktion?

Oder machen Sie ein Foto von der ganzen Familie (z.B. vor dem Schloss). Wenn Sie das nächste Mal Disney World besuchen, machen Sie an der gleichen Stelle wieder ein Foto – Sie wollen doch sicher wiederkommen, oder?

Für Videofilmer:

Viele Attraktionen sind so dunkel, dass Sie nach dem Urlaub nur noch schwarz sehen. Wie lichtstark Ihre Kamera ist, müssen Sie selbst ausprobieren. Am besten, Sie filmen erst einmal alles, was einigermaßen hell im Sucher aussieht und schneiden dann zu Hause alles Unansehnliche heraus (und das ist mehr als man denkt!). Benutzen Sie keinesfalls eine Videolampe! Weder Ihre Mitfahrer noch die Disney-Angestellten werden dies mögen!

Sie planen Ihre Filme nicht nur zu schneiden, sondern auch zu vertonen? Gute Idee. Die Musik hierfür bekommen Sie in den Souvenirläden. Sehen Sie sich nach dem "Official Album" auf CD um. Hier finden Sie eine tolle Zusammenstellung von Musik aus den verschiedensten Attraktionen der vier Parks.

Geld

Drei Zahlungsmittel braucht der USA-Besucher:

Bargeld! Wenn Ihnen jemand erzählt, dass der typische Amerikaner immer und überall mit Kreditkarte bezahlt und Sie deshalb kein Bargeld brauchen, so ist dies falsch. Bargeld ist in den letzten Jahren wieder in Mode gekommen. Achten Sie aber darauf, dass Sie nicht zu große Scheine bei Ihrer Bank bekommen. Eine gute Mischung aus 1, 5, 10 und 20 Dollarscheinen ist das Beste. Bei größeren Scheinen tritt man Ihnen schon mit Misstrauen entgegen und nimmt diese Scheine vielleicht sogar gar nicht an (in Walt Disney World ist dies eher unproblematisch, im Supermarkt oder im Restaurant kann Ihnen dies passieren).

Tauschen Sie Ihr Geld am besten schon vor der Reise und planen Sie Ihr Budget großzügig (Walt Disney World ist kein billiges Vergnügen).

Reiseschecks! (Fast) so gut wie Bargeld. In Walt Disney World ist es kein Problem, mit Reiseschecks beliebige Summen zu bezahlen. Bewährt haben sich 50$ Traveller Cheques (z.B. von American Express). Sie können auch kleinere Beträge damit bezahlen und bekommen den Restbetrag in bar ausbezahlt. Die Vorteile gegenüber Bargeld: Bei Verlust ersetzt man Ihnen die Reiseschecks (beim Ausgeben immer die Reisescheck-Nummern notieren) und Sie können die Schecks günstiger wieder zurücktauschen als Bargeld.

Kreditkarte! Es geht nicht ohne! Die offizielle Karte von Walt Disney World ist Visa. Genauso gerne wird aber hier (wie überall) Master Card oder American Express akzeptiert. Bei der Anmietung eines Mietwagens (auch wenn Sie ihn schon vor der Reise gebucht und bezahlt haben) ist die Karte unerlässlich, genauso in vielen Hotels. Ihre EC (Eurocheque) Karte können Sie Zuhause lassen (obwohl durch Maestro auch hier Zahlungen unter Umständen möglich sein können).

Das Bargeld hat einen großen Nachteil: Alle Scheine sind gleich groß und größtenteils auch gleich grün. Daher sehen Sie lieber zweimal hin, welchen Schein Sie dem Kofferträger als Trinkgeld geben.

Die Vorderseite zieren amerikanische Präsidenten, auf der Rückseite befinden sich wichtige amerikanische Bauwerke:

1$	Washington	Staatssiegel
2$	Jefferson	Unabhängigkeitserkl.
5$	Lincoln	Lincoln Memorial
10$	Hamilton	Finanzministerium
20$	Jackson	Weißes Haus
50$	Grant	US Capitol
100$	Franklin	Independence Hall

Die Münzen lassen sich da schon besser auseinander halten. Es gibt folgende Münzen (mit den zugehörigen "Spitznamen"):

1 Cent	Penny
5 Cents	Nickel
10 Cents	Dime
25 Cents	Quarter

Falls Sie ein größeres Geldstück in die Hände bekommen (Half Dollar oder 1-Dollar-Stück), dann sollten Sie es als Souvenir behalten, denn diese sind selten.

Falls Sie völlig in der Welt von Disney aufgehen möchten, dann können Sie Ihr gesamtes Geld in **Disney Dollar** umtauschen. Dieses Disney-eigene Zahlungsmittel ist gültig in Walt Disney World, Disneyland in Anaheim und den Disney Stores. Ein Disney Dollar kostet einen amerikanischen Dollar und Sie können Ihr Disney Geld, das es als 1, 5, 10 und 50 Disney Dollar Scheine gibt, jederzeit wieder zurücktauschen. Vielleicht ist die Benutzung als Zahlungsmittel nicht wirklich sinnvoll, aber die farbenfrohen Scheine sind ein tolles (und im Falle der 1 Dollar Scheine auch recht günstiges) Souvenir. Sie bekommen die Scheine auf jeden Fall bei Guest Relations in den Parks und in vielen Läden.

Hard Rock Cafe & Planet Hollywood

Beliebte Souvenirs sind die Artikel dieser beiden Restaurantketten – und essen soll man dort nebenbei auch können. Im einen Fall sind die Wände mit Erinnerungen an Musiker dekoriert, im anderen Fall hängen dort Filmrequisiten und Schauspielerautogramme. Um Ihnen bei der Souvenirjagd zu helfen, folgen die Wegbeschreibungen:

Das weltgrößte Hard Rock Cafe finden Sie bei Orlandos zweitgrößter Attraktion (nach Walt Disney World), nämlich zwischen den beiden Universal Parks, gegenüber vom Universal City Walk. Abends ist hier das Parken günstiger, vielleicht schauen Sie ja einmal vorbei.

Das Planet Hollywood Restaurant ist für den Disney-Besucher besser zu erreichen: Sie finden es in der West Side von Downtown Disney. Wer das Restaurant gar nicht sehen möchte, sondern nur Souvenirs braucht, der findet den Planet Hollywood Superstore am Sunset Boulevard von Disney's Hollywood Studios.

Klima

Der Wetterbericht lautet: "Warm und sonnig, nachmittags gerne mal ein Schauer!" ...und dies eigentlich das ganze Jahr hindurch, wobei der Nachmittagsschauer besonders für den Sommer typisch ist.

Hurrikans

Die Hurrikan-Saison erstreckt sich für Florida von Anfang Juni bis Ende November, aber die Hauptsaison sind die Monate September und Oktober.

Orlando liegt in Zentralflorida allerdings in einer sicheren Region, im Gegensatz zu den Städten entlang der Küste. So ist es in der langen Walt Disney World Geschichte erst ein paar Mal vorgekommen, dass Walt Disney World wegen eines herannahenden Hurrikans die Tore schloss, aus Sorge um die Besucher und Angestellten.

Durchschnittswerte	Jan	Feb	März	April	Mai	Juni	Juli	Aug	Sep	Okt	Nov	Dez
Höchsttemperatur (°C)	22	23	26	29	32	33	33	33	32	29	26	23
Tagesdurchschnitt (°C)	15	16	19	22	24	27	28	28	27	23	19	16
Tiefsttemperatur (°C)	10	10	13	16	19	22	23	23	23	19	14	11
Regen (cm)	6	7	9	6	9	19	20	18	16	8	6	5

Maße und Gewichte

Die Amerikaner möchten sich nicht an das metrische System gewöhnen. Hier müssen wir uns überall mit dem angelsächsischen System herumärgern:

Längenmaße

1 inch (in)	= 2,54 cm
1 foot (ft)	= 12 inch
	= 0,3048 m
1 yard (yd)	= 3 feet
	= 91,44 cm
1 mile	= 1760 yards
	= 1,609 km

Flächenmaße

1 square inch	= 6,452 cm^2
1 square foot	= 929 cm^2
1 acre	= 0,405 Hektar (ha)
	= 4050 m^2

Flüssigkeitsmaße

1 fluid ounce (fl.oz)	= 29,57 ml
1 pint	= 0,47 l
1 quart	= 0,946 l
1 gallon	= 3,785 l

Gewichte

1 ounce (oz)	= 28,35 g
1 pound (lb)	= 16 oz
	= 453,6 g
1 ton	= 907 kg

Notruf

911
Für Notfälle aller Art

Rauchen

Raucher haben es in Amerika schwer. In allen öffentlichen Gebäuden und mittlerweile auch in Restaurants ist das Rauchen strikt untersagt. Auch Walt Disney World ist zu einem Paradies für Nichtraucher geworden. In den Disney-Parks herrscht Rauchverbot, nicht nur in den Attraktionen, sondern auf dem gesamten Parkgelände. Aber natürlich gibt es einige Raucherecken, die in den offiziellen Parkplänen eingezeichnet sind.

Restaurants und Trinkgeld

Es ist egal, ob Sie beim Betreten eines Restaurants ein Schild "Please wait to be seated" sehen, oder nicht, bleiben Sie erst einmal im Eingangsbereich stehen. Sie werden dann gefragt, mit wie vielen Personen Sie da sind und bekommen dann einen Tisch zugewiesen. Nur selten begegnet Ihnen ein Schild "Please seat yourself", das Sie dazu einlädt, sich selbst einen Tisch zu suchen.

Walt Disney World ist keine trinkgeldfreie Zone. Obgleich man es bei der Arbeitsumgebung denken könnte, verdienen die Angestellten bei Disney auch nicht mehr, als ihre Kollegen vor den Toren der "Welt". Also geben Sie bitte der Bedienung in (Tischbedienungs-) Restaurants, sowie den Hotelangestellten etc. das in den USA angemessene Trinkgeld [tip].

Die Bedienungen bekommen von ihren Arbeitgebern nur den Mindestlohn (wenige Dollar) und sind darauf angewiesen, von den Gästen ein vernünftiges Trinkgeld zu erhalten. Dies wirkt sich natürlich auch positiv auf den Service aus.

Ein angemessenes Trinkgeld wäre:

- im Restaurant: 10% bis 20% des Rechnungsbetrags (ohne Steuer)
- Taxifahrer: 10% vom Fahrpreis, mindestens 2$
- Kofferträger: 1$ pro Koffer

Viele Restaurants in Florida (vor allem in Miami und Orlando) haben sich auf die ausländischen Touristen eingestellt und rechnen das Trinkgeld schon in den Endbetrag mit ein. In diesem Fall finden Sie auf der Rechnung neben den Steuern [tax] auch das Trinkgeld [tip, gratuity, service, service charge] mit ausgewiesen und brauchen natürlich hier nicht doppelt zu bezahlen!

Das Trinkgeld wird entweder in Dollarscheinen auf dem Tisch liegen gelassen (bitte keinen Haufen Kleingeld) oder Sie tragen es auf der Abrechnung in das freie Feld ein, falls Sie mit Kreditkarte bezahlen. Den Zahlungsbetrag einfach beim Bezahlen aufzurunden ist nicht üblich!

Bitte wundern Sie sich nicht: Wenn Sie mit dem Essen fertig sind, wird die Bedienung Sie fragen, ob Sie noch ein Dessert oder Kaffee wünschen. Falls Sie keine Wünsche mehr haben, bekommen Sie umgehend die Rechnung auf den Tisch. Dies heißt allerdings nicht, dass jetzt von Ihnen erwartet wird, dass Sie aufspringen und gehen, sondern nur, dass Sie nichts mehr wünschen. Ihre Rechnung bezahlen Sie in vielen Restaurants bei einer Kasse [cashier] am Eingang.

Telefonieren

Natürlich möchten Sie (am liebsten gleich nach Ihrer Ankunft) Ihre Freunde und Verwandten anrufen. Denken Sie zunächst immer an die Zeitumstellung. Wenn Sie irgendwann am Nachmittag in den USA landen, dann ist es in Deutschland schon Nacht (17 Uhr Orlando plus 6 Stunden = 23 Uhr in Deutschland).

Für den Anruf zu Hause gibt es mehrere Möglichkeiten:

Die Benutzung von Kleingeld bietet sich meistens nicht an. Der größte Münzbetrag sind 25 Cent, sodass Sie schon einen ganz schönen Haufen brauchen.

Ganz ohne Geld kommen Sie bei einem R-Gespräch aus. Hierbei bezahlt derjenige, den Sie anrufen. Aus den USA wählen Sie zunächst eine kostenlose Nummer (Telekom: 1800 292 0049), ein deutschsprachiger Computer fragt Sie nach der Telefonnummer, dann fragt er bei Ihrem Gesprächspartner nach, ob dieser das Gespräch annehmen möchte und stellt Sie durch. Achtung: Die Gebühren sind um ein Vielfaches höher als bei Telefonkarten!

Die beste Möglichkeit sind Prepaid-Telefonkarten. Sie wählen zunächst eine gebührenfreie Nummer (diese erkennt man meistens daran, dass sie mit 800 oder 1800 beginnt). Danach werden Sie nach Ihrer Geheimnummer gefragt, die Sie auf der Karte frei rubbeln müssen. Anschließend geben Sie die gewünschte Telefonnummer ein.

Solche Telefonkarten erhalten Sie in vielen Läden (fragen Sie nach "prepaid phone cards") oder Sie können sich auch schon in Deutschland eine kaufen. Bei uns gibt es zum Beispiel die T-Card der deutschen Telekom. In den USA hat sich die sehr günstige Karte der Supermarktkette "Walgreen's" ausgesprochen bewährt! Hingegen muss man von der zu teuren Karte von AT&T dringend abraten.

Die Vorwahl für Deutschland lautet 01149, danach folgt die Ortsvorwahl ohne die führende Null und dann die Telefonnummer.

Für die Nummer 12345 in Hamburg (040) wählen Sie also: 01149 40 12345.

Österreich Vorwahl: 01143
Schweiz Vorwahl: 01141

Die Prepaid-Telefonkarten können Sie auch vom Hotelzimmer aus benutzen. Oft müssen Sie zur Benutzung des Telefons Ihre Kreditkarteninformationen an der Rezeption hinterlassen. Einige Hotels berechnen auch für kostenlose Gespräche zu 800er Nummern eine kleine Gebühr von etwa 50 Cent.

Temperaturen

In den USA wird die Temperatur in Fahrenheit gemessen. Die genaue Umrechnung ist ein wenig zu kompliziert, um sie im Kopf durchzuführen:

Um von Fahrenheit auf Celsius zu kommen, rechnen Sie:

(Temperatur in °F - 32) : 1,8

Der umgekehrte Weg von Celsius nach Fahrenheit:

(Temperatur in °C * 1,8) + 32

°F	°C	°C	°F
0	-17,8	0	32
10	-12,2	5	41
30	-1,1	10	50
50	10	15	59
60	15,6	20	68
70	21,1	25	77
80	26,7	30	86
90	32,2	35	95
100	37,8	50	122
110	43,3	100	212

Temperaturumrechnung von Fahrenheit in Celsius und umgekehrt

Noch mehr Infos!

Die einfache Merkregel für die USA lautet: Temperatur (in °F) minus 30 geteilt durch 2.

Wenn Sie also in Orlando auf einem Thermometer 98°F lesen, dann heißt das ungefähr 98 – 30 = 68 : 2 = 34 °C.

Tischreservierungen in WDW

Das Zauberwort für die Disney Restaurants heißt "Priority Seating". Sie können den Tisch telefonisch im Voraus reservieren (unter der Telefonnummer 407-WDW-DINE = 407-939-3463), in den betreffenden Parks im Restaurant selbst, an den Parkeingängen bei Guest Relations (zum Beispiel in der City Hall im Magic Kingdom) oder von den Münztelefonen in den Parks kostenlos mit der Nummer *88 (Sternchen Achtundachtzig).

Sie bekommen dann eine "Priority Seating Time" zugewiesen. Eine Viertelstunde vorher sollten Sie sich beim Restaurant melden und bekommen dann den nächsten frei werdenden Tisch zugeteilt (d.h. Tische werden, anders als bei der "klassischen Reservierung", nicht extra für Sie freigehalten).

Falls Sie unbedingt in einem bestimmten Restaurant essen möchten, so ist eine vorherige Reservierung dringend zu empfehlen! Dies gilt insbesondere für die unglaublich beliebten Disney Dinner Shows (Buchung bis zu zwei Jahre im Voraus!) und für alle Mahlzeiten mit den Disney-Characters.

Zeit und Datum

Florida liegt in der Eastern Time Zone, Sie müssen also von der mitteleuropäischen Zeit 6 Stunden abziehen. Wenn Sie vor Ort sind, addieren Sie 6 Stunden, um auf die deutsche Zeit zu kommen.

Die Uhrzeit wird in Amerika in zweimal 12 Stunden aufgeteilt. Der Vormittag trägt den Zusatz "a.m." [ante meridiem] (oder zum Merken: "am Morgen"), der Nachmittag den Zusatz "p.m." [post meridiem].

8.00 Uhr morgens ist also 8:00 a.m. und 13.00 Uhr mittags ist 1:00 p.m.

Daten werden normalerweise in der amerikanischen Schreibweise

Monat / Tag / Jahr

mit trennenden Schrägstrichen geschrieben, hier setzt sich aber langsam das Tag.Monat.Jahr-System durch. Verwirrenderweise sieht man aber auch immer öfter Monat.Tag.Jahr und ist dann ratlos.

Zoll

Bitte erkundigen Sie sich immer vor der Reise über die geltenden Zollbestimmungen, um unnötigen Ärger mit den Zollbehörden zu vermeiden.

Falls Sie etwas mit in die USA nehmen möchten, so liegen die Grenzen pro Erwachsenem (ab 21) bei

- 200 Zigaretten oder 50 Zigarren oder 1350g Tabak (= 3 amerikanische Pfund Tabak),
- 1 Liter alkoholische Getränke (egal welcher Art),
- Geschenke im Gegenwert von 100 US$.

Falls Sie mehr als 10.000 US$ einführen, muss dies angegeben werden.

Lebensmittel und Pflanzen dürfen nicht in die USA gebracht werden!!! Für abhängig machende Medikamente benötigen Sie ein ärztliches Attest in englischer Sprache.

Nach Deutschland dürfen Sie zollfrei einführen:

- 200 Zigaretten oder 50 Zigarren oder 250g Tabak (alles ab 17 Jahre)
- 1 Liter Spirituosen über 22% vol oder 2 Liter Alkohol unter 22% vol und 4 Liter Wein und 16 Liter Bier (alles ab 17 Jahre)
- 500g Kaffee (ab 15 Jahre)
- sonstige in den USA gekaufte Waren im Gegenwert von 430 Euro (unter 15 Jahre: 175 Euro).

Bitte denken Sie auch daran, dass viele Tiere Floridas geschützt sind und die Einfuhr einiger Produkte strafbar sein kann, selbst wenn Sie diese frei in den USA erwerben können.

Was bietet Orlando außer Disney?

Gibt es ein Leben außerhalb des Walt Disney World Resorts?

Orlando ist dank Disney zu einem der beliebtesten Ferienorte der Welt geworden. Der Touristenansturm hat natürlich weitere Attraktionen in die Gegend gelockt, die sicherlich auch einen Besuch (und irgendwann einen Park-Planer Reiseführer) wert sind.

Universal Studios Orlando

Die Studios bieten zahlreiche Attraktionen zu verschiedenen Filmen. Sie können den Wirbelsturm aus Twister miterleben, sich von einem Erdbeben in San Francisco durchschütteln lassen, vom weißen Hai angegriffen werden, ein gelbes Abenteuer mit den Simpsons erleben, das verfluchte Grab aus "die Mumie" ansehen, mit E.T. durch die Nacht schweben und sogar mit den Men In Black auf die Jagd nach Außerirdischen gehen. Außerdem bieten die Universal Studios mehrere Shows. Eine Tour hinter die Kulissen, wie Sie sie vielleicht aus den Universal Studios in Hollywood kennen, gibt es hier nicht.

Die Universal Studios sind eine Alternative zu Disney's Hollywood Studios, allerdings bieten beide so unterschiedliche Attraktionen, dass es schwer ist, einen Favoriten zu finden.

Universal's Islands Of Adventure

Auch Universal hat mehr als einen Park. Die Islands Of Adventure sind ein Paradies für Menschen, die immer schnellere, höhere und nassere Rides brauchen. Mehrere Looping- und Wildwasserbahnen sorgen für Nervenkitzel. Erleben Sie eine Kombination aus Achterbahn und 3D-Film bei Spiderman, werden Sie grün im Incredible Hulk Coaster und erleben Sie Poseidons Rache oder die achte Reise von Sindbad. Hier können Sie auch den Jurassic Park erkunden oder sich bei der Dragon Challenge (früher: Dueling Dragons) in zwei ineinander verschlungenen Loopingbahnen mehrfach auf den Kopf stellen lassen. Zum Abkühlen bietet sich Dudley Do-Rights Wildwasserbahn oder eine Floßfahrt mit Popeye an. Dazu kommt das neue Harry Potter Themenland mit Hogwarts und der "Forbidden Journey".

Die Islands Of Adventure sind die Top-Adresse für absolute Thrillrides in Orlando, für Kinder ist der Park trotz des Themenlandes "Seuss Landing" eher ungeeignet.

SeaWorld Orlando

SeaWorld hat sich der Welt über und unter dem Meer gewidmet. Delphine, Seekühe, Pinguine, Seelöwen, Otter, Eisbären, Haie, Schildkröten und viele Fische erwarten Sie. Der Höhepunkt ist die Shamu Killerwal-Show. Wer nebenbei ein wenig Action sucht, der findet die Hängeloopingbahn Kraken oder die neue Loopingbahn Manta. Dazu kommt noch eine rasante Mischung aus Achter- und Wildwasserbahn, die durch Atlantis führt sowie der Hubschrauber-Flugsimulator "Wild Arctic", der Sie zur Tierwelt der Arktis bringt.

Busch Gardens (Tampa)

Ungefähr anderthalb Stunden von Orlando entfernt findet sich die Tierwelt Afrikas. Deren Vielfalt ist vergleichbar mit der des Animal Kingdoms, doch die Zielgruppe ist eine andere. Während das Animal Kingdom für Familien und Disney-Fans ideal ist, lockt Busch Gardens vor allem die Loopingbahn-Fans mit SheiKra, Montu und Kumba nach Tampa.

Kennedy Space Center

Sie fahren etwa eine Stunde nach Osten und erreichen an der Atlantikküste Floridas das Kennedy Space Center. Authentizität wird hier groß geschrieben, schließlich finden hier unzählige Raketen und Space Shuttle Starts statt. Aber auch das Kennedy Space Center hat bei der Konkurrenz der Themenparks geschickt abgeguckt: Viele Ausstellungen, eine Bustour, ein Flugsimulator und zwei IMAX-Kinos warten auf Sie. Ein gewisses Interesse am Thema Raumfahrt sollten Sie mitbringen, dann ist das KSC auf jeden Fall eine Reise wert!

Shopping in Orlando

Günstige Disney-Souvenirs und andere Shopping-Oasen

Prime Outlets International

Am nördlichen Ende des International Drive liegen die neu gebauten Prime Outlets. Die ehemalige "Belz Factory Outlet World" wurde komplett abgerissen und hier entstand unter freiem Himmel eine toll gestaltete Shopping Mall, die über 100 Läden beherbergt. Darunter findet sich auch Disney's Character Warehouse, das Original Disney-Souvenirs aus den Parks erheblich günstiger verkauft.

Orlando Premium Outlets

Ähnlich wie die neuen Prime Outlets sehen auch die Läden der Orlando Premium Outlets aus, die zu einer Kette von Outlets im ganzen Land gehören. Zahlreiche Marken (Adidas, Boss, Klein, Levi's, Nike, Puma) finden sich hier, dazu einen kleinen klimatisierten Food Court mit Burgern, Pizzas und Subs. Disney-Fans shoppen hier bei Disney's Character Premiere. Um den Prime Outlets nicht unterlegen zu sein, wurden auch die Premium Outlets um weitere Geschäfte erweitert.

Sie sehen die Outlets schon von der I-4 aus, nehmen den Exit 68 und biegen dann in die Vineland Avenue ein.

Lake Buena Vista Factory Stores

Sie fahren genauso wie zu den Premium Outlets von der I-4 ab, aber dann an der Einfahrt zur Vineland Avenue vorbei und weiter auf der State Road 535 etwa 3 Kilometer immer geradeaus. Auf der linken Seite befindet sich hinter einer Brücke die Einfahrt zu den Factory Stores. Auch hier gibt es einen Outlet namens "Character Corner" mit Disney-Artikeln, wobei es hier meist andere gibt, als in den beiden offiziellen Disney Outlets.

Florida Mall

Eine der größten Malls in Florida mit über 250 Läden! Neben einem sehr großen Food Court (Hamburger, BBQ, Manchu Wok, Sbarro, Subway, Taco Bell) gibt es hier alle erdenklichen Läden - allerdings mit regulären Preisen. Darunter auch die großen Ketten Burdines, Dillard's, JCPenney, H&M, Nordstrom, Saks Fifth Avenue und Sears.

Die Florida Mall liegt an der Sand Lake Road. Diese geht direkt vom International Drive ab (südlich von Universal, nördlich des Convention Centers). Fahren Sie hier Richtung Osten. Auf dem Weg zur Mall liegt auf der rechten Straßenseite noch ein Wal-Mart für alle anderen Einkäufe.

Pointe Orlando

Direkt am International Drive liegt dieses Einkaufszentrum, komplett mit einem großen Kino und einigen Restaurants. Der Stopp hier lohnt sich nicht unbedingt. Das nebenan liegende, umgedrehte Haus von WonderWorks ist aber ein absoluter Blickfang.

Festival Bay Mall

Kurz vor den Prime Outlets liegt auf der rechten Seite diese recht neue, beeindruckend gestaltete Shopping-Mall. Neben einem großen Outdoor-Geschäft, einem Kino und einem Surf Shop findet sich hier auch ein Universal Laden. Leider sind große Teile des Einkaufszentrums verwaist, da nicht überall Geschäfte eingezogen sind. Gegen die Outlet Malls hat es eine "normale" Mall hier schwer.

Ihr persönlicher Park-Planer

Eine Planungshilfe für Ihre Zeit in den Parks

So weit sind Sie nun schon gekommen!

Sie haben sich Ihre Favoriten unter den Parks herausgesucht, wissen alles über die Attraktionen, die auf Sie warten und so langsam stellen Sie sich die Frage, wie Sie vor Ort den Überblick behalten sollen.

Die eine Möglichkeit wäre es, einfach den Park-Planer mit in den Park zu nehmen. So haben Sie immer die Übersicht und können sich noch vor Ort die besten Tipps ansehen (und so mache Warteschlange sinnvoll nutzen).

Doch halt! Haben Sie nicht schon am Anfang den guten Tipp bekommen, möglichst wenig Gepäck mit in den Park zu nehmen? Ja, Sie haben diesen Tipp richtig in Erinnerung und genau deshalb gibt es auf den nächsten Seiten noch einmal alle Attraktionen auf einen Blick.

Machen Sie sich für Ihre Planung und den Parkbesuch am besten Fotokopien der folgenden Seiten, damit Sie später im Park nichts verpassen.

...oder nehmen Sie doch das Buch mit?! Viele andere Besucher werden Sie auch mit Reiseführern in der Hand oder der Tasche sehen.

Wie nutzen Sie nun Ihren persönlichen kleinen Park-Planer? Am besten setzen Sie sich zum Ausfüllen der Tabellen mit der ganzen Familie gemütlich an einen Tisch und diskutieren schon im Vorwege, welche Attraktionen für Sie in Frage kommen. Zum einen vermeiden Sie so Stress und Ärger im Park, zum anderen kommt so schon jede Menge Urlaubsvorfreude auf.

In der linken Spalte finden Sie alle Attraktionen aufgelistet und daneben steht zur besseren Orientierung das jeweilige Themenland.

In eines der vier Felder daneben gehört für jede Attraktion ein Kreuz:

Das **Ausrufezeichen** (!) kreuzen Sie bei allen Attraktionen an, die Sie auf gar keinen Fall verpassen möchten. Machen Sie hier pro Tag im Park etwa fünf Kreuze (auch wenn es schwer ist, sich einzuschränken).

Das **Pluszeichen** (+) steht für Attraktionen, die Sie gerne sehen würden, nachdem Sie mit Ihren Favoriten fertig sind. Hier sollten in etwa drei bis fünf Kreuze pro Parktag gesetzt werden.

Die **Null** (0) kreuzen Sie beliebig oft an und zwar bei allen übrigen Attraktionen, die Sie grundsätzlich interessieren würden, falls Sie doch noch Zeit über haben.

Und das **Minuszeichen** (-) wird bei den Attraktionen angekreuzt, in die Sie nicht hinein möchten.

Es ist natürlich sehr schwer, sich beim Setzen der Ausrufezeichen und Pluszeichen so stark einzuschränken, denn am liebsten würden Sie natürlich alles mitmachen. Aber auf diesem Wege haben Sie sichergestellt, dass Sie zumindest die Attraktionen, die Sie wirklich sehen möchten, auch sehen werden, denn fünf Stück sollten auch bei einem vollen Park möglich sein. Falls der Park nicht völlig überfüllt ist, haben Sie wahrscheinlich auch noch genügend Zeit übrig, um alle Attraktionen mit einem Pluszeichen mitzumachen.

Bei zwei Tagen in einem Park "dürfen" Sie natürlich doppelt so viele Kreuze setzen.

Familientipp:

Lassen Sie jeden in der Familie ein Kreuz (oder zwei) in der Ausrufezeichen-Spalte setzen. So bekommt jeder garantiert seine Lieblingsattraktion geboten und es wird bestimmt ein unvergesslicher Park-Tag.

	Diese Attraktion...	Anzahl der Kreuze
!	...darf ich auf keinen Fall verpassen!	maximal 5
+	...würde ich gerne sehen.	3 bis 5
0	...finde ich interessant.	beliebig viele
-	...interessiert mich wenig / nicht.	beliebig viele

Magic Kingdom

Attraktion	Themenland	!	+	0	-
Walt Disney World Railroad	Main Street U.S.A.				
Main Street Vehicles	Main Street U.S.A.				
Cinderella Castle	Main Street U.S.A.				
Pirates Of The Caribbean	Adventureland				
Jungle Cruise	Adventureland				
Swiss Family Treehouse	Adventureland				
The Enchanted Tiki Room	Adventureland				
The Magic Carpets Of Aladdin	Adventureland				
Splash Mountain	Frontierland				
Country Bear Jamboree	Frontierland				
Shootin' Arcade	Frontierland				
Diamond Horseshoe Saloon	Frontierland				
Big Thunder Mountain Railroad	Frontierland				
Tom Sawyer Island	Frontierland				
The Hall Of Presidents	Liberty Square				
Liberty Square Riverboat	Liberty Square				
The Haunted Mansion	Liberty Square				
Peter Pan's Flight	Fantasyland				
Mickey's PhilharMagic	Fantasyland				
Cinderella's Golden Carrousel	Fantasyland				
Snow White's Scary Adventure	Fantasyland				
Winnie The Pooh	Fantasyland				
Mad Tea Party	Fantasyland				
Dumbo The Flying Elephant	Fantasyland				
It's A Small World	Fantasyland				
Pooh's Playful Spot	Fantasyland				
Minnie's Country House	Mickey's Toontown Fair				
The Barnstormer	Mickey's Toontown Fair				
Donald's Boat	Mickey's Toontown Fair				
Mickey's Country House	Mickey's Toontown Fair				
Toontown Hall Of Fame	Mickey's Toontown Fair				
Monsters, Inc. Laugh Floor	Tomorrowland				
Stitch's Great Escape	Tomorrowland				
Buzz Lightyear's Space Ranger Spin	Tomorrowland				
Walt Disney's Carousel Of Progress	Tomorrowland				
Tomorrowland Transit Authority	Tomorrowland				
Astro Orbiter	Tomorrowland				
Space Mountain	Tomorrowland				
Tomorrowland Indy Speedway	Tomorrowland				
3-Uhr-Parade ("Dreams Come True")	z.B. Main Street U.S.A.				
SpectroMagic-Lichterparade	z.B. Main Street U.S.A.				
Wishes-Feuerwerk	z.B. Main Street U.S.A.				

Noch mehr Infos!

Epcot

Attraktion	Themenland	!	+	0	-
Spaceship Earth	Future World				
Universe Of Energy (Ellen's Energy Adventure)	Future World				
Mission: Space	Future World				
Test Track	Future World				
Imagination! - Journey Into Imagination	Future World				
Imagination! - Honey, I Shrunk The Audience	Future World				
The Land - Soarin'	Future World				
The Land - Living With The Land	Future World				
The Land - Circle Of Life	Future World				
The Seas With Nemo & Friends	Future World				
Innoventions	Future World				
Club Cool	Future World				
Mexiko	World Showcase				
Mexiko - Gran Fiesta Tour	World Showcase				
Norwegen	World Showcase				
Norwegen - Maelstrom	World Showcase				
China	World Showcase				
China - Reflections Of China	World Showcase				
Deutschland	World Showcase				
Italien	World Showcase				
USA	World Showcase				
USA - The American Adventure	World Showcase				
Japan	World Showcase				
Marokko	World Showcase				
Frankreich	World Showcase				
Frankreich - Impressions De France	World Showcase				
Großbritannien	World Showcase				
Kanada	World Showcase				
Kanada - O Canada!	World Showcase				
IllumiNations-Feuerwerk	World Showcase				

Noch mehr Infos!

Disney`s Hollywood Studios

Attraktion	Themenland	!	+	0	-
The Great Movie Ride	Hollywood Boulevard				
American Idol	Hollywood Boulevard				
Fantasmic!	Sunset Boulevard				
Tower Of Terror	Sunset Boulevard				
Rock 'n' Roller Coaster	Sunset Boulevard				
Beauty And The Beast	Sunset Boulevard				
Muppet Vision 3D	Streets Of America				
Lights, Motors, Action! Stunt Show	Streets Of America				
Honey, I Shrunk The Kids	Streets Of America				
Studio Backlot Tour	Streets Of America				
Playhouse Disney	Animation Courtyard				
Walt Disney: One Man's Dream	Animation Courtyard				
Magic Of Disney Animation	Animation Courtyard				
Voyage Of The Little Mermaid	Animation Courtyard				
Toy Story Mania!	Animation Courtyard				
Indiana Jones Stunt Show	Echo Lake				
Star Tours	Echo Lake				
Sounds Dangerous	Echo Lake				
Block Party Bash	z.B. Hollywood Blvd.				

Disney's Animal Kingdom

Attraktion	Themenland	!	+	0	-
The Oasis	The Oasis				
The Tree Of Life	Discovery Island				
It's Tough To Be A Bug	Discovery Island				
Discovery Island Trails	Discovery Island				
Festival Of The Lion King	Camp Minnie-Mickey				
Character Greeting	Camp Minnie-Mickey				
Kilimanjaro Safaris	Africa				
Wildlife Express fährt zu ...	Africa				
... Rafiki's Planet Watch	Africa				
Pangani Forest Exploration Trail	Africa				
Expedition Everest	Asia				
Maharaja Jungle Trek	Asia				
Kali River Rapids	Asia				
Flights Of Wonder	Asia				
Dinosaur	Dinoland U.S.A.				
The Boneyard Playground	Dinoland U.S.A.				
Finding Nemo - The Musical	Dinoland U.S.A.				
Primeval Whirl	Dinoland U.S.A.				
TriceraTop Spin	Dinoland U.S.A.				
Mickey's Jammin' Jungle Parade	z.B. Discovery Island				

Noch mehr Infos!

Walt Disney World Insider gesucht!

Einige Antworten finden Sie hier im Buch, andere nur in den Parks*

1. Magic Kingdom

a) Wessen Gesicht ist am Eingang zum Park durch Blumen nachgebildet?

b) Wer sitzt auf der Bank vor dem Flaggenmast auf dem Town Square?

c) Welche Attraktion wird von Zazu und Iago geleitet?

d) Bei welcher Attraktion sollten Sie "Hüte und Brillen festhalten", da es die "wildeste Fahrt durch die Wildnis" ist?

e) An welchen Orten *versteckt* sich Captain Jack Sparrow in der "Pirates Of The Caribbean" Attraktion?

f) Während welcher Attraktion kann man leckeren Apfelkuchen riechen?

2. Epcot

a) Welchen Namen hatte der Park bei der Eröffnung?

b) Wie viele "Beine" hat Spaceship Earth?

c) In welcher Attraktion kann man das Feuerwerk aus Disneyland sehen?

d) Wie viele Länder haben an der World Showcase Lagune einen eigenen Pavillon?

e) Können Sie fünf Länder nennen?

f) Wenn man durch das rote "Tori"-Tor vor dem Japan-Pavillon blickt, welche Attraktion sieht man auf der anderen Seite der Lagune?

g) Über welche Länder kann man sich im World Showcase Kinofilme ansehen (und wie werden die Filme präsentiert)?

h) Wenn Sie vom World Showcase Eingang einmal quer über die Lagune sehen, welche (überraschende) Attraktion sehen Sie hinter Marokko?

3. Disney's Hollywood Studios

a) Wie hießen die Studios bei der Eröffnung?

b) Wessen Kostüm trägt die Miss Piggy Statue auf dem Brunnen vor Muppet Vision 3D?

c) Welches Musikinstrument ist am Eingang zum Rock 'n' Roller Coaster zu sehen?

d) Aus welchem Film stammt die audio-animatronische Szene am Ende des Great Movie Ride?

e) Wie heißen die Gefährte, in denen man bei Star Tours reist?

f) Wie heißt das Hotel, in das Sie *einchecken*, um eine Fahrstuhlfahrt in die Twilight Zone zu unternehmen?

g) In welcher anderen Attraktion ist der hintere Teil des Flugzeugs aus der Casablanca-Szene im "Great Movie Ride" zu finden? Tipp: Nicht hier in den Studios!

4. Disney's Animal Kingdom

a) An welchem besonderen Tag (und in welchem Jahr) wurde der Park eröffnet?

b) Wer wartet *im* höchsten Berg des Parks?

c) Wo kann man den Film "It's Tough To Be A Bug" sehen?

d) Wie sagt man in Afrika "Hallo!" - und wird so auch zur Kilimanjaro Safari begrüßt?

e) Wem gehört der Souvenirladen im Dinoland U.S.A.?

f) Welche beiden Disney-Filme waren die Vorbilder für zwei große musikalische Shows im Park?

g) Wo kann man Tigern begegnen?

Noch mehr Infos!

* ...oder in den Lösungen am Ende der Indexseiten (Seite 183).

Es tut sich vieles in der Welt

Zusätzliche Ergänzungen in der 4. Edition

Viele Neuigkeiten dieser vierten Edition passten noch auf die 180 Seiten der dritten Ausgabe, doch nicht für alles reichte der Platz weiter vorne im Buch...

Disney's Hollywood Studios: American Idol Experience

Was bei uns "Deutschland sucht den Superstar" heißt, heißt in den USA "American Idol".

Das Prinzip der TV-Sendung ist einfach: Aus zigtausend angehenden Gesangstalenten werden nach und nach von einer Jury die besten zehn ausgewählt. Diese Finalisten stellen sich dann einem Livepublikum und der Abstimmung durch die Fernsehzuschauer.

In Disney's Hollywood Studios erleben Sie nun einen Einblick in "American Idol": Als Parkbesucher können Sie (möglichst gleich am Morgen) an einem Casting teilnehmen und werden vielleicht für eine der sechs Vorentscheide ausgewählt.

In diese Entscheidungsshow können nun auch die gesanglich untalentierten Besucher hinein. Sie warten auf einem überdachten Vorplatz mit vielen Videomonitoren unter der Decke. Hier erfahren Sie vieles über das American Idol Phänomen. Die gesamte Preshow dauert fast eine Stunde, die eigentliche Preshow startet eine halbe Stunde vor Showbeginn. Ein Moderator geht von einem Kameramann begleitet ins wartende Publikum und nimmt einige Szenen auf - unterbrochen von Einspielungen auf den Monitoren.

Dann geht es in die große, gut klimatisierte Soundstage hinein. An Ihrem Sitz haben Sie Knöpfe, mit denen Sie am Ende der Show Ihren Favoriten wählen können.

Die Kandidaten werden vom Moderator vorgestellt und singen ihren Song - nicht ohne die nötigen Lichteffekte auf der großen Videowand dahinter! Wie im richtigen Leben geben drei Juroren ihre Wertung ab, darunter ist auch immer ein Juror, den Sie so richtig ausbuhen dürfen.

Die Gewinner der Vorentscheide dürfen an der letzten Show des Tages im Finale teilnehmen. Für sie steht ein Ticket für einen Platz im echten American Idol Casting direkt vor der echten Jury auf dem Spiel. Diese letzte Show ist länger und es treten mehr Kandidaten auf. Gesanglich sind alle ausgewählten Gesangstalente auf einem anhörbaren Niveau ohne Sorgen um das eigene Trommelfell haben zu müssen.

Die gesamte Show mit ihren Kamerafahrten, Videoeinspielungen, Musikjingles, dem Opening und anderen Showelementen ist so authentisch, dass Sie hier auch in einer echten TV-Show sitzen könnten.

Attraktionstyp: Casting-Show
Dauer: 30 Minuten, Finale 50 Minuten
Plätze: 1000 Sitzplätze
Für Kids: Wer jemals "DSDS" gesehen hat, der kann sich auch American Idol ansehen.

Minis	1	Genießer	4		Park-Planer
Kids	3	Abenteurer	2		
Teens	5	Thrill-Rider	0	Sitzen	0 von 5 / 4 von 5

Timing Tip: Die letzte Show des Abends ist besonders gut besucht und noch etwas spannender. Hier sollten Sie schon 40 Minuten vorher da sein, um sicher einen Platz zu bekommen. Bei den anderen Shows reichen meist 25 Minuten. In dieser Wartezeit werden Sie aber wirklich gut unterhalten.

Die Türen ganz vorne sind am nächsten an der Bühne dran, das lohnt sich! Denken Sie daran, einige Besucher vor Ihnen in die Sitzreihe zu lassen, damit Sie etwas mittiger sitzen.

Toy Story Mania

Express — Park-Planer Highlight

Der Pixar Place verbindet die Mickey Avenue mit dem Platz vor der Studio Tour. Das Eingangstor sieht so aus wie das der Pixar Studios in Emeryville in Kalifornien und auch die Backsteingebäude erinnern an das Gelände der Computerfilmspezialisten.

Viel zu sehen gibt es hier eigentlich nicht, nur einige überdimensionale Spielzeuge, die an der Fassade hängen und die Fastpass-Automaten neben dem Eingang der Attraktion. Die gesamte Attraktion befindet sich mitsamt der Warteschlange im Inneren einer Halle - Sie müssen also beim langen Schlangestehen nicht schwitzen.

Die Schlange führt Sie an großen Brettspielen und anderen Spielsachen vorbei, eine Treppe hoch und dann hinunter zum Einstiegsbereich. Vorher nehmen Sie sich aber noch Ihre 3D-Brille mit!

Sie sitzen zu zweit in den Gefährten nebeneinander, jeder hat eine Kanone vor sich, die er mit dem Zug an einem Seil abfeuert. Was vorne virtuell herauskommt, hängt von der Landschaft ab, in die Sie nun hineinfahren.

In der Trainingsrunde ("Pie Throw Practice Booth") werfen Sie mit Torten, danach mit Eiern ("Hamm & Eggs"), mit Dart-Pfeilen auf Luftballons ("Bo Peep's Baaa-loon Pop"), mit einem Baseball auf Teller ("Green Army Men Shoot Camp"), mit Ringen auf Außerirdische ("Buzz Lightyear's Flying Tossers") und am Ende streifen Sie mit Woody durch eine Wild-West-Landschaft ("Woody's Rootin' Tootin' Shootin' Gallery").

Zwischen den einzelnen Spielen liegt dabei eine kurze Fahrt zur nächsten Runde. Am Ende können Sie Ihren Highscore mit den Punkten Ihrer Mitstreiter vergleichen.

Halten Sie Ihre Augen offen! Neben den gewöhnlichen Zielen für 100 oder 500 Punkte tauchen immer wieder schwieriger zu treffende 2000er-Sonderziele auf!

Attraktionstyp: Interaktive 3D-Film-Fahrt
Dauer der Attraktion: 6 Minuten
Plätze: Jeweils 2 Sitze gehören zusammen
Für Kids: Toy Story Mania ist gewaltfrei und für die gesamte Familie konzipiert.

Minis	3	Genießer	4			Park-Planer	
Kids	5	Abenteurer	5				
Teens	5	Thrill-Rider	2	1 von 5	0-1 v. 5	5 von 5	

Timing Tip: Toy Story Mania ist zur Zeit *die* Top-Attraktion des Parks - begehrter als der Rock 'n' Roller Coaster und der Tower Of Terror. Am Morgen läuft ein großer Schwung Besucher direkt hierher. Gehen Sie mit diesen Massen mit und gleich hinein in die Attraktion! Holen Sie sich dann erst nach der Fahrt einen Fastpass, falls Sie später am Tag noch einmal fahren möchten.

Insider Infos: In der Soundstage von Toy Story Mania war vorher eine Attraktion zur Show "Wer wird Millionär" untergebracht.

Star Tours II

In gar nicht allzu ferner Zukunft in einer Galaxie gleich um die Ecke... Star Tours! 2011 soll das neue Abenteuer im "Krieg der Sterne" Universum in Disney's Hollywood Studios (und in Disneyland) eröffnen.

Der neue Simulatorflug mit der intergalaktischen Reiseagentur Star Tours wird Sie in 3D durch ferne (aber wohlbekannte) Welten führen. Unter anderem steht ein Pod Rennen auf Tatooine auf dem Flugplan.

Magic Kingdom: Fantasyland

Noch viel spektakulärer werden jedoch die Dinge sein, die bis 2013 das Magic Kingdom verändern sollen! Die größte Renovierung in der Geschichte des Parks wird das Fantasyland komplett umgestalten und vergrößern.

Kleine Prinzessinnen werden ihre großen Vorbilder im passenden Schloss, in einer Burg oder einer Hütte treffen können. Im Schloss vom Biest werden Gäste im Be Our Guest Restaurant speisen oder bei Gaston's Tavern vorbei sehen können.

Dumbo wird seinen eigenen Zirkus haben und der neue Elefantenflug wird doppelt so viele Besucher mitnehmen können.

Arielle bekommt ihre eigene Attraktion, die 2011 auch in Disney's California Adventure öffnet. Tinker Bell und ihre Feenfreundinnen können Sie in Pixie Hollow besuchen.

Ein Ort voller Veränderungen

Walt Disney sagte einmal, dass sein Disneyland niemals fertig gestellt sein würde. Er war immer auf der Suche nach Möglichkeiten, den Park zu verbessern. Walt Disney nannte dies "plussing" - etwas Bestehendes nehmen und mehr Magie hinzufügen, um so das Erlebnis für die Besucher zu einem noch intensiveren zu machen.

Auf dieser Doppelseite sehen Sie die neuesten Ergebnisse des *Plussings* und so haben Sie bei Ihrem Besuch immer die Gelegenheit etwas Neues zu entdecken!

INDEX

Hinweis: Die Einträge erfolgten alle ohne vorangestelltes "the", daher finden Sie "The Haunted Mansion" unter "H" und nicht unter dem Buchstaben "T".
Alle Shops sind mit "[S]" und alle Restaurants mit "[R]" gekennzeichnet. Unterstrichene Seitenzahlen weisen auf Fotos oder Karten hin, die Hauptseite eines Themas ist **fett** gedruckt (wenn es mehrere Einträge gibt).

Lösungen zu den Fragen auf Seite 175

1a) Mickey Maus, b) Roy O. Disney und Minnie Maus, c) Enchanted Tiki Room, d) Big Thunder Mountain Railroad, e) zwischen Kleidern vor einem Schneiderladen, in einem Fass, in einer Schatzkammer, f) Mickey's PhilharMagic, 2a) EPCOT Center, b) 6, c) Soarin', d) 11, e) Mexiko, Norwegen, China, Deutschland, Italien, USA, Japan, Marokko, Frankreich, Großbritannien, Kanada, f) Spaceship Earth, g) Kanada und China (360°), Frankreich (200°), Norwegen (normaler Film), h) Tower Of Terror, 3a) Disney-MGM Studios, b) Freiheitsstatue, c) E-Gitarre, d) Der Zauberer von Oz, e) Star Speeder 3000, f) Hollywood Tower Hotel, g) abgestürztes Flugzeug bei der Jungle Cruise (MK), 4a) am "Earth Day" (22.4.) 1998, b) Yeti, c) im Inneren des Tree Of Life, d) Jambo!, e) Chester und Hester, f) Der König der Löwen und Findet Nemo, g) Maharajah Jungle Trek

Park-Planer Highlights

Das Wichtigste auf einen Blick

Top Shows & Filme

American Idol (176)
Fantasmic! (114)
Festival Of The Lion King (143)
Honey, I Shrunk The Audience (88)
Indiana Jones Stunt Show (122)
It's Tough To Be A Bug (134)
Lights, Motors, Action! (119)
Mickey's PhilharMagic (61)
Monsters, Inc. Laugh Floor (67)
Muppet Vision 3-D (118)
O Canada! (94)
Reflections Of China (99)
Stitch's Great Escape (66)
Voyage Of The Little Mermaid (117)
Walt Disney's Carousel Of Progress (68)

Top Thrillrides

Dinosaur (140)
Expedition Everest (139)
Mission: Space (85)
Rock 'n' Roller Coaster (114)
Space Mountain (69)
Test Track (86)
Tower Of Terror (113)

Aufregende Attraktionen

Big Thunder Mountain (55)
Kali River Rapids (138)
Maelstrom (100)
Soarin' (90)
Splash Mountain (54)
Star Tours (120)

Top Fahrten

The Great Movie Ride (111)
The Haunted Mansion (58)
Kilimanjaro Safaris (135)
Pirates Of The Caribbean (51)
Spaceship Earth (82)
Studio Backlot Tour (116)
Toy Story Mania! (176)

Timing Tips (Seite 19)

Seien Sie spätestens zur Öffnung des Parks da (besser 15 Minuten vorher).
Besuchen Sie die Top-Attraktionen am frühen Vormittag.
Benutzen Sie so oft es geht den Fastpass (S. 25) für Fahrten, aber nicht für Shows.
Planen Sie nur wenige Paraden und Shows in Ihren Tagesplan ein.
Gehen Sie erst am späten Nachmittag shoppen oder nutzen Sie "Package Pickup".
Bleiben Sie bis zum Ende und nutzen Sie die Abendstunden.

Magic Kingdom (38) - Epcot (75) - Disney's Hollywood Studios (105) - Animal Kingdom (127)
Wasserparks (148) - Downtown Disney (154) - DisneyQuest (156) - Orlando Shopping (170)

West 4-F-7-11-2

Walt Disney:

"The way to get started is stop talking and start doing!"